박맹호 자서전

박맹호 자서전

민음사

드리는 글

박맹호 자서전에 부쳐
이문열(소설가)

이 책은 한 세대가 넘는 세월 이 나라 지식산업계의 거인으로 우리 시대 문화에 깊이와 무게를 더해 오신 출판 그룹 민음사 박맹호 회장님의 자서전이다. 어느덧 장조(杖朝)에 이르러 내시는 자서전에 누추한 이름을 걸고 발(跋)을 더하게 되니 이 감회 실로 형언하기 어렵다.

내가 박맹호 회장님을 처음 만난 것은 1979년 3월 중순이었다. 그 전 한 십 년 모실 아비도, 섬길 스승도, 받들 나라도 없이 세상 바깥을 떠돌던 나는 그해 정월에야 비로소《동아일보》신춘문예에 당선하여 이 나라 문단 한 모퉁이에 정식으로 이름을 얹게 되었다. 그런데 그 신춘문예 심사에 참여하셨던 유종호 선생님께서 편집 위원으로 계시던 계간지《세계의 문학》이 내게 중편 청탁을 한 게 인연이 되어 나는 처음으로 계간지《세계의 문학》과 도서출판 '민음사'를 함께 알게 되었고, 마침내는 박맹호 회장님을 뵙게 되었다.

당시 지방지 기자였던 내가 결근까지 하고 서울로 불려 와 박맹호 회장님을 만나고 통보받은 것은 당초 《세계의 문학》 봄호에 실리기로 했던 중편 「사람의 아들」이 여름호로 밀리게 되었다는 것과 그 이유였다. 「사람의 아들」이 여름호에 발표될 '오늘의 작가상' 후보에 올라 심사에 들게 되었기 때문이라는 것인데, 지금도 잊히지 않는 것은 그런 편집 위원들의 결정을 군더더기 없는 말과 담담한 표정으로 전하시던 박 회장님의 표정이었다.

오래 외로운 섬처럼 떠돌아 당시의 문단이나 출판계에 어두웠지만 나도 '오늘의 작가상'의 뜨르르한 이름은 들어 알고 있었다. 제1회 수상작인 한수산의 「부초」와 제2회 수상작인 박영한의 「머나먼 쏭바 강」이 출판 시장에서 누린 성가 때문이었다. 하지만 청탁에 응한 원고를 문학상 응모작으로 바꾼 데는 하다못해 내 작품을 알아봐 주었다는 식의 호의적인 설명이라도 있어야 한다는 생각에 잠깐 긴장했던 기억이 난다. 그만큼 박맹호 회장님은 되잖은 변설이나 췌사에 엄격하셨던 것으로 이해한다.

그리고 30여 년 박 회장님은 그동안 내가 가장 자주 만난 분이고 가장 많이 세상일에 조언을 구한 분이 되었다. 잦을 땐 일주일에 한 번, 드물어도 한 달에 한 번은 되었던 회장님과의 만남은 60년에 가까워 오는 옛 친구들조차 따르기 어려울 만큼 잦은 만남이요 길고 지속적인 인연이 아닐 수 없다. 어쭙잖은 자족(自足)의 성(城)에 고립되어 그 소중한 만남을 그저 한 작가와 출판인의 좀 별나고 오래된 교분 안에 가두어 버린 일이 이제와 돌아보면 스스로 처연하게 느껴질 때가 있다.

그런 내가 회장님을 만나 뵙기 전의 세월을 회고한 제1장 '용의 연못'부터 단행본 출판의 새로운 장을 여는 제4장까지는 다른 이의 전문

(傳聞)이나 지나가는 말로 들은 짤막한 회상들이 내 기억 속에 단속적으로 이어져 있는 회장님의 전반기 삶이었다. 그것들이 회장님의 정연한 회고를 통해 간단없이 연결되면서 내가 알지 못하는 한 시절을 함께 추체험해 보는 듯한 감동을 주었다. 특히 함께 보낸 그 오랜 세월에도 회장님의 회상으로는 거의 들어 본 적이 없는 제2장 '소설 시대'는 설익은 글을 흩뿌려 여러 해 과분한 갈채를 누려 본 내게 전율과도 같은 감동이면서 또한 준엄하게 내 문학청년 시절을 돌아보게 한 충격이 되기도 했다.

하지만 그 시기의 끄트머리, 이른바 '관철동 시대'가 시작될 무렵 내가 그 자서전 모퉁이에 끼어들면서부터는 돌아보는 쓸쓸함과 그리움에 빠져 들게 된다. 사람은 같은 물결에 두 번 발을 담글 수 없고, 세월 또한 흘러가고 거슬러 오는 법이 없어, 돌아보는 일은 언제나 쓸쓸함이면서 그리움이다. 제5장 '영욕의 세월'에 이르면 격랑의 80, 90년대가 함께 읽는 책처럼 기억 속에 펼쳐진다. 그러나 내게는 고난보다는 영광의 기억이 우선된다. 그 기간 민음사는 산업으로서의 출판뿐만 아니라 문화로서의 출판을 보는 회장님의 투철한 안목과 신념을 기반으로 눈부시게 발전하고 성숙하였다.

마지막인 제6장 '새로운 출판의 패러다임'은 출판 그룹 민음사의 웅비와 도약을 잘 정리하고 있다. 그러나 내게는 점차 민음사가 낯설어지고 때로는 희미하게나마 이별의 의식까지 예감케 하는 세월이기도 했다. 나는 민음사가 젊은 한때의 나처럼 자족의 성에 고립하는 것이 아닌가를 걱정하는 한편으로 돌이킬 수 없는 욕망의 외발자전거에 올라탄 것이 아닌지를 걱정하였다. 그러나 다시 20년 가까이 지난 지금 내 걱정은 기우가 된 듯하다. 출판 그룹 민음사는 이제 척박한 우리 출판의 대지에 쉬 허물어지지 않을 금자탑으로 우뚝 섰다.

머물던 나그네는 언젠가 떠날 것이고, 인연 질겨 터 잡아 살던 과객도 이윽고는 늙고 스러져 갈 것이지만, 내 마음속의 믿음사여, 길이 번성하라. 회장님, 오래오래 건재하십시오.

드리는 글

그 강렬한 이미지를 출판인 마음에 걸다
정은숙(시인, 마음산책 대표)

만약 '민음사'라는 제목의 다큐 영화를 찍는다면 첫 장면을 무엇으로 할 것인가 생각해 본다. 잠깐이랄 것도 없다. 금세 떠오른다. 가상의 메가폰이 쥐어진 내 머릿속 이미지는 『김수영 전집』의 클로즈업이다. 1981년 초판본의 시, 산문 두 권을 따로, 대학 신입생인 나는 용돈을 아껴 구입했다. 교정 대자보에서 자주 인용되던 시인의 이름, 강렬한 한자 제목 타이포그래피에 눈길이 오래 머물렀다. 『김수영 전집』보다 더한 이미지를 '민음사'라는 다큐 영화의 오프닝 신으로 떠올릴 재간이 없다. 그게 최고라는 생각이다. 그다음 장면은 천천히 관객을 향해 걸어오는 날씬한 체구의 그를 담아야겠다. 박맹호 회장!

처음 보았을 때부터 지금까지 언제나 날씬한 느낌으로, 한 번도 기름기 밴 적 없는 박맹호 회장의 눈빛은 유난히 형형하다. 그 시선에 붙들리면 꼼짝 못한 채, 뭔가 거짓말을 했다가는 금세 들통 날 것 같은 유사 공포증을 느낀다. 그는 입을 다문 채 경청하는 태도로, 장황하게 변명과 설명을 뒤섞어 어물거리는 상대방을 만날라치면 말

중간에 잠시 한마디 의문문으로 되물어 상황을 종결시키기도 한다.

박 회장 자서전을 읽는 느낌은 그래서 기이하다. 언제나 상대방 얘기를 경청하는 그가 자신의 이야기를 쏟아 놓다니, 퍽 놀라운 일이다. 박 회장을 따라 그의 어린 시절 충북 보은에서 중학교 시절 충주로, 서울로, 또 대학 시절 동숭동으로, 민음사의 청진동, 관철동, 신사동으로 성큼성큼 내디디는 내 발길의 실감이 생생하다. 자서전을 읽는 동안 힘이 들어가는 것을 느꼈다. 박 회장을 따라 곳곳을 내달리다 보니 그의 눈빛이 머물던 곳, 그의 정신이 발현되었던 사건들이 한 컷 한 컷 이미지화되어 내 안에 저장되었다.

독자로서 민음사를 처음 안 것은, 앞에서 밝힌 대로, 대학교 신입생 때 구입한 『김수영 전집』 때문이었다. 지금도 소중하게 간직하고 있는 이 전집은 시인의 자유정신의 총체였다. 왜 자유에서는 피 냄새가 나는지를 묻는 시인의 시를 새겨 읽는 동안 내 안에서도 시적 소망이 자라났다. 대학 시절 내내 아무도 읽어 주지 않는 시를 썼지만, 한편으로 시적 재능이 없다는 것도 알아챘다. 잘 쓰고 싶다는 열망은 재능이 없는 걸 아는 것과 별도로 깊어졌다. 1985년 대학을 졸업하자마자 홍성사에 취직해 편집자가 되었다. 선배 편집자들의 다독과 지적 편력에 주눅 들어 숨도 크게 못 쉬는 나날이었다. 그해에 동양 철학자 김용옥의 『동양학, 어떻게 할 것인가』가 민음사에서 출간되었고 베스트셀러가 되었다. 독자로서 책을 읽을 때와는 사뭇 다른 태도로 화제의 책을 뜨겁게 읽었다.

이 자서전에는 당시 상황이 잘 묘사되어 있다. 저자 김용옥의 논문 「우리는 동양학을 어떻게 할 것인가」를 박 회장이 『동양학, 어떻게 할 것인가』로 제목을 바꾸었다는 후일담도 인상적이다. 번역이 동양학의 발전을 위해 얼마나 기여할 수 있는가를 역설한 책. 동양 고전의 번역문을 석·박사 논문으로 인정해야 한다는 논리가 설득력이 있었다. 김용옥 선생이 머리말을 통해 민음사 박 회장과 당시 편집진에 대해 실명을 들어 가며 감사 인사를 한 데 대해서는 부러움이 돋아났다. 출판계 동료로서 민음사 편집실 풍경을 떠올렸다. 당시 내가 다니던 홍성사는 종로3가에 있었고, 민음사는 종로1가 관철동에 있었다. 출퇴근 버스에서 민음사 건물 쪽을 바라보곤 했다.

그 후 약 10년이 지난 1993년 나는 마침내 민음사를 방문했다. 출판인이 아니라 시인의 자격으로였다. 민음사는 당시 강남구 신사동에 위치했고 내가 다니던 세계사는 강남구 포이동에 있었다. 역시나 출퇴근 차에서 신사동 민음사 건물 쪽을 바라보는 습성은 여전하였다. 나는 한 해 전인 1992년에 등단했으나 아무도 기억하지 않는 무명 시인이었는데 어쩌다 시집 출간 가능성을 타진해 보려고 민음사와 약속을 잡았던 것이다. 그렇게 민음사에서 첫 시집과 이어 두 번째 시집까지 내게 되면서 독자로서, 편집자로서, 저자로서 만난 민음사는 나에게 특별한 출판사가 되어 갔다.

민음사를 처음 방문하던 날, 주간실을 찾으러 복도를 헤매다 디자인실을 들여다보았다. 주간실 사선 건너편에 있던 디자인실에서는 문을 활짝 열어 놓고 몇몇 인원이 선 채로 회의를 하고 있었다. 그때 보았다. 신문에서 자주 보았던 얼굴, 카리스마를 온몸으로 뿜어내던 박맹호 회장을. 소문에 의하면 박 회장의 문학적 감수성과 디자인 감각은 따라갈 직원이 없을 정도로 대단했다. 소문이야 늘 부풀려지기 마련이지만 디자인실에 선 박 회장을 처음 본 순간, 그 소문의 핵심을 안 듯한 기분이 들었다. 목소리는 잘 들리지 않았으나 지금까지 봐 온 그의 대화 스타일을 미루어 보면 디자인 시안을 놓고 짧고 간명하게, 그러나 정곡을 찌르는 핵심어로 무언가 수정을 요구했던 것이 아닐까 생각한다.

"세련된 책을 만들고 싶다는 나의 오랜 열망이 첫 걸음을 떼었다."라고, 1973년 작가 이제하의 첫 소설집을 낸 소회를 자서전에서 밝혔듯이 민음사의 책 장정과 편집, 광고 스타일은 이미 정평이 나 있었다. 세련된 책에 대한 갈구, 지금 여든의 나이에도 날마다 출근해 책 장정과 광고를 직접 챙긴다니, 더 말해 무엇하랴.

내 기억에서 끄집어낸 것만으로도 민음사의 신선한 기록, 처음 시도한 편집 장정은 수없이 많다. 조르주 바타이유의 『에로티즘』 같은 책은 대표적인 사례다. 책의 본문 여백을 먹 100퍼센트로 사각 박스 처리한 디자인은 충격이었고 지금도 눈에 아른거릴 정도다.

이 자서전을 읽는 기쁨 중 하나는 '한국 출판계 최초' 기록들의 역사적 현장을 확인하는 것이다. 1973년 첫선을 보인 '세계 시인선' 시리즈는 원문과 완역문을 병렬한 한국 최초의 시집으로 기록되어 있다. 이백, 두보의 『당시선』(고은 역주), 폴 발레리의 『해변의 묘지』(김현 역주), 라이너 마리아 릴케의 『검은 고양이』(김주연 역주), 로버트 프로스트의 『불과 얼음』(정현종 역주) 등 네 권이 나왔을 때 전 언론이 이 시인선에 격찬의 기사를 실었다. 문학 평론가 김현은 "세계 시인선의 성공이야말로 문학적 사건"이라고 했으니!

이 글을 쓰면서 시집만 모아 놓은 내 책장에 다가가 살펴보니 내게도 1978년 중쇄판 보들레르의 『악의 꽃』과 예이츠의 『첫사랑』이 나란히 꽂혀 있다. 지금처럼 표지에 직접 코팅하지 않고 비닐 커버를 입힌 장정이다. 30년이 훌쩍 넘은 지금 보아도 여전히 모던하고 어여쁜 장정이니 당시에는 어떤 돌풍이 불었을까 상상이 된다. 그 장정의 일러스트는 소설가 김승옥 선생의 작품. 이 자서전이 아니었다면 내가 어찌 그 일러스트를 새삼 살펴볼 생각을 했겠는가.

'세계 시인선'만이 아니다. 한국 시인에게도 최초 기획의 자리는 마련되어 있었다. 1974년 9월 25일 1차분 다섯 권으로 선보인 '오늘의 시인 총서'가 그것이다. 김수영『거대한 뿌리』, 김춘수『처용』, 정현종『고통의 축제』, 이성부『우리들의 양식』, 강은교『풀잎』. 당시 500원짜리 이 시집들은 독자들에게 신선하게 받아들여져, 초판 2000부가 바로 매진되어 모두 재판에 돌입하였다 한다.

게다가 나의 '김수영'은 이 다섯 시집 중에서도 돋올하게 빛을 내어 3년 동안 3만 부라는 경이로운 판매 부수도 기록하고, 그 인세를 모아 유족들이 '김수영 문학상'을 제안, 한국 문학사의 훌륭한 전통을 만들기도 했다. 아름다운 인연의 줄기들이다.

'오늘의 시인 총서' 디자인에 대해 박 회장이 처음부터 세운 원칙은 "30절 판형, 가로쓰기, 중질지 용지, 산뜻한 장정"이었다. 지금 독자들이 무감하게 생각하는 세로로 긴 판형의 시집 형태는 박 회장의 아이디어였던 것이다. 이 '30절 판형'의 시집 형태는 민음사 이후 창작과비평사, 문학과지성사의 시집 시리즈도 이어받아 한국 시집의 전형적 판형이 되었다. 아마도 뒤이어 시집을 펴낸 출판사가 30절이라는 알뜰한 용지 사용에 동의했기 때문일 것이다. 사실 출판사 입장에서는 독특한 장정을 위해 판형을 새롭게 하려면 기존 제지 공장에서 생산하는 국전지, 사륙전지의 틀에서 종이 여분이 남아 버리게 된다. 아깝지만 디자인을 위해 택할 수밖에 없는 종이 낭비다. 30절 판형은 전혀 종이 낭비가 없는 데다, 가로쓰기 시를 읽기에도(당시 신문은 말할 것도 없고 단행본에서도 세로쓰기가 흔했는데) 적합하여 출판사, 독자에게 두루 좋은 묘안이었던 것이다.

'세계 시인선'과 '오늘의 시인 총서'만 최초 기획이 아니었다. 이후 '오늘의 작가상'을 신설하여 응모 원고를 심사해 문학상을 주는 선례도 남겼다. 문학상을 주는 것과 동시에 단행본을 내는 방식이니 합리적인 작가 발굴에 유리했다. 1977년 첫 수상작 한수산『부초』에 이어 제2회 박영한『머나먼 쏭바 강』, 제3회 이문열『사람의 아들』로 이어지면서 화제가 끊이지 않았다. 그러고 보니 1981년 내가『김수영 전집』을 용돈 아껴 산 뒤 구입한 책이『사람의 아들』이었다. 책 앞면지에 무언가 잔뜩 메모했던 기억이 새롭고, 루오 그림의 강렬하고 어두운 표지 이미지도 잊히지 않는다.

역시 '민음사 표' 표지는 단순, 강렬하다. 제목 타이포그래피가 눈에 띄는 스타일이어서 임팩트가 강했다. 머릿속에 책 제목을 떠올리면 눈앞에 바로 펼쳐지는 표지 디자인이다. 강조해서 말하지만 책 디자인과 관련해서 박 회장의 남다른 감각은 정평이 나 있다. 그래서 '정병규'라는, 한국 출판 역사상 '최초의 전문 북 디자이너'를 탄생시킬 수 있었으리라.

자서전 중에 정병규 디자이너를 만나는 대목은 흥미진진하다. 1977년 신구문화사 편집자로 일하던 청년 정병규를 디자이너의 재목감으로 알아보고 민음사로 영입, 첫 작품『부초』를 맡겼다고 하지 않는가. 그 인재 등용력에 한국 출판계는 어느 정도 빚진 셈이다. 이 디자이너의 탄생은 민음사 신문 광고 디자인에도 영향을 미쳐 "해방 이후 거의 최초로, 신문 5단 광고 전체를 할애해 단행본 한 권의 책을 광고하고 전면 컬러 광고를 과감하게 시도한 출판사"가 되었다. 이후 정병규 디자이너가 일본, 프랑스로 유학을 떠났을 때 적극적인 후원자 노릇도 했으니 후배로서 어찌 고맙지 않겠는가. 이후 정병규 디자이너의 뛰어난 책 장정은 좋은 공부거리가 되었다.

민음사의 온갖 시집과 소설집, 평론집과 계간지《세계의 문학》이 한국 문청들의 가슴에 불을 밝힌 것은 누구나 아는 사실이다. '오늘의 작가상'과 '김수영 문학상'의 수상자 면면의 문학적 이미지도 강해서 민음사 하면 문학 출판사 브랜드처럼 느껴진다. 그러나 인문학 도서도 일찌감치 출간하기 시작했다. 지금은 아카넷 출판사가 이어서 펴내는 '대우 학술 총서'를 민음사가 1983년, 김방한 교수의 『한국어의 계통』을 첫 책으로 16년간 424권을 펴냈다. 또한 '이데아 총서', '일본의 현대 지성' 시리즈도 문학 출판사의 면모에 인문학 향기를 불어넣으면서 더 큰 출판사로서 도약하는 데 밑바탕을 이루었다. 이런 기획 총서에 대한 박 회장의 신념은 분명하다.

"총서와 문고는 근대 출판의 두 가지 기본 형식이다. 민음사는 이후 전집이나 총서라는 이름으로 우리가 내는 단행본을 구획해 범주화하는 작업을 지속적으로 해 왔다. 그러지 않으면 출판사의 정체성을 유지하기 힘들고 독자들 역시 원하는 책을 쉽게 찾기 어렵다."

내가 대표로 일하는 마음산책이 작은 규모에서도 가능한 문학, 예술, 인문의 카테고리를 설정하고 범주화하려고 노력하는 것이 이미 출판 대가의 철학과 어느 정도 맞닿아 있구나 생각하니 다소간 안도감과 함께 더욱 박차를 가하고픈 열망이 샘솟는다. 보이지 않게 내 출판 인생에, 출판사 운영에 이런 영향을 미치고 있으니 그 자기력이 얼마나 센지 알 수 있다.

이 글을 쓰는 오늘 아침, 신문 광고에서 마주친 민음사는 '세계 문학 전집'을 전면으로 내세우고 있는데, 이 기획 역시 전집, 총서에 대한 박 회장 집념의 발현이다. 기획하고 15년 만에 300권을 돌파한 이 전집이야말로 한 단행본 출판사의 구획화의 전범이라고 일컬을 수 있겠다.

2005년은 박 회장 인생에서도 뚜렷하게 획을 긋는 한 해지만 출판계 말석에 있는 내게도 그러하다. 후배들의 떠밀림과 단행본 출판사들의 필요에 의해 회장 후보로 추대된 박 회장은 대한출판문화협회 회장으로 선출되었다. 단행본 출판사들은 물론 출판 관련 행정 부처도 박 회장의 선출을 몹시 반겼다. 그도 그럴 것이 2005년에 세계에서 가장 큰 도서 박람회인 프랑크푸르트 도서전 주빈국으로 우리나라가 내정되었고, 국제출판협회 서울 총회도 앞두고 있었기 때문이다.

　단행본 출판사 단체인 한국출판인회의도 대한출판문화협회의 새 회장으로 단행본 출판사 수장이 선출된 것을 반겼다. 2005년에는 한국출판인회의도 4대 집행부가 막 출범했다. 추대 방식으로 회장직을 맡은 푸른숲 김혜경 사장은 대한출판문화협회와 공조하여 프랑크푸르트 도서전을 비롯해 산적한 우리 사회의 출판 관련 문제를 해결하려는 의지를 다졌다. 나는 그때 한국출판인회의에서 '교육 위원장'직을 맡으며 실행 이사로 일했는데, 몇 달이 안 되어 박 회장의 권유로 출범하는 대한출판문화협회 새 집행부에서 '홍보 담당 상무이사'로 옮겨 일하게 되었다. 그때 분위기에서는 어느 단체에서 일하든 두 분 회장의 뜻을 받들기만 하면 되었다.

　지금도 나는 대한출판문화협회의 상무이사로 일한 것을 몹시 기쁘게 생각한다. 그저 먼발치에서만 뵈던 박 회장의 지도력에 많은 것을 배운 시간들이었기 때문이다. 출판계에 어떤 일들이 벌어질지 매일같이 호기심과 기대감으로 충만했다. 3년 동안 상무이사로 일하면서 공적인 일을 하는 데 부족한 내 능력보다 훨씬 큰 힘을 발휘할 수 있었던 건 박 회장의 아낌없는 격려를 받았기 때문이다.

　박 회장은 대한출판문화협회 회장직을 수행하는 동안 중국으로 건너가 '간 이식'을 받는 엄청난 시련을 겪었다. 이후 회복기를 거쳐 다시 공적인 일을 감당할 때 변함없이 사안의 날카로운 분석과 사람 대하기의 인자함을 잃지 않았다. 이런 표현이 적당할지 모르나 회의 석상에서는 '맹장'이었고 회식 석상에서는 '덕장'이었다. 10여 명의 상무이사가 모인 회의 석상에서 난상 토론이 벌어지거나 지지부진한 일 진행에 시니컬한 태도로 부정적인 언급이 있을라치면 서릿발 같은 간단명료한 한 말씀을 하시곤 했다. 좀처럼 쉽게 입을 열지 않았으나, 회의의 흐름을 그대로 읽으면서도 중간에 물길을 바꾸거나 물길을 끊거나 물꼬를 트는 한 말씀은 매번 효력을 발휘하곤 했다. 그 외 회식 자리에서는 하염없이 부드러운 모습이었다. 수술 전이나 후에도 술은 즐겨 하시지 못했으나 우리의 술잔에 아낌없이 와인을 따라 주었고, 우리의 시답잖은 농담에도 맨 먼저 웃음꽃을 피워 주었다.

박 회장이 중국으로 건너가 수술한 직후 마음가짐을 묘사한 대목에서 가슴이 내려앉았다. "70에 죽으나 90에 죽으나 죽을 때까지 의식이 또렷해야겠다는 다짐을 한다."

거슬러 올라가면 1981년 한국 출판계 역사상 특별하고도 힘 있는 모임인 '수요회' 13인 멤버 중 한 사람으로 시작하여 지금까지 박 회장은 민음사를 넘어서 출판계를 위한 공적 현안에 앞장선 분이다. 자신이 책임져야 하는 한 출판사를 건사하는 것도 보통 일은 아닌데 출판계 전체를 위한 현안에 관심의 끈을 놓지 않는 것은 위대한 일이다. 사소하게나마 이런저런 출판계 공적인 일을 맡고 있는 나도 종종 회의감에 젖곤 한다. 이제 그렇게 마음 지칠 때면 이 자서전을 다시 들춰 보겠다는 다짐을 한다.

이 자서전에는 한국 단행본 출판의 역사가, 한국의 대표 출판사의 역사가 고스란히 사실 중심으로 담겨 있다. 이 기록이 없다면 한국 문화의 원천이라고 주장하는 출판이 어떻게 생성되고 성장해 가는지 누가 알 수 있겠는가. 이 자서전을 읽는 것만으로도 출판문화의 생성에 대해 깊은 공부가 될 것이다. 기억에만 의존하지 않고 실제 자료를 찾아내고 해당 인물을 만나서 다시 확인한 대목들이 촘촘히 엮여 있어 자서전의 전범으로도 가치가 크다.

　　나는 감히 믿는다. 박 회장이 '죽을 때까지' 의식이 또렷할 뿐만 아니라 죽는 날까지 인간적인 매력을 잃지 않는 남성으로 살아 있을 것이라고. 이제 팔순이 되는 박 회장은 오늘도 손에서 문학서를 놓지 않고, 신문을 꼼꼼히 읽으며, 클래식 공연과 영화를 보러 길을 나서고, 골프를 즐기는데 어찌 매력이 감소하겠는가. 책과 영화, 운동에서 멀어지지 않는 한 박 회장은 현재형 청춘인 것이다. 그의 딸이자 내 친구이기도 한 비룡소 박상희 대표는 어느 날 박 회장을 이렇게 묘사했다. "너무 귀엽고 매력적인 남자야." 아, 딸에게 이런 평가를 받을 수 있는 아버지란!

　　그동안 박 회장을 가까이서나 멀리서 보았을 때 '성공한 출판인'으로만 알았다. 군더더기 없이 "서론 없는 본론"을 살아온 인생으로만 알았다. 서론은 전혀 읽어 낼 수가 없었다. 이번 자서전을 통해 박 회장의 생략된 서론을 읽을 수 있었다. 그의 안에서 깊숙이 숙성되어 좀처럼 밖으로 보이지 않던 서론의 세밀한 결들이 느껴졌다. 성공한 출판인으로 본론 정신을 보여 준 박 회장도 종종 일에 관련해서 망설이고 자책했다는 것, 때론 후회로 상념에 빠진 서론의 모습도 있다는 건 내가 더욱 박 회장을 인간적으로 존경하고 사랑하게 된 연유다.

차례

드리는 글
    이문열 박맹호 자서전에 부쳐　v
    정은숙 그 강렬한 이미지를 출판인 마음에 걸다　ix

1. 용의 연못(1933~1952년)
    비룡소　5
    아버지와 어머니　11
    해방, 우리말을 되찾다　16
    '원효로 양산박' 시절의 책들　18
    6·25 전쟁을 겪다　22

2. 소설 시대(1952~1965년)
    서울대 문리대에 입학하다　29
    맥파로(麥波路)와 문청 시대　32
    평생의 벗들　43
    출판의 멘토 신동문과의 만남　47
    평생의 지지자를 얻다　50

3. 출판을 시작하다(1966~1973년)
    출판 수업　57
    민음사를 창업하다　60
    고은을 만나다　66

4. 단행본 출판을 개척하다(1974~1980년)

　　김현과 의기투합하다　75
　　본격적으로 문학 출판을 시작하다　79
　　'세계 시인선'과 '오늘의 시인 총서'　82
　　관철동 장원 빌딩과 '사슴'의 미스 리　90
　　계간《세계의 문학》창간과 '오늘의 작가상'　94
　　책 디자인과 가로쓰기　107
　　정병규를 북 디자이너의 길로 이끌다　110
　　독자와 소통하는 광고　117
　　조선작과 조세형, 세월의 명암　120

5. 영욕의 세월(1980~1994년)

　　한국 출판 발전의 견인차 '수요회'　129
　　출판인 17인 선언―「출판문화의 발전을 위한 우리의 견해」　134
　　출협 회장 선거에 총출동한 정부 기관들　139
　　세무 사찰로 존폐의 위기를 맞다　141
　　산에서 꿈을 꾸다　144
　　서점 공간 확대 운동　147
　　'오늘의 책', 독서 운동의 장을 열다　150
　　학술 서적의 요람-'대우 학술 총서'　153
　　유럽 여행의 충격　163
　　신사동 시대　169
　　김수영 문학상　172
　　도올 김용옥을 세상에 알리다　177
　　『숲속의 방』이 일으킨 파장　179
　　이문열의『평역 삼국지』　183

밀란 쿤데라 열풍　187
90년대에는 '경마장'이 있다　193
이강숙과 예술종합학교　197

6. 새로운 출판의 패러다임(1994~현재)

전문 편집자 시대　203
비룡소와 어린이 책 출판　206
황금가지의 밀리언셀러 행진　212
사이언스북스와 과학의 대중화　218
'이데아 총서'에서 '현대 사상의 모험'까지　221
'세계 문학 전집', 고전의 힘을 확인하다　225
단행본 세력, 출협에 입성하다　230
프랑크푸르트 도서전 한국 주빈국 행사　236
죽음의 문턱을 돌아 나오다　239
국제출판협회 서울 총회　243
노무현 대통령과 만나다　247
'거실을 서재로'　249
서울대 민음 인문학 기금　251

에필로그　255

부록　소설「자유 풍속」　263
　　　연보　295

찾아보기　303

책

박맹호 자서전

1. 용의 연못

1933~1952년

비룡소

날이 풀리고 햇볕이 좋은 날 모처럼 비룡소에 다녀왔다. 이제 봄이 시작되려는가 싶다. 살아온 날들을 돌이켜 생각하고 새삼스럽게 태 자리를 돌아보는 일은 아득하다. 비룡소는 여전히 그 자리에 있었지만 옛날만큼 수량은 풍부하지 못했다. 이무기가 날아오른 못이라는 작명인데, 청소산 아래 깊은 소를 이르는 고유 명사이다. 내가 태어난 충북 보은군 보은읍 장신2리를 지칭하는 명칭이기도 하다.

나는 비룡소를 300년 넘도록 지켜 온 초가에서 1933년 12월 31일 태어났다. 호적에는 1934년 1월 4일생으로 기록돼 있지만 음력 계유년 갑자월 신미일(11월 15일)을 양력으로 환산해 보면 1933년 마지막 날에 태어난 게 맞다. 그날은 일요일이었기 때문에 새해 관공서가 문을 열 때까지 기다렸다가 1월 4일쯤 출생 신고를 하면서 신고일을 생일로 기재한 것 같다.

내가 태어난 세 칸 초가집은 최근(2010년 9월 3일) 충청북도 민속자료 제18호로 지정됐을 정도로 오래된 집이다. 나중에 이 집은 그대로 둔 채 옆쪽에 따로 기와집 세 채를 지어 살았다. 1990년대 중반 보은에 집중 호우가 내려 저수지 둑이 터진 적이 있다. 그로 인해 초가는 물론 기와집까지 물에 반쯤 잠기는 사태가 벌어졌다. 물이 빠진 뒤 살펴보니 기와집 두 채는 허물 수밖에 없는 상태였지만 정작 초가집은 멀쩡했다. 오랜 세월을 버텨 온 뒷심이 새삼 놀라웠다.

저수지 둑이 터지는 것 같은 사달이 아니라면 비룡소의 범람은 축복이었다. 비룡소에서 넘쳐 난 물이 집 앞 너른 논밭을 찰랑찰랑 채우고 담벼락 아래까지 흘러들곤 했다. 마루에 서서 내려다보면 사방이 바다처럼 보였다. 장관이었다. 그런 해에는 어김없이 풍년이 들었다. 나일 강의 범람 수위를 재는 기록관이 기적의 수치까지 올라가는 수위를 관찰하고 기쁨에 들떠서 춤을 추며 왕에게 보고하러 달려가는 소설 『람세스』의 한 장면이 떠오른다. 나일 강의 범람이 주변 경작지를 기름지게 했다는데, 비룡소의 범람도 아마 그런 역할을 했을 것이다.

비룡소를 떠올리면 늘 아늑하고 넉넉한 느낌이다. 비룡소에서 처음 수영을 배웠다. 그곳은 옛날 조무래기들의 수영장이요 천렵 장소이기도 했다. 지금은 제방이 버티고 있지만 당시에는 모래와 자갈이 널려 있는 아름다운 곳이었다. 예전에는 비룡소에 이르는 하천가의 둑이 낮아서 물이 쉽게 범람했다. 낮은 둑 위로 나란히 열을 지어 선 대추나무들은 낭만적인 풍경이었다. 특히 가을 풍경이 압권이었는데, 길게 늘어선 대추나무에 매달린 대추가 일제히 붉게 물들 때면 황금 들판과 어우러져 황홀한 색채의 향연이 펼쳐졌다. 보은은 예로부터 대추가 유명해서 대추 농사가 풍년 들어야 큰아기 시집보낸다는 말이 있을 정도였다. 대추나무를 없애고 수리 조합에서 하천 위쪽에 보를 쌓아 수량이 줄어들면서부터 동네가 삭막해진 것 같다. 뒷산에 소나무가 빽빽하게 늘어서고, 앞쪽으로 줄지어 선 대추나무와 텃논에 황금 이삭이 가득한 풍경은 지금 생각해도 넉넉하고 평화롭다.

비룡소 집 마루에 올라서서 바라보면, 눈앞으로 후평 들녘이 펼쳐졌다. 왼쪽으로는 청소산 너머 금적산이 보이고, 오른쪽으로는 멀리 속리산이 숨어 있다. 청소산은 비룡소 쪽으로 머리를 두고 길게 드러누운 용의 형상인데, 나는 그 용의 허리를 넘어 에미뜰을 건너 삼산소학교에 다녔다. 겨울이면 바람이 살을 에는 것 같다고 하여 '에미뜰'이라는 이름이 붙었으나, 차가운 바람이 부는 그 벌판을 지나 일단 청소산 고갯길만 넘어서면 아무리 추운 겨울에도 세상 모든 풍파로부터 보호받는 듯한 아늑함이 있었다.

풍수지리학자로 이름이 높은 최창조 교수가 내가 태어난 비룡소 집에 풍수 연구소를 차리고 제자들과 2년 정도 기거하면서 연구를 한 적이 있다. 최 교수는 '비룡소'가 용이 승천하는 연못이라는 지명 자체도 대단히 의미심장하지만, 무엇보다도 그곳에 가면 마음이 굉장히 편안하다고 했다. 그는 마음의 평온을 얻을 수 있는 곳이야말로 명당의 기본 조건이라는 지론을 지니고 있다. 또한 마을 뒤쪽으로는 산세가 부드럽고 마을 앞쪽으로는 수량 변화가 큰 개천이 흐르는 덕분에 비룡소가 늘 마르지 않으니 전형적인 배산임수 지형을 충족시키는 곳이라는 것이다.

나중에 민음사 출판 그룹의 아동 청소년 전문 출판사를 만들 때 그 이름을 비룡소로 정했다. '비룡소'가 성장해 감에 따라 이제 비룡소라는 보은의 작은 마을은 전국 단위 혹은 글로벌 차원으로 이름을 날리게 된 셈이다. 여건이 허락한다면 후일 비룡소를 위한 기념사업을 해 볼 생각이 있다.

　　　비룡소 고갯마루에는 1937년 보은 유림들이 뜻을 모아 세운 이 마을 출신 효자 은천 박영권(朴永權) 공의 효행비각이 서 있다. 은천공은 내 조부이시다. 청소산 절벽의 소나무 숲에는 1966년 은천공의 행실을 이어 가자는 뜻으로 '성미정(成美亭)'도 지었다. 선인들이 이룩한 미풍양속을 이어 가려는 마을 사람들의 장한 뜻이 서린 누각이다. 성미정 누각에 올라 비룡소와 후평 들녘을 굽어보며 추녀 끝에 걸린 현판 「성미정기」를 읽노라면, 비룡소의 풍광과 이 마을의 기품을 자연스럽게 체감할 수 있다.

> 정자가 송림 사이에 있어 환경이 매우 호화찬란하니 운천이 그 아래로 빗겨 흐르고 비룡소 마을이 그 곁에 즐비하고 남으로는 금적산이 솟아 있고 동으로 삼년성이 높았는데 멀리 속리산의 기운을 끌어당기고 구부리면 후평의 풍광을 즐길 수 있으며 또한 기와집들이 즐비하고 사람과 차가 복잡하니 시내가 변화함이요 모든 곡식이 어우러져 푸르고 닭과 개 소리가 서로 들리니 농촌의 넉넉한 풍경이로다. 이미 풍광의 아름다움을 차지하고 인물의 왕성함도 갖추었으니 아담한 정자가 이 가운데 적합하도다.

내 아버지 휘 기종은 선대인 조부 휘 영권의 효행각을 성미산 자락에 세웠다. 이어 성미산 전망 좋은 자리에는 성미정을 세워 비룡소 마을의 정신적 표상으로 삼고자 했다. 「성미정기」의 나머지 부분에 나오지만, 부친은 매년 4월, 조부의 생신날에 맞추어 마을 사람을 초청해 성미정에서 잔치를 벌였다. 나도 출향 전까지는 매년 이 시점이면 어른들 틈에 끼어 인사를 했던 기억이 난다. 그러나 누항에 매인 몸을

내가 태어난 비룡소 초가집이다. 집중호우에 기와집은 무너져도 이 초가집은 굳건하게 300년 넘게 버티어 충북 민속자료로 지정됐다.

답답해하고 외지의 화려한 삶을 동경하는 젊은이들이 흔히 그러하듯, 당시에 나는 이 행사가 번거롭고 귀찮다는 생각을 했던 것 같다. 아마 그런 마음에는 부친에 대한 일종의 작은 반감도 작용하지 않았나 싶다.

고향 보은에서 정미업과 운수업을 크게 일으키고 건축업에까지 진출했던 부친은 불과 스무 살에 보은군에서 가장 세금을 많이 내는 성공한 사업가로 자리 잡았다. 사업가로만 일관했다면 더 큰 부를 축적할 수 있었겠지만, 부친은 평생 정치에 뜻을 두어 국회 의원 선거 때만 되면 모아 놓은 돈을 모두 쏟아부어 거의 빈털터리가 되다시피 하곤 했다. 하지만 빈 곳간을 금방 다시 채우는 능력 또한 출중한 분이셨다. 게다가 기골이 장대하고 목소리까지 낭랑하고 커서 아버지의 호령은 늘 사람을 주눅 들게 했다. 특히 내가 그랬다.

돌이켜보면 나는 늘 부친의 삶을 거부하고 그분 곁을 떠나려 했지 한 번도 아버지에게 순응하거나 손을 내민 적이 없다. 부친은 내가 당신 일을 이어받아 사업체도 꾸리고 정치판에도 뛰어들기를 바라셨다. 하지만 나는 한 나라의 문화를 만들어 간다는 자부심으로 부친의 바람과는 전혀 딴판인 출판에 매진했다. 부친은 나를 볼 때마다 "그까짓 책들 파지로 갖다 팔면 몇 푼이나 나오겠냐!" 하고 힐난하시곤 했다. 그럴수록 나는 출판에 더 열심히 매달렸다. 말을 들을 때는 늘 서러웠지만, 요즈음에 와서는 어쩌면 아버지의 그런 냉대야말로 나를 키운 힘이 아닌가 하고 생각할 때가 많다. 부친이 온정적으로 나를 대했더라면 경제적으로 힘들고 어려울 때마다 아버지께 손을 벌렸을 테고, 그랬다면 다른 일을 하기 쉬웠지 오늘날의 민음사를 키워 내기는 어려웠을 것이다. 정확히 의도한 바는 아니었지만 부친은 결과적으로 나를 벼랑 끝에서 밀어내며 훈련시키는 사자 새끼로 키우신 셈이다.

오랜만에 비룡소에 들러, 부친이 영면하고 계신 금굴리 산소를 둘러보았다. 나의 청을 흔쾌히 받아들여 고은 시인이 썼던 비문이 보인다. 한 시절 '보은의 왕'으로 군림했지만, 이제 말없이 보은 땅을 굽어보고만 있는 부친의 행장은 이렇게 새겨졌다.

공의 휘는 기종(일명 창근, 정흠) 호는 용운이며 본관은 밀양이요 신라 왕의 후예이다. 보은군 보은면 장신리 비룡소에서 신해 6월 17일에 출생하여 속리면 장안 관선정 학사에서 한문을 배웠다. 한학의 대가 임창순 공과는 동문으로 실사구시의 학문을 좇았다. 학문을 닦은 후에는 기업에 투신하여 대동정미공장을 창건, 국가 양곡의 도정 생산 그리고 유통업과 운수 사업 등을 경영하면서 지역사회 선각자로서의 웅지를 십분 발휘하였다. (중략) 그 후 공이 제5대 국회 의원으로 당선되어 위민 봉사, 국리민복에 헌신함은 물론 역대 정권 하에서는 초지일관 야당 지도자로 민주화의 일익을 담당하였다.

아버지와 어머니

소년기에 나는 대체로 소극적인 편이었다. 약간 우울한 정조가 지배했던 것 같기도 하다. 사촌이나 삼촌들을 포함해 내 주위에는 동갑내기들이 많았다. 그들과 어울릴 때 내가 제일 소극적이었다. 매사에 먼저 나서지 않고 뒤에서 조용히 기다리는 편이었다. 그렇다고 방에만 틀어박힌 건 아니었다. 또래들과 제기차기도 하고, 음력설에는 쥐불놀이에 참여했던 기억도 난다.

할머니는 「바람과 함께 사라지다」에 나오는 스칼렛 오하라 같은, 생명력이 아주 강한 분이었다. 자식을 열 명 넘게 낳았지만 몇 살 안남진 못했다. 여장부까지는 아니더라도 기운이 좋은 편이었다. 소를 끌고 직접 연자방아를 돌리셨던 기억이 난다. 할머니는 내가 태어나기 몇 달 앞서 유복자를 낳으셨다. 아버지 입장에서는 당신의 막내 동생이 태어난 것이었고, 나에게는 동갑내기 삼촌이 탄생했던 것이다. 아버지가 일찍 결혼해 스무 살에 나를 낳으셨으니, 충분히 그럴 만했다. 아버지는 열세 살 때 다섯 살 연상의 어머니와 결혼했고, 내 위로 누님 둘을 보셨던 터였다. 할머니는 젖먹이 아들과 손자인 나를 함께 키웠다. 할머니가 자신이 낳은 아들보다 손자인 나에게 더 신경을 쓰기는 어려웠을 것이다. 어머니는 어머니대로 젊은 나이에 나를 낳고 대갓집 살림 하랴, 시어머니 섬기랴, 어린 아들에게 따로 정을 쏟기도 힘든 상황이었다.

동갑내기 삼촌과는 형제처럼 자랐다. 삼촌은 굉장히 순했다. 생물학적으로는 동갑내기여도 서열을 따져 어른 대접을 해야 했다. 그러지 않으면 불호령이 떨어졌을 테지만 실상 그럴 일은 없었다. 내가 먼저 그를 삼촌으로 정중히 대했다. 아버지도 막내아우를 평생 돌보았고, 할머니는 돌아가실 때까지 삼촌을 애지중지하셨다. 하지만 삼촌은 그렇게 대접받는 데 익숙했던 탓인지 평생 독립심을 키우지 못했던 것 같다. 아버지가 돌아가신 뒤에는 내가 그를 돌보았다.

나는 대체로 조용하고 사색적이었다. 왜 아이답게 활달하지 못했는지 돌아보면 홀로 숨어서 풀피리를 불던 어머니와 강력한 카리스마로 군림했던 아버지가 그 원인일지도 모른다는 생각이 든다.

아버지는 세 살 터울의 동생 상호가 태어날 무렵부터 둘째 부인을 들여 보은 읍내에서 살았다. 기억이 형성되기 시작한 이래 아버지와는 같은 집에서 살아 본 적이 없다. 아버지는 비룡소 집에 가끔 다녀가는 손님 같은 존재였다. 명절이나 제사 때, 혹은 마을 잔치를 벌일 일이 있을 때면 아버지는 보은 읍내에서 자전거를 타고 건너오셨다. 그때마다 비룡소 집은 분주해졌다. 아버지의 호령을 배경으로 일손들이 바쁘게 움직였다. 아버지의 카리스마는 대단했다. 아버지는 내 머릿속 한구석에 강한 목소리로 명령을 내리는 분으로 각인되어 있다. 돌이켜보면 나의 출판 외길은 내면에서는 그런 아버지와의 전쟁이었다.

어머니가 불던 풀피리 소리는 애를 끊는 것처럼 슬펐다. 어머니는 한 번도 아버지에 대한 불평을 내색한 적이 없다. 오히려 지극하게 아버지를 공대했고 자식에게는 물론 주변 사람에게도 신세 한탄을 하는 분이 아니었다. 끝없이 참는 전형적인 인종(忍從)의 여인이었다. 어머니가 유일하게 감정을 솔직하게 담아낸 것이 호드기 소리가

1970년, 부친의 환갑잔치를 맞아 찍은 가족사진. 앞줄 가운데 갓을 쓴 사람이 부친 박기종이며, 그 왼쪽에 족두리를 쓴 사람이 어머니 이아지이다. 뒷줄 왼쪽 끝에 삼십 대 후반의 내가 서 있다.

아니었을까 싶다. 이 나이에도 그 피리 소리를 떠올리면 눈물이 난다.

아버지의 카리스마에 아버지의 동생들도 전부 기가 죽어 살았다. 열한 명의 형제자매들 중 3남 1녀만 살아남았는데, 아버지는 부모 대신 여동생을 거두어 시집보내고, 남동생들과 그 가솔까지 모두 먹여 살렸다. 이미 말했지만 아버지는 스무 살 무렵에 벌써 보은군에서 세금을 제일 많이 내는 능력 있는 사업가였다. 보은 읍내 중심가에 2000평이 넘은 땅을 사서 커다랗게 정미소를 차렸다. 그곳이 '보은의 왕'이 거처하던 곳이었다. 아버지를 떠올리면, 늘 나를 못마땅해하시며 나무라던 기억이 가장 많이 떠오른다. "야, 뭘 좀 제대로 해 봐라!"

그 시절 어른들은 대개가 칭찬보다는 나무람에 익숙한 세대였지만, 아버지는 특히 숨 쉴 구멍을 주지 않고 온 식구를 몰아붙이는 스타일이었다. 식구들이 모두 아버지를 겁냈다. 아버지는 사업과 연관된 공무원과 지역 인사 들을 대거 불러 비룡소에서 잔치를 벌이곤 했다. 그때 온 식구가 닦달을 당하던 기억이 머릿속에 각인돼 나는 출판사를 운영하면서도 사람들을 불러 모아 행사를 벌이는 걸 싫어했다. 민음사에서 운영하는 '오늘의 작가상'이나 '김수영 문학상' 시상식도 여느 회사들처럼 따로 장소를 빌려 거창하게 열지 않고 내 방에서 그냥 조촐하게 치르는 것이다. 그게 회사의 전통이 되어 버려 지금까지 남들에게 내세울 대규모 행사나 'ㅇㅇ년사' 등 겉치레뿐인 기념 서적보다는 차라리 그 자금으로 독서 문화의 진흥에 필요한 내실 있는 책을 출간하면서 반백 년 회사를 운영해 왔다. 내 회갑을 기념해 출간되어 양서 읽기 붐을 일으킨 『책, 어떻게 읽을 것인가』나 민음사 30주년 기념 서적으로 당시 지성계를 떠들썩하게 한 『103인의 현대 사상』이 그렇게 해서 세상에 모습을 드러냈고, 당대의 일급 지식인들을 한데 불러서 대화의 향연을 펼친 끝에 인문 지식의 대중화를 이룩하고 이후 '대담 출판'이라는 출판의 한 양식으로 발전한 『춘아, 춘아, 옥단춘아, 네 아버지 어디 갔니』 역시 계간 《세계의 문학》 100호 기념 서적이었다.

아버지를 가까이에서 독대하는 경우는 읍내 정미소 집으로 등록금을 타러 갈 때였다. 아버지는 한학만 하신 분이라서 등록금 시스템을 잘 이해하지 못했다.

"뭔 돈이 필요해? 천천히 내, 천천히!"

보은의 최고 부잣집 장남이라는 내가 제 날짜에 등록금을 내 본 적이 없었다. 늘 추가 등록을 하곤 했다. 아버지는 원래 한 번에 돈을 내주는 스타일이 아니셨지만, 아버지와 어머니가 같은 집에 살면서 대화가 잘 이루어졌다면 그런 일은 없었을지 모른다. 보은 읍내에서 함께 살던 둘째 부인은 평생 애를 낳으려고 노력했지만 결실을 보지 못했다. 지금 생각해 보면 그 여인의 눈치를 보신 게 아닌가 싶기도 하다. 어쨌든 평생 아버지가 나를 냉정하게 대했던 게 오늘날의 나를 만들어 낸 근원적인 힘이 아닌가 생각한다. 이 부분에 대해서는 할 이야기가 많지만 다시 유소년기로 돌아간다.

어머니는 아무도 보지 않는 뒤란에 숨어서 호드기를 불었다. 누구에게도 얘기할 수 없는 당신만의 고통을 버드나무 껍질을 벗겨 만든 호드기로 발산하지 않았나 싶다. 지금 생각해 보면 애간장을 녹이던 호드기 가락은 젊은 어머니의 가슴속 떨림판이 내는 소리였던 것 같다. 어머니가 호드기를 불면 내 마음도 처량해졌다. 아주 오래전의 일이지만, 지금도 선명하게 떠오른다. 어머니에게 장남인 나는 유일한 의지처였을 것이다. 어머니는 연초에 신수를 보고 나서는 만날 나에게 "너는 큰 사람이 된다더라." 하고 격려하셨다. 아버지와는 반대로 가없는 격려와 믿음을 보여 주었던 어머니의 태도는 나에게 자신감을 심어 주는 중요한 동력이 되었다.

1990년 1월 고향에 내려가 제사를 모시고 귀경하던 차 안에서 제수씨의 전화를 받았다. 어머니가 갑자기 쓰러지셨다는 다급한 목소리였다. 어머니가 마지막으로 하신 말씀은 "나 그만 갈란다!"였다. 그 한마디 남기곤 서둘러 가 버리셨다. 환갑 가까이 된 그때까지도 나는 철이 없었던 모양이다. 어머니는 영원히 사는 존재인 줄 알았다. 아버지의 냉정한 성격을 싫어하면서도 닮아 버린 것인지, 어머니를 따뜻하게 모시지 못한 것 같아 지금도 가슴이 아프다. 아버지로 인해 생긴 설움을 내가 조금이라도 보상해 드렸어야 했는데 애석하다. 어머니가 돌아가시고 한 해 뒤에 아버지도 세상을 뜨셨다. 어머니는 비교적 편안하게 영면하셨지만, 아버지는 폐암에 걸려 여섯 달 동안 끔찍하게 고생하다 가셨다. 줄담배를 피우면서도 주변에서 우려하면 당신은 워낙 건강하니까 담배 정도는 소화할 수 있다고, 내 걱정을 말라고 큰소리쳤던 분이다. 어머니와 아버지는 떨어져 살았던 부부였다. 어머니는 돌아가실 때까지 홀로 비룡소 집을 지켰다. 두 분이 돌아가신 뒤에야 분묘를 하나로 만들어 내가 합방을 시켜 드렸다.

해방, 우리말을 되찾다

삼산소학교 시절, 4학년인지 5학년인지 기억이 선명치 않지만, 소년 작문 대회가 있었다. 전국 규모의 백일장 같은 것이었는데 나는 이 경연에서 일본어로 글을 써서 입선을 했다. 스스로 크게 기뻐하거나 주변에서 과분한 칭찬을 해 준 건 아니었지만, 그 수상이 내 안에 문학과 출판을 지향하는 씨앗으로 뿌려져 서서히 발아되었을지도 모른다. 이후 중학교 시절 문예반 활동을 한 것도 이 수상이 촉매로 작용했을 것이다.

어리기도 했고 특별한 정보가 없던 터라서 일본이 패망하리라는 생각은 전혀 하지 못하고 있었다. 1945년 8월 15일, 그날 오전에도 나와 동무들은 여느 때처럼 학교에서 조선어를 쓴다고 주의를 받곤 했다. 낮 12시 무렵에 선생님들이 아이들을 운동장에 모아 놓더니 라디오를 들려주었다. 일본 천황이 힘없는 목소리로 읽어 내려가는 「제국 신민에게 고함」이라는 연설이었다. 무슨 의미인지 처음에는 어리둥절한 상태여서 잘 몰랐지만, 곧 여기저기서 조선 독립 만세 소리가 터져 나와 그제야 사태를 파악할 수 있었다. 일본 천황의 항복 선언은 어린 나에게도 충격이었다.

그때는 잘 몰랐고 일본어로 글을 써 곧잘 칭찬을 받기도 했지만 지금 와서 뒤돌아보면 나에게 해방은 일본 말과 글에서 해방돼 내

나라 글과 말을 찾았다는 의미가 더 컸다. 사실 나는 어정쩡한 세대에 속했다. 해방이 조금 늦어졌으면 손창섭이나 장용학 같은 소설가들처럼 일본어가 사고에 더 익숙했을 것이고, 조금 늦게 태어났더라면 이청준이나 이문열 같은 작가들처럼 한글세대에 속했을 것이다. 소학교 교과서를 통해 자연스럽게 일본어를 배웠지만, 일본어로 사고하고 글을 쓰는 것은 늘 강요당했기 때문에 어딘가 불편했다.

그나마 빨리 해방이 되어 한글로 읽고 쓰게 된 것이 천만다행이라고 생각한다. 젊을 때에는 제대로 된 책이 거의 일본어 책밖에 없어서 할 수 없이 일본에서 출판된 책을 읽었고 바깥 세계에 대한 정보 갈증을 해소하려고 일본 신문을 구독해 읽던 습관이 아직도 붙어 있지만, 그럴수록 내 마음속에는 투지가 불타오르곤 했다. 일본의 영향에서 벗어나 한글로 고급스러운 서적도 만들고 자유롭게 정보도 주고받는 세상이 오기를, 그런 세상을 스스로 만들어 낼 것을 수없이 다짐하곤 했다. 내가 출판에 헌신하게 된 한 계기가 그 갈피에 숨었을지도 모른다.

나중에 다시 이야기하겠지만, 세로쓰기를 기본으로 하는 일본어의 특성 때문에 일본은 컴퓨터와 인터넷의 시대에 잘 적응하지 못하는 느낌이 든다. 앞으로 거의 모든 사업이 화면 위에서 이루어질 것을 감안할 때 우리가 가로와 세로를 자유롭게 전환해 쓸 수 있는 한글을 모국어로 쓰게 된 것은 그 말을 끌어안고 평생 책을 만들어 온 나뿐만 아니라 우리 민족에게도 정말 다행한 일이 아닐 수 없다.

광복 이듬해인 1946년, 나는 삼산소학교를 졸업하고 청주사범학교에 진학했다. 사범학교는 지금 학제로 치자면 중학교와 고등학교가 합쳐진 형태로 6년제였는데, 그때나 지금이나 취업이 큰 문제여서 사범학교는 청주중학교보다 들어가기가 어려웠다. 태어나 처음으로 비룡소를 떠나 청주시 문화동 이모 집에서 학교를 다녔다. 이모부는 점잖고 순한 분이었는데 불행하게도 그분은 전쟁 때 보도연맹에 가입했다는 이유로 비극적인 죽음을 맞았다. 강요를 못 이겨 엉겁결에 보도연맹 가입 문서에 도장 한번 잘못 찍었다가 그리된 것이다.

다행히 이모는 홀로 된 처지에서 네 형제를 적수공권으로 대학 교육까지 시켰을 정도로 유능하고 영리한 분이었다. 어머니와도 의가 좋았다. 청주에서 어머니 대신 살뜰하게 대해 주는 이모 집에서 학교를 다녀서 비룡소를 떠났다곤 하지만 외지살이라는 느낌은 들지 않았다. 이모는 물론 사촌들도 '비룡소 장손'을 잘 대접해 주었다. 어머니는 비룡소에서 넓은 농토와 큰살림을 관리하시느라 청주에 한 번 다녀가실 짬이 없었다. 설혹 짬이 난다 하더라도 "농사짓는 사람이 어디를 나가느냐!"라는 아버지의 호령 때문에 엄두도 못 냈을 것이다.

'원효로 양산박' 시절의 책들

청주사범을 1년 남짓 다니다가 서울로 올라가 경복중학교로 옮겼다. 통이 크고 강단이 넘치는 아버지의 다그침 때문이었다. 늘 야망이 컸던 아버지는 큰아들이 학교를 졸업하고 교사가 되는 소박한 삶이 마뜩하지 않으셨던 것이다. 평생 정치에 대한 꿈을 버리지 않으셨고, 손을 대는 사업마다 성공시켜 내로라하는 사업가의 길을 걸으셨던 분이고 보면 이해 못 할 바도 없다. 아버지는 내심 큰아들이 당신 사업을 이어 크게 벌이기를 바라셨을 게다. 그러나 그 뜻과는 달리 이 결정이 나를 본격적으로 책의 길로 이끌어 지금까지 평생 출판 외길을 걷게 만들었다. 서울에 와서 비로소 문학을 제대로 접하기 시작했기 때문이다.

서울 생활은 원효로에서 시작됐다. 당시 아버지는 서울에서도 사업을 벌여 동광건설주식회사를 운영하면서 영어를 잘하는 하와이 출신 한국 여자와 살고 있었다. 원효로에는 또 다른 사업체인 비누 공장이 있었다. 원효로 집은 둘째 부인이 관리했는데, 보은에서 올라온 수많은 사람들로 늘 북적였다. 사촌, 오촌까지 그곳에 모두 모여들었다. 보은에서 사람들이 올라오면 으레 그 집에 들러 기식했고, 그래서 나는 따로 공부방 하나 차지할 수조차 없었다. 늘 청운의 꿈을 품은 사람들로 붐비는 『수호지』의 양산박 같은 곳이었다. 시장 바닥 여인숙처럼 떠들썩했던 그곳 생활은 삭막했다. 시골에서 올라온 터라 급우들과 어울리기도 쉽지 않았다.

전차 타고 학교를 오가는 중에 죽음에 대한 생각을 많이 했다. 지금도 몸이 약하긴 하지만 당시에는 젊은데도 병약한 체질이어서 언제쯤 죽게 될까 걱정하곤 했다. 집에 와도 삭막하고 학교에 가도 정 붙일 친구도 없고, 밖으로 나서도 전차 지나간 자리에 풀풀 먼지만 날리는 풍경이었다. 전차가 지나갈 때마다 바퀴 소리가 묘하게 쓸쓸함을 부추겼다. 불행하다기보다는 외롭다는 느낌이 더 컸던 것 같다. 돌이켜 보면 성장기에 내 인생의 멘토가 없었다는 사실이 뼈아프다. 진로나 학교를 선택하는 데 주변에서 특별히 나에게 영향을 준 인물은 없었다. 인사성이나 사교성도 없어서 학교에 가도 선생님들이나 친구들과도 가깝지 않았다. 그러다 보니 책과 음악이 나의 유일한 멘토였던 셈이다.

로맹 롤랑의 『베토벤의 생애』나 서머싯 몸의 『인간의 굴레에서』 같은 책에서 내 자화상을 발견했다. 『베토벤의 생애』는 그중 희망을 품게 만든 책이었다. 귀가 안 들리는 상태에서도 환희의 합창을 만들어 낸 베토벤의 불굴의 의지가 나를 휘감았다. 『인간의 굴레에서』는 서머싯 몸의 대표작이자 자전적인 소설로 역시 많은 감동을 주었다. 폐쇄적인 성격으로 평생 제대로 앞에 나서지도 못하는 우울한 남자 주인공에게서 동질감을 느꼈다. 『밤으로의 긴 여로』, 『적과 흑』, 『욕망이라는 이름의 전차』 같은 외국 문학 작품에도 심취했다.

김내성의 『진주탑』이나 펄 벅의 『대지』 등도 이때 읽은 책들이다. 『진주탑』은 알렉상드르 뒤마의 『몬테크리스토 백작』을 번안한 작품인데, 정말 재미있게 읽었던 기억이 난다. 당시 『몬테크리스토 백작』은 우리말로 완역되지 않은 상태였다. 『바람과 함께 사라지다』도 기억난다. 주인공 스칼렛 오하라의 불굴의 정신은 당시 외로움에 갈피를 잃었던 나에게 좋은 채찍질이 되었고, 나중에 내가 아이들을 키우면서 많이 들려주었던 내용이다. 조지 오웰의 『1984』는 지금까지도 내 독서 편력에서 으뜸으로 꼽는 책이다. 한 인간이 전체주의에 저항하다 어떻게 파멸해 가는지 적나라하게 볼 수 있다. 전체주의가 얼마나 끔찍하고 인간과 세상을 희화시키는지 생생하게 보여 준다. 고도 정보 사회를 구가하는 지금도 이 작품은 인간의 자유와 사랑의 본질에 대해 여전히 일깨운다. 이것이 바로 고전의 힘이다.

서양 문학에서 사람이 성장하는 모습을 보았다면 동양 작품에서는 삶의 방법을 배웠다. 경복중학교 시절 『임꺽정』과 『수호지』 그리고 『삼국지』에 푹 빠져 살았다. 학교 오가는 길목의 삼각지 지하도 건너 로터리에 '대동서점'이 있었다. 그리 크지 않은 아담한 규모의 그 서점이 바로 내게 위안과 희망을 제공하는 공간이었다. 그곳에서 맨 처음 구입해 읽은 책이 『삼국지』였고 이어 『수호지』에 빠져들었다. 책들을 읽으면서 나는 현실에서 전혀 접해 보지 못했던 기쁨을 얻었다. 삶이 이렇게나 재미있고 살아 볼 만한 것이라는, 새로운 세계를 접한 기분이었다.

벽초 홍명희의 『임꺽정』은 1928년부터 10년 동안 《조선일보》에 연재돼 장안의 인기를 독차지했던 대하 역사 소설이다. 연재가 끝난 뒤 일제 강점기에 《조선일보》 출판부에서 네 권짜리 단행본으로 출간되었지만 내가 읽은 것은 1948년에 여섯 권으로 완간된 을유문화사판이었다. 신간이 나올 때마다 대동서점에 달려가서 샀다. 임꺽정의 의형제 중 박유복의 표창 던지는 솜씨는 신기에 가까웠는데, 그가 활약하는 대목이 가장 통쾌했던 기억이 난다.

『삼국지』는 박태원이 번역하다가 다 끝내지 못하고 월북해서 나중에 외솔 최현배의 큰아들인 최영해 정음사 사장 이름으로 나왔다. 『삼국지』는, 내 생각에, 역사 소설이라기보다 '인간학'에 가깝다. 삶의 지혜를 터득할 수 있는 책이라는 말이다. 이때 읽은 후 내 인생에서 늘 교과서처럼 존재하며 철학과 행동 양식에 많은 영향을 주었다. 다양한 인간 군상을 보면서, 난관에 부닥쳤을 때 옛 선인들은 이를 어떻게 극복했는지 살펴보는 재미가 쏠쏠했다.

『수호지』는 세상에 대해 항거하는 내용이 재미있어서 몰입했다. 후일 출판사 이름을 '백성의 소리'라는 뜻의 '민음사(民音社)'로 지은 것도 『수호지』의 영향이 컸다. 본래 '백성의 소리'라고 하면 민성사(民聲社)로 하는 게 한문 문법에 맞지만, 당시 그런 이름의 출판사가 이미 존재했기에 동양에서 악부(樂府)가 백성들의 다양한 노래[民音]를 채록하면서 그대로 하지 않고 고급한 시의 양식으로 승화했다는 것을 염두에 두고 세상의 낮은 목소리를 담되 세계에 내놓을 만큼 우아하고 품위 있게 해 보자는 뜻으로 과감하게 민음사로 지은 것이다. 서양 문학을 접하다가 굳이 동양 쪽으로 경도된 이유는 따로 없다. 너무 재미있어서 그냥 몰입한 것이다.

윌 듀런트의 『철학 이야기』는 "세상을 어떻게 이해해야 하는가?"라는 질문에 답을 준 첫 번째 인문학 책이다. 서양 철학사를 유머러스하고 재치 있게 쓴 책인데 굉장히 재미있었다. 데일 카네기의 『인간관계론』도 그때 읽고 뇌리에 깊이 각인된 책이다. 행복한 삶을 살려면 친구와 이웃을 늘 칭찬하라는 말이 깊이 와 닿았다. 이 책의 핵심은 "남한테 공손하고 남을 험담하지 말고 늘 남을 칭찬하라."는 것인데, 사실 모든 사람이 이를 실천하기만 하면 세상에 평화가 찾아올 것이다. 인생을 살아가는 데 필요한 노하우가 모두 담긴 인간 경영의 바이블처럼 다가왔다. 큰아들이 고등학생이 되었을 때에도 꼭 읽으라고 추천했던 책이다.

이 시절에 읽었던 책들은 내 삶의 철학을 이루는 데 가장 큰 기여를 했다. 새삼스러운 말이지만 어린 시절의 독서는 정말 중요하다. 독서야말로 인격 형성의 기초 공장 역할을 한다. 똑같은 책이라도 어려서 읽을 때 다르고 청년, 중년, 노년에 읽을 때 다른데, 이것이 책의 고유한 능력일 것이다. 나는 책을 통해 만들어졌고, 따라서 책은 내가 존재하는 이유가 되었다.

6 · 25 전쟁을 겪다

책을 빼고 나면, 서울 생활은 삭막함 그 자체였다. 6 · 25 전쟁은 그 와중에 터졌다. 당시 경복중학교 5학년이었다. 1950년 6월 27일 밤에는 비가 많이 쏟아졌고 28일 새벽에는 벼락 치는 것 같은 굉음이 들렸다. 한강 다리가 폭파되는 소리였다. 나는 직관적으로 서울을 떠나는 게 최우선이라고 생각했다. 배재중학교에 다니던 동생 상호 손을 쥐고 단둘이서 집을 나섰다. 아버지의 둘째 부인과 사촌 동생들은 머뭇거리며 뒤에 남았다. 아무도 우리를 잡지 않았다. 지금 생각하면 한강이 어떤 상황인지도 모르고 겁이 없었던 것 같다. 알았으면 떠날 엄두를 내지 못했을지도 모른다. 한강에서 겨우 나룻배를 얻어 타고 노량진으로 갔다. 그런데 노량진에서는 기차를 탈 수 없어 수원까지 걸어갔다. 주변에 함께 걸어가는 국군 패잔병들도 보였다. 수원에서 가까스로 대전 가는 열차를 탈 수 있었다. 대전에 당도해 아버지에게 전화를 하자 트럭을 내주어 보은으로 들어갔다.

전쟁이 격화되고 인민군이 고향 근처까지 밀고 내려오면서 아버지는 당신만 먼저 부산으로 떠났다. 야속했다. 우리 형제는 삼촌에게 맡겨진 상태였고, 어머니는 비룡소 집에 머물렀다. 늘 몸이 안 좋으셨던 어머니는 "나는 어차피 가다 죽을지도 모르는데 종부로서 종가를 지키겠다."라면서 한사코 피난을 거부했다. 결국 어머니를 동네 사람에게 부탁한 채 남은 식구들과 함께 대구 아래 경산까지 걸어 내려갔다. 곧 국군이 인천에 상륙하면서 서울은 수복이 됐고 내륙에서 인민군은 도망가기에 급급한 상황이 전개됐다.

전선이 뚫리면서 파죽지세로 밀고 올라가는 국군을 따라 10월 초에 고향을 향해 출발했다. 운 좋게 미군의 쌀 트럭을 동생이랑 함께 얻어 타고 올라왔는데, 일본에서 주둔하다 6·25 전쟁에 투입된 듯한 흑인 병사 두 사람이 「중국의 밤(支那の夜)」이라는 일본 노래를 신명 나게 부르던 기억이 난다. 1940년 일본이 한창 침략 전쟁의 정점을 달리던 무렵 식민지 중국을 배경으로 만든 영화 「소주야곡(蘇州夜曲)」에 삽입돼 유명해진 노래다.

중국의 밤, 중국의 밤이여

항구의 불빛 보라색 저녁에

아, 잊을 수 없는 호궁의 소리…….

여기저기에서 대포가 뻥뻥 터지고 기관총 난사하는 소리가 들리는 길을 달리면서 청승맞은 그 노래를 미군들이 열심히 부르던 정황은 지금 생각해도 기묘하다. 먼 이국땅 전쟁터에서의 두려움과 고향에 대한 그리움과 전쟁 스트레스를 노래로나마 마취시키려 했던 것일까. 아니면 승전고를 울리며 북진하는 길 위에서 조만간 고향에 돌아갈 기대에 부풀어 신나서 불렀을까.

속리산 인근에 이르러 작은 총격전이 있었지만 다행스럽게도 무사히 보은에 도착했다. 우리 집은 남반부 속리산 일대 빨치산 사령부로 접수됐다고 했다. 빨치산이 서둘러 도망가는 바람에 다행히 동네 사람들은 무사할 수 있었다. 어머니도 동네 사람 집에 무사히 피신해 계셨다. 전하는 말에 조금만 늦게 수복이 됐어도 어머니는 총살당했을지 모른다고 했다. 지금 생각해도 아찔하고 죄송하다. 아군 측에서 기습적으로 올라오는 바람에 빨치산과 인민군들은 달아나기에 정신이 없었다. 사령부로 사용하던 우리 집 벽장에는 미처 챙겨 가지 못한 북쪽의 붉은 화폐들이 가득 쌓여 있었다.

당시 나는 뼈와 살이 상접한 상태였다. 그렇지 않아도 평소 몸 상태가 좋지 않았던 터에 자주 굶은 데다 설사까지 끊이지 않아 뼈만 남은 모습이었다. 그때는 언제 어느 곳에서나 젊은이가 눈에 띄기만 하면 잡아들여 군으로 보냈는데, 얼마나 피폐한 몰골이었던지 인정사정 두지 않는 모병관들조차 나를 외면했을 정도였다. 그때 참전했으면 아마도 낙동강 전선에 동원돼 죽었을 가능성이 크다. 경복중학교 시절 동창들은 전쟁 때 많이 희생됐다. 일부는 자원해서 의용군이나 국군에 들어가 희생됐고, 어물어물 서울에 남았다가 죽은 동창들도 많았다. 일제에서 해방된 이래 증오에 휘말려 몽둥이를 들고 서로 때리고 죽이던 좌우익의 싸움을 자주 목격했다. 폭력이 도처에 만연하던 시절이었다. 그 폭력은 결국 6·25 전쟁으로 폭발했고, 수많은 주검이 산처럼 쌓이는 비극으로 이어졌던 것이다.

    1951년 청주고등학교에 편입했다. 당시 서울에는 아직 학교가 문을 열지 않아 서울 학생들을 지방 학교에서 받아 줬다. 외지에서 온 학생들에 대한 텃세가 심해서 단지 건방지다는 이유로 많이 맞았던 기억이 난다. 세상에 만연한 폭력이 학생들에게도 무방비 상태로 전염됐던 모양이다. 하지만 청주고등학교에서 소중한 동창들과 평생의 인연을 맺기도 했다.《서울신문》주필을 지내고 국회 의원과 노동부 장관을 역임한 남재희와 대법원장을 지낸 김덕주가 그때 만난 벗들이다.

2. 소설 시대

1952~1965년

서울대 문리대에 입학하다

돌아보건대 가장 행복했던 순간 중 하나가 그날의 풍경이다. 보은 읍내에 나갔다가 에미뜰을 건너 청소산 고개를 넘어서는데 비룡소 집 골목에 누님이 나와 있다가 나를 보더니 무어라 소리를 치며 손을 흔들었다. 무슨 소리인지 잘 들리지 않아 서둘러 달려갔더니, 누님이 상기된 표정으로 서울대학교 합격 통지서가 왔다고 일러 주었다. 대전에서 전시 합동 입학시험을 치러 놓고 합격 여부가 불안해 전전긍긍하던 시점이어서 누님이 전해 준 합격 소식은 무엇보다도 큰 선물이었다. 그때 누님의 흥분된 표정이 눈에 선하다. 아버지도 겉으로 내색은 하지 않으셨지만 모처럼 장남이 체면을 세웠다고 흡족하신 것 같았다.

  청주고등학교 졸업 무렵 대학 지원서를 내려고 교무실에 갔더니 대학 안내서들이 쭉 놓여 있었다. 법대나 의대 같은 건 처음부터 뜻이 없었고 문리대를 선택했는데, 아마도 내 심층에는 문학이 숨어 있었던 게 아닌가 싶다. 오래되어 무얼 썼는지는 잘 기억나지 않지만, 중고등학교 시절에도 작문 대회에 나가 뭔가 써 내면 어김없이 입선이 되거나 교지에 글을 발표하면 시끌시끌할 정도로 주목을 받곤 했다. 겉으로는 대수롭지 않은 척했지만 삼산소학교 시절 작문 대회에서 수상한 이래, 내 잠재의식에는 아마도 문학 성향이 똬리를 틀기 시작한 것 같다.

서울대학교 문리과대학에 입학하면서부터 문학은, 대학 시절은 물론 결혼한 뒤 방황하다가 출판사를 차리기 전까지 내 청춘의 황금기를 장악해 버린 절대적인 존재였다. 하지만 대학을 지원할 때에는 처음부터 문학을 염두에 두고 영문과를 지원한 건 아니었다. 어린 마음에 그저 영어나 좀 배워 볼까 싶어 영문학과를 지망했던 것인데 성적에 밀려 2지망인 불문과에 간신히 합격했다. 그렇지만 당초 그다지 흥미가 없었던 프랑스어 공부는 시들했고, 친구들과 어울려 다니면서 소설 공부에만 매진해 버렸던 것이다. 인생의 작은 분기점들이 모여서 운명을 만들어 간다면, 내가 본래 바라던 영문과 대신에 불문과에 가게 된 것 역시 나중에 출판에 이르는 운명적인 과정이었다.

1952년 서울대학교는 부산 가교사로 피난 가 있었다. 대학 생활은 부산 대신동 산비탈에 바라크처럼 나무로 지은 교실에서 시작됐다. 비가 오면 산비탈 교정까지 오르다가 여러 번이나 미끄러졌던 기억이 난다. 판자로 지은 허름한 교실에서 대학 생활을 시작했지만 서글프다는 느낌은 없었다. 나로서는 전시에 군대에 가지 않고 대학에서 공부하는 것만으로도 큰 행운이었다. 청주고등학교에서 같이 대학에 진학한 남재희와 김덕주, 후일 대한주택공사 사장과 상공부 차관을 역임한 김동규, 연세대 상대를 다니던 원춘희, 서울대 상대를

대학 졸업 후 청주고등학교 동창들과 찍은 사진. 앞줄 왼쪽부터 반시계 방향으로 언론인 출신으로 노동부 장관을 지낸 남재희, 대법원장을 지낸 김덕주, 나, 상공부 차관을 지낸 김동규, 싱가포르에서 사업에 성공해 귀국할 때마다 친구들에게 큰돈을 쓰고 갔던 김석환, 연세대 상대를 다니던 원춘희도 보인다.

    나와 싱가포르에서 사업가로 성공한 김석환 같은 동기들과 친하게 어울렸다. 그 시절에는 거의 모든 대학이 부산으로 내려와 있었다. 나는 누이의 시댁이 있는 토성동에서 하숙을 했다. 그때만 해도 술을 간혹 입에 대기는 했지만 본격적으로 마시진 않았다. 돈이 없으니 대폿집은 어쩌다 한 번 가고 친구들끼리 주로 다방에서 만났다.

    1953년 9월 서울대학교가 동숭동 캠퍼스로 복귀했다. 교정의 마로니에 나무들은 그대로였다. 전쟁 전 경복중학교 시절 산책길에 들르곤 했던 풍경은 전란의 와중에도 변하지 않았다. 일본에 갈 때마다 느끼는 것이지만 일본 도쿄 대학교와 동숭동 서울대학교는 교사의 모양이 똑같다. 물론 규슈 대학교나 일본 국내외에 있는 제국 대학

들은 모두 비슷하게 생겼다. 서울대학교가 경성제국대학으로 불렸던 식민지 시절의 흔적임은 두말할 나위도 없다.

  서울에서의 대학 생활은 낮에는 교정에서 소일하고 밤이면 다방과 술집으로 몰려다니는 세월이었다. 내용은 이제 전혀 기억도 나지 않지만 보들레르, 발레리, 말라르메 등을 이야기하면서 문학적인 무드에 취해 살았다. 국문학과의 이어령, 신동욱 등이 같이 다니던 단짝 친구였다. 나중에 연세대 교수를 지낸 신동욱은 실제로 보들레르처럼 자유롭게 살았다.

맥파로(麥波路)와 문청 시대

대학 1학년 부산 시절은 청주에서 함께 온 동창들과 어울리며 새로운 환경에 적응하느라 바쁘게 보냈다. 2학년에 올라가고 얼마 안 있어 서울대 학보인《대학신문》에 전국 학생 작품 모집 공고가 실렸다. 가뜩이나 학과 공부에는 별 뜻이 없던 터였는데, 이 공고는 소설 쓰기에 대한 욕망을 부추겼다. 초등학교 이래 중고등학교를 거치면서 백일장 대회에 나가면 으레 입선되거나 교지에 발표한 글이 화제가 됐던 배경이 부추겼을 것이다. 바야흐로 대학 시절은 물론 20대 내내 소설이라는 올가미에 단단히 걸려들 줄이야 그때는 미처 몰랐다.

  1953년 6월 8일자《대학신문》은 제1회 학생 작품 모집에 서울대학교를 위시하여 27개 대학에서 시, 소설, 논문 세 분야에 걸쳐 모두 228편이 응모된 대성과를 거두었다고 자찬하면서 "6·25 동란 이후 이와 같이 많은 대학이 참가해 응모 작품이 있었던 현상은 이번이 처음이며 본사에서는 앞으로 매 학기 현상 모집을 실시할 계획"이라고 밝혔다. 그다음 주인 6월 15일자《대학신문》1면에 제1회 학생 작품 현상 모집 입선자가 실렸다. 소설 부문 당선작은 없었고 이어령의 단편「초상화(肖像畵)」가 가작으로 선정됐다. 발표 공고 말미에 "입선자는 부산시 토성동 3가 5번지《대학신문》사 편집국으로 즉시 연락하여 주기 바란다."라는 글귀가 부기돼 있었다. 내가 쓴 첫 소설 작품은 보기 좋게 낙방했지만, 그 문장 뒤로 이어지는 심사평이 나를 소설이라는 올가미에 갇히게 만드는 구실을 했다. 심사를 맡았던「사랑손님과 어머니」의 작가 주요섭 선생이 선후 소감에서 "낙선시키기에는 아까운 작품"으로「희생」(문리대 박맹호)을 거론한 것이다.

그해 9월 캠퍼스가 부산에서 서울 동숭동 캠퍼스로 복귀한 뒤 종합 월간지《현대공론》창간 기념 소설 모집에 다시 응모했다. 박성흠(朴誠欽)이라는 이름으로「해바라기의 습성」이란 작품을 투고해 당선됐다. 후일 시인이자 언론인으로 활약한 김형덕(김후란) 씨가 그때 가작으로 입선했다.《현대공론》은 1953년 10월에 창간해 1955년 1월까지 13호를 내고 종간한, 지식인을 대상으로 시대정신을 고취시킬 목적으로 창간된 종합 시사지였다. 국회 의원을 지냈던 송원영과 이강민 등이 이 잡지의 주역이었다.

「해바라기의 습성」은 외숙모 이야기를 모티브로 삼은 것이다. 큰외숙은 평생 바람만 피우면서 살았는데, 그 외숙이 불치병에 걸리자 외숙모가 자기 살점을 떼어 약으로 썼다는 얘기를 소설로 만든 것이다. 상당히 서정적인 작품이었던 것으로 기억한다. 부산 시절부터 소설에 발동을 걸기 시작하여《현대공론》에 당선되면서 바야흐로 소설에 대한 자신감이 한껏 부풀어 올랐다. 1955년《한국일보》제1회 신춘문예 응모는 내가 소설가를 꿈꾸었던 과정에서 하나의 분기점이 된 '사건'이었다.

대학에 입학한 해인 1952년은 전쟁 중이기도 했지만 부산을 임시 수도로 삼은 이승만 정권이 독재 기반을 굳히기 위해 계엄령까지 선포해 가면서 정쟁을 벌인 이른바 '부산 정치 파동'의 해이기도 했다. 전쟁 직전인 1950년 5월 30일 선거에서 야당이 압승하여 이승만 대통령의 재선이 어려워지자 1951년 11월 30일 정부는 대통령 직선제 개헌안을 국회에 제출했다. 그러나 1952년 1월 18일 국회가 이를 부결함으로써 정부와 국회 간의 싸움이 시작됐다. 이에 이승만 정부는 국회 해산을 요구하는 '관제 민의(官製民意)'를 동원하여 국회 의원을 위협하는 한편, 5월 25일 국회 해산을 강행하기 위해 부산을 중심으로 한 23개 시군에 계엄령을 선포하고 국회 의원 12명을 구속했다. 국제적으로 비난 여론이 쇄도하자 국회 해산은 보류했지만, 결국 경찰과 군인이 국회 의사당을 포위한 가운데 그해 7월 4일 기립 투표 방식으로 '발췌개헌안'을 통과시켰다. 이로써 이승만 독재 정권의 기반이 굳어진 것이다. 이른바 '부산 정치 파동'의 전말이다.

그때나 지금이나 나에게는 신문을 꼼꼼히 정독하는 습관이 있다. 초등학교 때 학교로 배달되던 소년 신문을 정독하기 시작한 이후 그런 습관이 굳은 것 같다. 요즘은 인터넷과 스마트 기기가 발달해 예전처럼 신문을 보는 스릴과 맛은 많이 사라졌지만, 지금도 나는 매일 새벽에 읽는 아날로그 신문을 좋아한다. 일찌감치 일어나서 신문 오는 시간을 기다릴 때도 많다. 새벽에 첫 번째로 뉴스를 읽으면서 세상 돌아가는 소식을 파악하고 책과 문학에 관한 정보들을 두근거리는 마음으로 접하고 기민한 대응을 생각하는 것은 출판을 시작한 이래 평생의 일과이기도 하다. 신문을 샅샅이 훑다 보면 시대의 행간과 부정한 권력의 야만이 여실히 드러나게 마련이다. 《한국일보》 신춘문예 응모작인 당시 자유당 독재 정권을 희화한 내 풍자 소설은 신문을

1953년 9월 서울대 캠퍼스가 부산에서 종로구 동숭동으로 복귀했다. 중앙에 내가 서 있고 오른쪽에 문리대 1년 후배 원윤수, 왼쪽에 한철수가 있다. 원윤수는 서울대 불문과를 졸업하고 소르본 대학을 거쳐 모교에서 불문과 교수로 정년을 맞았다.

읽다가 아이디어를 얻어 탄생했다.

　　200자 원고지 118매 분량이었고, 탈고 날짜는 1953년 2월 10일로 작품 말미에 명기돼 있다. 부산 정치 파동의 현장에서 대학 1학년을 보내고 겨울 방학에 고향에 돌아와 이 작품을 썼다. 제목은 처음에 '자유 풍속 서장(序章)'이라고 지었는데, 한문에 일가견이 있던 불문과 동기 유재식이 '파벽(破僻)'으로 하자고 우기는 바람에 '파벽—자유 풍속 서장'으로 바뀌었다. '파벽'의 뜻을 국어사전에 나오는 대로 옮기자면 "양반이 없는 시골이나 인구수가 적은 성씨에 인재가 나서 본래의 미천한 상태를 벗어남."이다. "개천에서 용이 나다."라는 속담과도 의미가 통하는데, 이 소설의 주인공 캐릭터를 염두에 둔 희화적인 작명이었다. 독재의 서슬이 시퍼런 가상의 나라 '지남공

소설 시대　35

화국(支南共和國)'을 배경으로 거리를 떠도는 낭인 '맥파로'가 그 주인공이다.

맥파로는 외국 군인이 버린 모자 하나를 삐뚜름하게 주워 쓰고 거리를 배회한다. 어느 빵집 유리문 앞에서 전쟁미망인 주인 여자가 베푸는 빵 한 조각의 호의에 겨우 허기를 면하는 신세다. 하지만 세상 돌아가는 일에는 관심이 많다. 이승만 정권이 부산 정치 파동 때 국회를 장악하기 위한 명분으로 '관제 데모'를 획책했는데, 이 작품의 축을 이루는 서사가 바로 이 사건이다. 맥파로가 거리를 배회하다가 이 '정의로운 투쟁'에 합류하게 되고 어이없이 죽음을 맞으면서 소설은 끝을 맺는다. 지금 돌아보니 루쉰이 창조한 희화적인 인물 '아Q'나 세르반테스의 '돈키호테'와도 닮은 듯 보인다.

> 뒤축이 다 해어진 투박한 군화를 신고 이마에는 먼지 먹은 머리카락이 함부로 휘날렸으나 맥파로 씨는 그래도 당당한 지남공화국의 시민의 한 사람이었다. 헐간한 눈매와 그 밑으로 흐르고 있는 희끄무레한 액체가 꾀죄죄하긴 했으나 그는 또 멋을 내기 위해서 전투모를 뒤로 삐뚜름하게 젖혀 쓰는 것도 잊지 않았다. 그것은 어느 돈 많은 나라의 병정이 쓰레기통에 버린 것을 남보다 먼저 차지한 재산의 일부인 것이다.

소설 속에 등장하는 맥파로의 모습이다. 주인공 이름을 지을 때 상당히 신경을 곤두세우고 고심을 거듭했던 기억이 난다. 중국 정부가 편의성을 이유로 한자를 간체자로 바꾼 건 역사적 과오라고 생각한다. 간체자는 한자의 상형성에서 나오는 신화적, 문화적 맥락을 파괴하고 서로 다른 맥락에서 생겨난 한자들을 하나의 표기로 통합함으로

써 조금 과장해서 말하면 한자를 현대 중국인들의 발음을 옮기는 소리글자에 가까운 것으로 만들어 버린다. 그러나 내 생각에 한자는 글자 하나하나가 나름의 이미지와 내용과 철학을 지닌 심오한 문자로 번체자처럼 각각 고유한 표기를 가질 때 가장 문자의 힘을 느낄 수 있다고 본다.

한자 중에서 나는 특히 보리맥(麥) 자를 좋아했는데, 보릿고개 시대에 보리가 지니는 정치적, 문화적 함의 때문이었을 것이다. 보리밭에 바람이 불어 파도처럼 일렁이는 풍경은 또 얼마나 아름다운가. 여기에다 거리[路]는 오늘날에도 여전히 생활의 장이자 투쟁의 장인 동시에 모든 것으로 연결되는 통로의 이미지로도 다가왔다. 이런저런 생각들이 하나로 합쳐져 '맥파로(麥波路)'라는 시적인 이름이 생겨난 것인데, 지금 생각하면 치기 어린 점도 있지만 당시에는 매우 진지했다. 주인공 맥파로는 이전투구의 정치판에서 포말처럼 사라지는 쓸쓸한 인간형을 염두에 두고 창조했다. 그는 관제 시위에 휩쓸려 죽어 간 낭인이다.「자유 풍속」은 이 사람의 눈으로 당시의 정치 파동과 세태를 풍자하는 내용이다. 풍자는 철저하게 반어법으로 수행했다. 이를테면 맥파로가 거리에서 우연히 엿듣는 점잖은 노부부의 대화에서는 계엄령을 "자유의 축복"이라는 말로 표현했다. 이 소설에 시종 등장하는 '자유'는 긍정적 의미라기보다 '자유당'을 염두에 둔 중의적 맥락에서 썼다. 이러한 압제의 상황에서 "시민들은 이미 기뻐서 벌벌 떨고 있다."라는 대목도 나온다. 노부부는 "시민들은 이미 유혈(流血)을 능히 음미할 수 있으리만큼 고도로 정신 상태가 진보되고 있거든요."라거나 "그것이야 자유의 승리를 단적으로 상징하는 사상적 조류지!"라고 주고받는다. 현실의 상식으로 보면 말이 안 되는 대화지만, 말이 안 되기 때문에 통렬한 풍자의 효과가 생긴다고 보았다.

내가 보기에 주인공 맥파로가 '자유의 광장'에서 본 이른바 '미래를 위한 게시판'의 낙서야말로 반어적 풍자의 절정이 아니었나 싶다.

    모든 권력은 별처럼 무수히 빛나는 교활의 지혜와 음모의 덕을 풍부히 소유한 국가 원수에 결정적으로 집중 완료하여야 한다. ······ 그리고 그의 주름살 속에 고요히 잠자고 있는 거짓말과 독선과 ······ 마침내는 폭력이 시민들을 '도탄이라는 행복'으로 이끈다. 그렇게 된다면 시민들은 그 관대와 우정 넘치는 정책에 감루하며 더 나아가 우리들의 운명을 위하여 위대한 원수의 건강과 두뇌의 정상적 발전을 도모하는 의미에서 충분한 영양과 휴식을 공급하고 그의 안락과 취미의 권태를 방지하기 위하여 수시로 그의 한가한 틈을 유쾌함과 고상함으로 변경 교대시키며 ······ 다시 말하자면 그의 인생의 목적을 위하여 시민들은 초로와 같이 목숨을 사양치 않는다. ······ 그럼으로써 영원히 우매하고 무식할 시민들의 머리 위에 그를 죽을 때까지 군림시켜야 하고 ······ 그런데 늘 원수께서 마음 꺼리는 바 있는 ······ 실업자, 전쟁미망인, 병신 떼 ······ 선천적 가난뱅이, 농민, 매춘부 등 ······ 이런 것들은 운명의 소치로 말미암아 하느님이 임명한 자유인들로서, 지남공화국의 입장으로 볼 때 진실로 불가해한 쓰레기통의 인생들인 것이다. 이들은 우리 자유 사회에 있어서 극히 불필요한 것으로 가급적이면 그들은 스스로 자살 또는 자연사(즉 기아사) 불연이면 집단 학살에 의해서 명랑한 민주 경제의 절약을 위해서 자진 청소되기를 사랑의 이름으로 권고하는 바다.

                        1966년 어느 날 상식 비대증(常識肥大症) 교수 기(記)

관제 시위대에 휩쓸려 앞장을 선 맥파로. 식사 한 끼와 술대접에 감읍한 시위대들은 수상의 영광을 위해 목숨이라도 바칠 듯 구호를 외쳐 댄다. 하지만 어느 순간 맥파로가 사위를 돌아보니 "그렇게 기세가 당당하던 술 취한 자유민들은 어느새 다 흩어져 버리고 진눈깨비와 같은 어둠만이 죽음과 함께 달려"오는 형국이었다. 맥파로는 자신을 포함한 시위대가 "위대한 수상의 민주적 권력 강화와 시민의 자유를 신속히 보장하기 위해서 말굽에 아낌없이 짓밟히도록 마련되어 있는 영광스러운 역사의 개척자들"이라고 자부하면서 기마대가 쏜 총에 맞아 숨을 거둔다.

    맥파로 씨는 거의 숨을 거둘 무렵 뜨거운 눈물이 볼을 가르는 것을 느꼈다. 거룩한 수상의 은총이 뼛속에 사무친 것이었다. 하찮은 목숨이나마 자유와 수상을 위하여 쓰러질 영광을 주다니! '오, 겨레의 등불이여!' 수상의 거룩한 모습이 삼삼히 피어올랐다. 풍부한 영양과 충분한 휴식이라는 무기한 연장된 중책을 어깨에 메고 굶는 자유를 더욱더 사랑하는 현명한 시민들을 너그러이 굽어 살피는 성스러운 자태였다.

나는 소설을 주변에 거의 보여 주지 않고 몰래 조용히 쓰는 스타일이었다. 하지만 이 작품은 1955년 제1회《한국일보》신춘문예에 응모했다가 불운하게 빛을 보지 못한 과정이 계기가 되어 역설적으로 널리 알려졌다. 당시 신춘문예 심사 위원이었던 문학 평론가 백철과 소설가 최정희가 「자유 풍속」을 당선작으로 선정했지만, 갓 창간한 신문사에서 자유당 정부를 신랄하게 풍자하는 작품을 당선작으로 내세우기는 부담스러웠던 모양이다. 당시는 전쟁이 끝난 지 얼마 안 된 시점인 데다 자유당이 독재 체제를 공고하게 구축해서 정권에 한번 찍히면 도저히 살아 나갈 수 없는 엄혹한 시절이었다. 차석이었던 오상원의 「유예(猶豫)」가 당선작으로, 떨어졌던 정한숙의 「전황당인보기(田黃堂印譜記)」가 기사회생해 가작으로 발표됐다. 백철은 1955년 1월 1일자 《한국일보》 신춘문예 「선후 소감」에서 "박맹호의 「자유 풍속」은 지금까지 우리 문단에서 그 예가 없는 장관을 창조한 작품으로, 나는 이 응모작을 일석(一席)으로 하고 오상원의 「유예」를 이석(二席)으로 정했는데 결국 (중략) 「유예」가 입선되었다."라고 썼다.

그 전후 사정은 문리대 불문과 선배이자 당시 《한국일보》 문화부장이었던 한운사 씨가 전해 주어 알게 됐다. 한운사 씨는 당시 《한국일보》 필자였던 이어령에게 심사 과정의 전말을 소상하게 발설했고, 그 이야기를 들은 이어령의 입을 통해 「자유 풍속」의 신춘문예 탈락 과정 전말이 대학은 물론 문단에까지 퍼져 나간 것이다. 당시 한국에서 풍자 문학은 상당히 드물었고, 더구나 서슬 퍼런 자유당 정권을 비판하는 작품을 찾는다는 건 더욱 어려웠다. 이후 자유당 독재가 5년이나 더 이어지면서 그 폐해가 곪아 터져 결국 시민들의 저항이 4·19로 분출되었다. 하지만 이때에도 이미 이승만 정권에 대한 정치적 불만은 높은 내압으로 쌓여 가던 터였다. 이러한 시대적 배경이 바로 「자유 풍속」의 신춘문예 낙선을 문리대는 물론 문단에까지 뜨거운 화제로 부상하게 만들었던 것이다.

사실 이 작품은 소설 창작을 접고 난 후 출판에 매진하면서 나 역시 까마득히 잊었던 것인데, 40여 년이 흐른 후 어느 해인가 후배 여성 출판인이 1956년 문리대 문학회에서 간행한 《문학》 창간호에 수록된 것을 복사해 와 새삼스럽게 아득한 세월 저쪽을 돌아보게 해 주었다. 《문학》 창간호 편집장이 이어령이었다. 이후 문리대 동기들 사이에서는 물론 나중에 기웃거리게 된 문단에서도 내 별명은 '맥파로'로 굳어졌다. 남재희나 이어령을 비롯한 친구들은 교정에서 나를 보면 "어이, 맥파로!"라고 큰소리로 불러 대서 머쓱한 적이 많았다. 과분할 만큼 내 작품을 높이 평가해 주었던 백철의 집에도 이후 여러 번 놀러 간 기억이 난다.

한운사 부장은 나에게 미안함을 표시하며 그해 5월《한국일보》일요판에 나의 다른 소설을 게재할 기회를 주었다. 두 번에 나뉘어서 실렸는데, 편집부 직원한테 제목도 기억나지 않는 그 작품을 찾아 달라 했더니 처음에는 자료실에 가 보았으나 찾지 못했다는 전갈이 왔다. 나중에 다른 직원이 혹시나 해서 다시 한국일보사를 방문해 일일이 지면을 뒤져 결국 그 소설을 찾아냈는데, 필자 이름이 황당하게도 '비룡소'로 돼 있었다. 엉뚱한 필명 때문에 찾는 데 애를 먹었던 것이다. 나중에 민음사 출판 그룹의 어린이 책 전문 출판사로 비룡소를 창립하고 나서도 크게 의식하지 않았지만 이미 그 시절부터 나는 '비룡소'라는 이름에 강한 애착이 있었던 것 같다. 어쨌든 소설의 제목은 「오월의 아버지」였다. 그나마《한국일보》에도 결호가 생겨 앞쪽 절반은 존재하지 않았고 뒤쪽 절반만 간신히 찾을 수 있었다.

《현대공론》당선만으로도 등단한 문인 행세를 할 수 있었겠지만 나는 그런 식으로 소설가가 되기는 싫었다. 신춘문예 관문을 통과해 신문에 나온 아들 사진을 아버지에게 보여 주며 소설가로 당당하게 나서고 싶었다. 「자유 풍속」이 여기저기서 거론되고 소문이 나자 아버지는 교사가 되는 것을 반대했을 때처럼 "문사는 해서 뭐하냐?"라면서 경계하기 시작했다. 아버지는 물론 악의 없이 자식의 미래를 걱정하는 마음이었겠지만, 그때마다 나는 적잖은 상처를 받았다.

나의 대학 생활은 모두 소설 습작에 바친 세월이었다고 해도 틀린 말은 아닐 것이다. 앞에서도 말했지만, 영문과를 가려다 2지망으로 불문과에 간 탓에 프랑스어는 잘 알지도 못했고, 학업에도 별 흥미가 없었다. 주변 친구들은 열심히 공부하는데 나는 소설을 쓴답시고 수업을 등한시했다. 프랑스어를 아주 정확하게 구사하는 이휘영 교수가 주임 교수였는데, 그이조차 소설이나 잘 쓰라고 격려해 주는 바람에 공부와는 더 멀어지고 운명적으로 소설 쓰기에 내몰린 상황이었다. 그때 소설을 쓴다고 겉멋 부리고 살지 않았다면 지금쯤 프랑스어라도 웬만큼 구사하지 않을까.

「자유 풍속」이 우여곡절을 겪지 않고 그대로 당선작이 되었더라면 내 운명은 어떻게 바뀌었을까. 이후 썼던 작품들마저 요란하게 호평을 받았다면 또 어떻게 됐을까. 필경 소설을 붙들고 소모하는 세월은 하염없이 길어졌을 것이다. 「자유 풍속」 이후에도 장편을 한두 개 더 썼지만 따로 발표하거나 하는 일 없이 파기해 버렸다. 재주가 모자란 내가 소설을 쓴다는 사실이 깊은 자의식 속에서는 늘 부끄러웠다. 소설은 천재들의 몫이라는 생각이 지배했던 것 같다. 그리고 지금도 그 생각에는 조금도 변함이 없다. 어중이떠중이 다 소설가로 나서지만, 시대를 통찰하고 독자들을 감동시키는 새로운 인간형은 천재들의 감성에서 탄생한다고 믿는다. 서머싯 몸의 『달과 6펜스』를 읽으면서 절망했던 기억이 생생하다. 밤을 새워 『바람과 함께 사라지다』를 다시 읽어 가면서 이런 대서사를 내가 과연 쓸 수 있을지 회의했고 부끄러웠다. 이런 자의식 때문에 투고할 때마다 실명 대신에 가명을 사용하곤 했다. 이제 고백하거니와 《현대공론》 투고 때 사용한 박성흠이란 이름은 나보다 몇 달 먼저 태어난 할머니의 아들, 내 동갑내기 삼촌의 이름이었다.

지금도 내가 살아오면서 가장 잘한 일 중 하나는 내 능력을 스스로 간파하고 과감하게 소설가의 길을 포기한 것이라고 확신한다. 자기 자신을 객관적으로 평가할 수 있는 안목이야말로 인생에서 가장 긴요하고 중요한 능력일 것이다. 나는 그때나 지금이나 안 되는 일이라고 판단하면 과감하게 미련을 버리고 되는 길을 찾아 왔다. 이런 면에서는 나는 냉정한 리얼리스트에 가깝다. 안 되는 건 빨리 잊어야 한다. 드넓은 세상에 여러 가지 다른 길이 열려 있는데 미련에 발목 잡히는 것만큼 어리석은 일은 없다. 소설가의 길은 청산했지만 소설로 지새웠던 문학청년 시절이 후일 민음사를 만들고 한국에 문학 단행본 시대를 본격적으로 개척해 나가는 데 중요한 밑거름이 됐음은 두말할 나위도 없다.

평생의 벗들

문학을 주로 얘기하며 자주 어울리던 동기들 대부분은 릴케나 보들레르에 심취해 감상주의적 경향이 짙었다. 하지만 박맹호는 부친이 국회 의원이어서 그런지 정치와 사회 현실에 대한 관심이 많았다. 현실 비판적이면서도 풍자적 글도 곧잘 쓰는 등 다른 동기들에 비하면 특이한 데가 있었다. 문학의 길을 접고 출판인의 삶을 살았지만, 문학을 계속했더라면 폭넓은 창작 활동을 하는 훌륭한 저자가 됐을 것이다.

이어령은 후일 《월간 중앙》(2004. 7.)에서 그 시절을 이렇게 회고했다. 이어령의 기억대로 대학 시절에 살았던 한강로 삼각지 집에 친구들이 자주 들러서 먹고 잤다. 그 시절 단골로 찾아오던 친구 중 하나가 이어령이었다. 후일 그의 아내가 된 서울대 국문과의 강인숙 씨가 내 집에서 얼마 떨어지지 않은 곳에 살았던 이유가 컸다. 이어령은 그녀의 귀가를 기다리거나 만날 약속을 하기 위해 자주 삼각지 집에 들렀다. 그렇게 시간을 보내다가 내 소설 습작들을 발견하고는 날카롭게 비판하는 메모를 끼적여 놓기도 했다. 나는 속으로 '그래, 네가 보기는 제대로 보는구나!' 싶어서 웃었던 기억이 난다. 특별히 완성된 내용이 아니라 나도 생각나는 대로 적어 놓은 파편들이었다. 이 친구, 내가 문학을 포기하지 않았더라면 폭넓은 창작 활동을 하는 훌륭한 저자의 길을 갔을 것이라고 생각했다니 흥미롭다.

사물의 핵심을 꿰뚫는 이어령의 천재에 대해서는 늘 탄복하는 편이다. 평생을 만나도 전혀 지루하지 않고 매번 신기한 이야기를 꺼내서 늘 감탄하면서 헤어지곤 한다. 하지만 정작 그의 책은 민음사에서 『공간의 기호학』 한 권밖에 나오지 않았다. 박사 학위 논문을 수정 보완한, 그의 거의 유일한 학술서로 청마 유치환의 시를 기호학을 동원해 통찰력 있게 분석한 두툼한 책이다. 이어령이 앞에 언급한 매체와의 인터뷰에서 이런 이야기도 덧붙여 놓은 걸 뒤늦게 자료를 찾다가 보았다.

젊은 시절 박맹호는 친구들을 먹이고 재우며 뒷바라지하는 일이 잦았다. 그는 휑한 표정에 어딘가 허점이 있어 보이지만, 캐 들어갈수록 속내가 깊은 사람이다. 그러나 그는 속내를 드러내지 않고 세속과 다투지 않으면서도 세속과의 게임에서 이긴 사람이다. 출판사를 운영하면서 세력화를 도모하거나 파당을 만들지 않아 문단과 예술계와 학계의 수많은 사람의 의지처가 됐다. 그의 도움으로 책을 내고 필명을 알리고도 다른 출판사로 옮겨 가 안착한 사람들이

1년 후배 송재영(왼쪽), 동기 유재식(오른쪽)과 함께 서울대 문리대 마당에서. 당시 문리대 동기들 사이에서 나는 내 소설 속 주인공 이름인 '맥파로'로 불렸다.

많지만, 그는 서운해하지 않았다. 그런 점에서 박맹호는 씨앗을 싹 틔우고 이앙 전까지 길러 내는 묘판(苗板)과 같은 삶을 살아왔다.

남재희는 청주고등학교 동기로 만나 대학 시절을 같이 보낸 건 물론 언론계에서 문화부장, 정치부장을 거쳐 편집국장까지 하는 동안 내내 술친구로 지냈다. 이후 국회 의원이 되고 노동부 장관을 역임한 뒤 같이 늙은 지금까지도 절친한 벗으로 남아 있다. 그가 국회 의원 선거에 나섰을 때는 나도 발 벗고 나서서 선거 운동을 돕기도 했다. 남재희가 나와 같이 문리대에 다닌 건 아니었다. 그는 서울대 의대에 2년 다니다가 적성에 맞지 않아 그만두고 서울대 법대를 졸업했다. 같은 단과대는 아니었지만 대학 시절 삼각지 집에서 아예 2년 정도 함께 살기도 했다.

출판을 시작하기 전 내가 하릴없이 건달처럼 지낼 때 남재희는 《조선일보》 문화부장과 정치부장을 하고 있었다. 밤마다 같이 술을 마셨고 주로 시국 이야기를 많이 나누었다. 남재희는 진보당을 창

당해 위원장으로 활동하다 국가보안법 위반이라는 죄명으로 사형당한 죽산 조봉암을 동정하는 쪽이었다. 당시 조봉암 노선은 우리나라 지식인으로 갈 수 있는 좌익의 한계선이었다. 남재희도 조금만 더 나아갔으면 억울한 일을 당할 뻔했다.

내가 출판을 시작한 뒤로도 남재희는 자주 사무실에 들렀다. 《서울신문》 편집국장이나 《조선일보》 논설위원을 하던 시절에는 점심때마다 왔던 것도 같다. 뒤에 다시 언급하겠지만 관철동 시절 장원빌딩 아래층에 당대의 문화인들을 사로잡은 '미스 리'에게 술집을 허락한 것도 남재희의 간청 때문이었다. 동세대 언론인을 많이 알게 된 것 역시 남재희 덕이다. 고은이 민음사 초창기의 문학적 멘토였다면, 남재희는 대학 시절 이래 정치적 안목으로 세상사를 나누는 술친구이자 언론계의 멘토 역할을 충실히 했다.

문리대 1년 후배이지만 친구처럼 지내는 원윤수도 그 시절 각별한 인연을 맺은 사람이다. 원윤수는 서울대 불문과를 졸업하고 소르본 대학을 거쳐 모교에서 불문과 교수로 정년을 맞았다. 허물없이 지내며 지금까지 형제처럼 친분을 유지하고 있다. 원윤수는 민음사에서 신간이 나올 때마다 늘 관심을 갖고 조언을 하는 편이다. 『파르마의 수도원』이나 『북호텔』 같은 프랑스 문학의 고전도 민음사에서 번역해 펴냈다. 학창 시절 내가 수업을 빠졌을 때 그가 대신 출석해 준 적도 여러 번 있어서 더욱 각별한 기억이 난다.

전북대 불문과 교수로 정년을 마친 유재식도 그 시절 가까이 지냈던 불문과 동기다. 특히 한문에 해박해 《한국일보》 신춘문예에 응모했던 소설 「자유 풍속」의 제목을 굳이 「파벽」으로 고치라고 강권했던 친구다. 이 친구 말을 듣고 그리 고쳐서 보내기는 했으나, 지금 생각하면 치기였던 것 같다. 그냥 '자유 풍속'이 더 나았다. 근년에 소식이 끊겼는데 안부가 궁금하다.

출판의 멘토 신동문과의 만남

1956년 한창 문학청년 생활을 즐길 때 신동문을 청주에서 처음 만났다. 그는 나중에 내가 민음사를 시작할 때 출판에 대해 이것저것 상의했던 내 출판의 멘토 같은 사람이다. 청주 시내에 나갔다가 문인들이 모이는 술자리에 우연히 합석했는데, 그 자리에 신동문이 있었다. 그해 벽두, 신동문은 《조선일보》 신춘문예에 시 「풍선기」로 당선된 터였다. 초면이었지만 나에 대해 이전부터 호감을 품고 있었는지 내 이름을 듣자마자 애틋하게 대했다. 그이도 이미 소문을 들어 「자유 풍속」을 알았다. 청주 출신으로 나보다는 다섯 살이나 위였지만 나이 차이를 불문하고 친하게 지냈다. 신동문은 이후 고향 후배인 나를 세심하게 챙겨 주었고 나 또한 그이를 좋아했다. 고향 내려가는 길에 열차에서 우연히 소설가 이호철을 만나서 그 자리에서 서로 의기투합해 청주의 신동문에게 가서 밤새워 술을 마셨던 기억도 난다.

 1957년 뒤늦게 대학을 졸업한 후에도 내 문학청년 시절이 이어졌다. 명동에 '엠프레스'라는 클래식 음악다방이 있었는데 거기에 문인들이 많이 모였다. 나는 학부를 졸업하고 그 다방을 들락거리며 살았다. 그 시절에 만난 이 중에 박재삼 시인이 있다. 그가 쓴 시도 그러했지만, 박재삼은 젊은 시절부터 이미 착하기 이를 데 없는 아주 맑은 사람이었다. 후일 민음사가 한국 시단은 물론 시집 출판의 굵은 획을 그은 '오늘의 시인 총서'를 낼 때 『천년의 바람』이라는 시집으로 총서의 앞자리에 세웠던 사람이다. 많지 않은 나이로 세상을 떠난 후 시들을 거두어 『박재삼 전집』을 간행하기도 했다. 그 사람의 시 한 편, 『천년의 바람』에 실린 시는 이렇게 흘러간다. 눈물 많고 따뜻한 성정이 느껍게 드러난다.

감나무쯤 되랴,
서러운 노을빛으로 익어 가는
내 마음 사랑의 열매가 달린 나무는!

이것이 제대로 벋을 데는 저승밖에 없는 것 같고
그것도 내 생각하던 사람의 등 뒤로 벋어 가서
그 사람의 머리 위에서나 마지막으로 휘드려질까 본데,

그러나 그 사람이
그 사람의 안마당에 심고 싶던
느꺼운 열매가 되는지 몰라!
새로 말하면 그 열매 빛깔이
전생(前生)의 내 전(全) 설움이요 전(全) 소망인 것을
알아내기는 알아낼는지 몰라!
아니, 그 사람도 이 세상을
설움으로 살았던지 어쨌던지
그것을 몰라, 그것을 몰라!

박재삼, 「한(恨)」 전문

《서울신문》 기자를 하던 박성룡 시인, 성균관대 출신으로 데뷔작이 아주 감각적이었지만 이후로는 소설을 거의 쓰지 못하고 출판계를

떠돌았던 정인영 등이 그때 내가 집중적으로 어울렸던 이들이다. 그 시절 나는 소설을 쓰기보다는 소설가의 삶을 흉내 냈던 것 같다. 그런 세월이 훌쩍 두세 해 흘렀다. 그때 아버지 호출이 있었다. 이미 언급한 바 있지만, 아버지는 선거 때만 되면 재산을 긁어모아 정치판에 투자하는 일을 반복했다. 쩌렁쩌렁 호령하며 많은 가솔과 직원을 거두던 아버지가 홀로 정치판에서 고군분투하는 모습이 안쓰러웠다. 큰 체구에 욕망은 넘치고 호언장담은 하는데 가만히 지켜보기만 하다가는 그동안 그랬던 것처럼 또 떨어질 것 같았다. 룸펜으로 놀고먹는 아들 처지에 아버지를 돕지 않을 수 없었다.

 1960년 5월, 나는 본격적으로 소매를 걷어붙이고 아버지의 선거를 도우러 나섰다. 족보에도 없는 '신라 박씨' 종친회라는 것을 조직하려고 보은 구석구석을 누볐다. 생전 처음 보는 사람들을 만나 술을 마시고 부대껴야 했다. 나중에는 그 판에서 벗어나기 위해 사력을 다했는데, 역설적으로 그때 경험이야말로 나를 출판의 길로 도망치게 만든 계기로 작동했다. 그동안 어울렸던 대학 사회나 문학 판에서는 취향이 같거나 아니면 하나의 주제를 놓고 토론할 수 있는 사람들을 만났지만, 정치판에서는 생판 모르는 사람을 만나 그저 아무개를 국회 의원으로 밀어 달라고 사정하는 수밖에 없었다. 마음고생이 컸지만 아버지를 위해 억지 춘향 노릇을 할 수밖에 없었다. 다행히도 아버지는 여러 번 시도 끝에 1960년 4·19 이후 치러진 5대 국회 의원 선거에서 보은군 민주당 후보로 출마해 처음이자 마지막으로 당선됐다. 하지만 이듬해 일어난 5·16 쿠데타로 인해 국회가 해산되면서 오랜 열망 끝에 이룬 국회 의원직(1960년 7월 29일~1961년 5월 16일)을 한 해도 못 채우고 물러나야 했다. 이후에도 아버지의 선거 도전은 계속 이어졌지만 육영수 여사의 오빠인 육인수 씨에게 밀려 좌절을 거듭했다. 육인수 씨는 박정희 정권에서 민주공화당 후보로 나와 다섯 번(6대~10대)에 걸쳐 국회 의원이 되었다. 아버지는 정권의 후광을 업은 막강한 라이벌에게 번번이 고배를 마시면서도 1973년 9대 국회 의원 선거 때까지 포기하지 않았다.

평생의 지지자를 얻다

나는 이즈음 늙은 아내를 보면서 김광섭의 시 「저녁에」를 떠올리곤 한다. 「성북동 비둘기」와 함께 김광섭의 시 중에서 내가 애송하는 시인데, 나중에 대중가요로 불려서 크게 히트하기도 했다.

저렇게 많은 중에서
별 하나가 나를 내려다본다
이렇게 많은 사람 중에서
그 별 하나를 쳐다본다

밤이 깊을수록
별은 밝음 속에 사라지고
나는 어둠 속에 사라진다

이렇게 정다운
너 하나 나 하나는
어디서 무엇이 되어
다시 만나랴

아내가 없다면 나는 한시라도 견디기 힘들 것 같다. 이제 우리가 이승에서 헤어지면 어디서 무엇이 되어 다시 만날까 하는 생각이 불쑥불쑥 들곤 한다. 내 아내 위은숙은 민음사의 기초를 세우는 데 크게 기여했을 뿐 아니라 평생 남편과 자식들을 위해 헌신해 온 고맙고 아름다운 존재다.

나는 최근에야 아내의 손에 이끌려 성당에 나가기 시작했다. 2010년 겨울 절두산 성당에서 영세까지 받았다. 나는 사실 무교주의자에 가까운 편이었다. 집안 사촌들 중에는 수녀가 된 이들도 있고 아버지는 철저한 유교 신봉자였지만 나는 종교에 관심이 없었다. 이강숙, 한완상 교수 같은 가까운 이들의 적극적인 권유로 교회에 몇 번 나간 적이 있긴 하지만, 목사나 교인들의 지나친 관심이 부담스러워 이내 발길을 끊곤 했다. 하지만 노년에 이르러 아내의 간곡한 청을 더 이상 거부할 수 없었다. 아내의 환한 얼굴을 볼 수 있다면 무엇인들 못하랴. 교리 공부를 더 해야겠다는 다짐을 해 본다.

아이들은 아내가 거의 도맡아 키운 편이다. 남편에게도 그렇지만 아이들에게 지극 정성이었다. 아내는 아이들을 위해 성당에 나가기 시작했다고 한다. 아이들이 학교에 가고 남편이 출근하고 나면 창문을 모두 닫고 휴대전화까지 끈 다음 가족을 위해 기도를 했다. 기도는 그 행위 자체로 자신의 마음을 깊이 들여다보고 원을 세우는 일이어서 아내의 지극한 정성이야말로 아이들과 나를 여기까지 끌고 온 힘일지 모른다. 아내는 친구들과 어울리는 스타일은 아니었다. 남편과 아이들의 지근거리에서 늘 자신을 헌신했다. 아내의 친구들이 그렇게 살면 노년에 외롭다고 핀잔주기도 했다는 이야기를 들었다. 뒤돌아보면 여러 곡절을 헤쳐 오긴 했지만 우리는 평생 연애하듯 살아왔다는 생각이다.

아내의 아버지는 음성군에서 병원을 운영하는 원장이었다. 장모는 배화여고 시절에 성악을 한 인텔리로, 성격이 활달하고 긍정적인 여성이었다. 아내는 이미 그 시절에 여성을 배려할 줄 아는 개방적인 신식 가정에서 활달하게 자라난 여자였다. 후일 아내의 형제들은 국내의 대표적인 가구 브랜드인 '보르네오가구'를 창업해 사업적으로 뛰어난 성과를 보이기도 했다. 민주적인 가정에서 자란 부잣집 맏딸이 가부장적인 우리 집안으로 시집을 와 보니 하늘과 땅이 뒤집힌 것처럼 처음에는 숨이 막혔다고 했다. 아내는 청주여고 시절 내내 1등을 놓치지 않은 우등생이었고, 서울대 약대를 나와 음성에서 약국을 운영하고 있었다. 대학 2년 후배였다.

청주 이모의 중매로 아내를 처음 만났다. 이모 친구가 장모님과 친한 사이였다. 아내의 작은오빠 위상욱은 《조선일보》 제2 사회부장을 지냈고 《시민서울》이라는 주간지까지 창간했던 언론인이다. 그가 우리 사이를 적극적으로 지원했지만 아내를 만난 후에도 애매한 상태로 1년 정도를 끌었던 것 같다. 나는 주머니에 돈 한 푼 제대로 없어 남자가 적극적이어야만 뭔가 이루어질 수 있었던 당시 연애 풍토에서는 미적지근하게 시간이 흐를 수밖에 없었다. 대학 졸업 후 아내는 잘나가는 오빠로부터 의사는 물론 외교관까지 이런저런 남자들을 소개받았지만 모두 거부한 상태였다. 그러던 중 스물여섯 살이라는, 당시로서는 혼기가 꽉 찬 처자가 되어 나를 소개받았는데, 나중에 들은 이야기지만 문학을 하는 남자에 대한 환상이 있었던 모양이다. 아내도 주변에서 내가 《한국일보》 신춘문예에서 떨어진 사연을 들었다고 했다.

1961년 한글날인 10월 9일에 약혼식을 올리고, 이듬해인 1962년 1월 20일 결혼했다. 우리는 그동안 결혼기념일을 따로 챙기지 못했는데, 그러다 보니 결혼 날짜까지 가물가물해졌다. 약혼식을 치른 한글날만큼은 또렷하게 기억하고 있다. 결혼한 뒤 우리는 한동안 서로에게 '미쳐서' 살았다. 아내는 후일 회고하기를 그 시절 설거지하는 시간도 아까웠다고 했다. 둘이서 음악을 듣고 책을 읽고 텔레비전을 보는 시간이 그리 따뜻하고 좋을 수가 없었다고 했다. 젊을 때는 회사 일로 바빠서 다소 등한히 한 적도 있지만, 이런 삶은 노년에 이른 지금까지도 계속 이어 가고 있다. 지금도 나는 볼 만한 영화나 오페라나 뮤지컬이나 연주회 같은 게 있으면 아내를 동반해서 빼놓지 않고 즐기고 그에 대해 같이 이야기를 나눈다.

　　그렇지만 결혼 초기의 생활이 달콤하기만 한 것은 아니었다.

1962년 1월 20일 위은숙과 결혼식을 올렸다. 내 인생에서 단 하나의 행복한 기억이 무엇이냐고 묻는다면 아내하고의 삶, 그 전체를 꼽을 수 있다. 아내는 내 모든 힘의 원천이다. 올해 우리는 결혼 51주년을 맞았다.

민주적인 가풍 속에서 활달하게 살아온 아내는 가부장의 권위가 절대적인 집안에 시집와서 적응하는 일이 쉽지 않았다. 비룡소에서 신혼살림을 차린 지 1년을 넘기지 않고 서울로 분가해 올라왔다. 대학 시절 살았던 삼각지 집으로 올라온 것인데, 이곳 생활은 그사이에도 특별히 달라진 건 없었다. '원효로 양산박' 시절처럼 늘 사람들로 북적였다. 이종사촌에 고종사촌, 보은에서 잠시 올라온 고향 사람들까지 합쳐 평균 상주인구가 20여 명에 이르렀고, 약사 면허증을 가진 아내도 꼼짝없이 이들을 뒷바라지하는 새댁으로 온종일 가사 노동을 해야만 했다.

    조심스레 눈치를 보던 아내는 결국 시아버지와 담판을 벌여 약국을 차리기에 이르렀다. 아버지는 우리 집안의 사람들에게는 두려운 제왕 같은 존재여서 그 앞에서는 말도 제대로 못 붙이고 모두 뒷걸음질 쳤지만, 아내는 대화가 자유로운 서구적 집안에서 자라나서 그런지 엄격한 시아버지에게도 스스럼없이 다가갔고 할 말을 숨기지 않았다. 그런 아내를 아버지는 귀엽게 받아들였고 아내에게 밥과 국을 들고 당신의 상에 와서 함께 식사를 하라고 허용하기까지 했다. 그때까지는 아무도 아버지와 겸상을 하지 못했다. 부자 사이의 대화는 단절되다시피 했고, 어머니와 아버지의 대화마저 어려웠던 상황에서 아내는 내내 그 공백을 메우는 훌륭한 가교 역할을 해냈다. 하지만 그때 약국을 차리는 일은 아버지가 허락한 게 아니었다. 아버지는 당신이 뒷바라지 다 하는데 큰며느리가 일하러 나가는 법이 어디 있느냐고 끝까지 반대했지만, 아내는 꿋꿋하게 밀어붙였다. 삼각지 집의 방 한 칸을 전세로 내놓고 어렵사리 자금을 만들어 노량진에 약국을 차렸다. 아내가 운영하는 '현대약국'이 아니었으면 초창기 민음사를 꾸려 가는 일은 불가능했을 것이다.

3. 출판을 시작하다

1966~1973년

출판 수업

결혼 생활은 만족스러웠지만 생업이 문제였다. 아버지가 운영하는 정미소나 버스 회사가 있었지만 그 가업에 얹혀살고 싶진 않았다. 아버지와 나는 취향이나 지향점이 완전히 달랐다. 아버지는 한눈에 계수를 파악하는 능력이 탁월했지만 나는 숫자에 약했다. 그마저 열등감으로 작동했다. 그런데 직접 출판사를 운영한 후에는 아예 장부조차 보지 않을 정도로 모든 숫자가 머릿속에 들어 왔다. 그러고 보면, 숫자에 완전 젬병은 아닌 모양이다. 다만 관심이 없는 쪽에서는 능력도 발휘되지 않는다는 통설이 맞는 것 같다.

　　무언가를 해야만 했다. 소설을 과감히 포기한 것도 이즈음이다. 사실 내가 출판에 관심을 품은 건 대학 시절부터였다. 소설에 인생의 무게 중심이 쏠리기는 했지만, 출판은 은밀하면서도 확연하게 내 안에 자리 잡은 또 다른 꿈이었다. 비록 내가 직접 쓴 작품은 아니더라도 남들보다 먼저 훌륭한 작품을 만나고 나면 그 쾌감이 강렬했다. 늘 그런 소설을, 작가를, 발굴하고 싶었다. 출판을 시작한 후 실제 체험한 바로는 좋은 작가와 작품을 발굴했을 때의 희열은 내가 직접 작품을 쓸 때보다 훨씬 더 컸다.

　내게 출판을 하도록 부추긴 또 하나의 동력은 세련된 책에 대한 한없는 갈증이었다. 그러나 전후의 물질적인 조건이나 문화 감각은 갓 폐허에서 벗어나는 수준이었다. 책을 찍어 내는 것만으로도 감지덕지할 상황에서 북 디자인까지 고려하는 건 무망한 노릇이었다. 하지만 나는 서점에 가면 늘 허접스러운 책 모양새가 거슬렸다. 언젠가는 이를 혁신하고 한국의 책을 명품 수준으로 끌어올리고 싶었다.

　소설가의 길을 포기할 즈음 출판의 꿈이 강하게 꿈틀거리기 시작했다. 본격적으로 출판을 시작하기 전에 수업 겸 해서 휘문출판사라는 곳에 몇 개월 다녔다. 루소, 몽테뉴, 릴케, 니체 등의 산문을 엮어서 펴내던 곳이었다. 월급이라곤 몇 푼 되지도 않아 직업을 가졌다고 말할 수도 없었다. 후일 동화출판공사 사장을 지내고, 1984년 36대 출판협회 회장 선거에서 나와 맞붙었던 임인규 씨가 그곳에서 근무하고 있었다. 나이가 이제 갓 20대 초반인데 벌써 전무 직함을 달았다. 그때 그이가 산문집 같은 책들을 기획하는 것을 보니 팔리게 만드는 재주가 있었다. 사업 수완이 뛰어난 사람처럼 보였다. 그는 후일 제5공화국에서 민정당 전국구 국회 의원까지 지내고 사업에도 성공했다. 당시에는 따로 문학 전문 출판사가 있었던 게 아니라 모든 출판사가 에세이집이나 소설집을 내는 시대였다. 교과서 말고는 사회 과학이나 인문학 같은 전문 도서를 펴내는 출판사는 거의 없었다.

　몽테뉴의 『수상록』을 축약해 편집한 『지혜와 사랑의 생활』이나 칼 힐티의 『잠 못 이루는 밤을 위하여』 같은 에세이집을 펴내면서 일본판을 중역하곤 했다. 저작권에 대한 개념조차 없을 때였으니 일본 출판사에서 내서 히트한 책을 무단으로 베껴 내고도 부끄러움도 몰랐던 시절이었다. 그런데 내가 불문과를 나왔다는 이유만으로 몽테뉴의 번역자로 내 이름을 올려서 화가 났던 기억도 생생하다. 그런 식으로 출판하는 걸 보니 우스워 보이기도 하고, 또 한편으로는 나 자신이 창피하게 느껴지기도 했다. 이렇게 대충 책을 만들어도 팔리는 거라면 출판이 그다지 어렵지 않겠다는 생각도 들었다. 내가 직접 편집하고 교정보고 책을 내면 그게 출판 아닌가? 그래서 회사를 때려치우고 삼각지 집을 사무실로 제공하는 조건으로 '현대출판사'를 노정우와 공동으로 차렸다. 출판을 배워 보겠다는 단순한 생각으로 제안에 응한 것인데, 두 권인가 책을 내고 내가 하고 싶은 출판이 아니다 싶어 몇 달 만에 손을 들었다.

    주먹구구식으로는 안 되겠다는 생각이 들었다. 제대로 출판을 배워야 할 필요성을 절감하고 문학청년 시절 친하게 지낸 신동문이 편집장으로 있던 신구문화사에 드나들면서 본격적으로 탐색을 시작했다. 당시 신구문화사는 한국에서 을유문화사, 정음사와 더불어 손에 꼽히는 제대로 된 출판사였다. 처음에는 백철, 장덕순 등의 필자를 앞세워 주로 한국 문학 분야의 교재 및 연구서를 펴내다가 『한국 시인 전집』, 『세계 전후 문학 작품집』 등을 기획물로 내서 성공시키면서 지식인 사회에 신선한 바람을 불러일으켰다. 그즈음에는 매일 신구문화사로 출근하다시피 했다. 점심때면 출판사 사람들에게 밥을 사면서 책 만드는 과정, 인세, 판매 등에 대해 들으면서 출판의 기초를 배웠다. 당시 나에게 많은 도움을 주었던 신동문은 출판에 대한 감각이 탁월해서 신구문화사를 반석 위에 올려놓는 데 큰 기여를 한 사람이다.

민음사를 창업하다

1966년 5월 19일, '민음사'라는 이름의 출판사 등록 허가증이 정식으로 교부됐다. 이날을 우리는 창사 기념일로 정해 매년 휴무를 한다. 출판사 주소지는 서울특별시 노량진동 215-9번지 자택 주소였고, 등록 번호는 ㉮1824호였다. 노량진 집 전화번호(6-3539)와 전일사 전화번호(74-2000, 7000)를 동시에 판권에 등재했다. 사무실은 우선 광화문 동아일보사 옆 '전일사'라는 전화 판매점을 활용했다. 처남이 운영하던 그곳 전화를 사무실 연락처로 쓴 것이다. 말하자면 의자도 없이 서서 전화만 받는 '스탠딩 컴퍼니(standing company)'였던 셈이다. 처음으로 사업을 시작해서 애정이 남달랐던 탓인지 이후 몇 번 사무실은 옮겨 다녔지만 전화번호 2000번은 끝내 버리지 않고 아직도 유지하고 있다. 참고로 민음사의 현재 전화번호는 515-2000이다.

    민음사를 시작한 후 처음에는 사무실을 얻지 않았다. 필자에게 원고를 받아서 편집과 교정은 집에서 했다. 출판사를 시작할 때 아버지에게 알리지 않았는데, 이후 어떻게 아셨는지 예상대로 반대하셨다.

    "그 책들 한 트럭 정도 내다 팔면 휴지로 끝나는 거 아니냐? 그거 뭐하러 해? 보은이나 내려와서 이거(가업) 도와라."

    아버지의 태도는 그 후로도 오랫동안 지속되었다. 출판사를 운영할 자금은 아내의 패물을 판 돈에다 여기저기서 구한 돈을 합쳐 마련했다. 민음사를 차려 몇 달 지나기도 전에 돈이 모두 바닥났다.

    출판 등록을 내기 전, 신동문이 오키 마사히로(沖正弘)가 일본어로 번역한 『요가』(S. 에스디안, 요기 뷔르다스 지음)라는 책을 들고 와서 "출판 등록을 하면 이 책을 한번 내 보라." 하고 권유했다. 우리말

민음사의 첫 출발이 된 『요가』. 1966년 6월 10일 초판을 시작으로 1만 5000권이 팔려 당시 초대형 베스트셀러를 기록했다.

로 번안한 사람 역시 신동문이었는데, 번역자 이름으로는 오래 산다는 의미를 지닌 '동방의 거북이'라는 필명 '동방구(東方龜)'를 사용했다. 198쪽 분량의 양장본으로 만든 『요가』는 처남의 전화상 전일사 시절에 만들었다. 집에서 교정을 보고 전일사에 나가 여기저기 전화 통화를 하면서 혼자 만들어 낸 책이다. 이것이 민음사의 첫 출발이었다. 책값은 250원을 매겼고, 초판 발행일은 1966년 6월 10일(5쇄 1966년 9월 6일)이었다. 『요가』는 1만 5000권이 팔려 나가면서 요즘으로 치자면 수십만 권에 해당하는 초대형 베스트셀러를 기록했다. 서점들이 독촉을 하는 바람에 양장이 마를 새가 없어 물량을 대느라고 애를 먹었다. 첫 책이 이리 성공을 거두고 나니 출판이 쉽고 간단해 보였다.

『요가』 다음으로 시도한 책은 유주현 씨가 《조선일보》에 연재하던 소설 『장미부인』이었다. 유주현 씨는 역사 소설 『대원군』, 『조선

총독부』등을 신태양사에서 내놓아 이미 베스트셀러 작가로 군림하던 터였다. 일말의 의심도 없이 『장미부인』을 내놓고 겁 없이 신문에 5단 광고까지 실었다. 하지만 결과는 참담한 실패였다. 유주현 씨가 역사물은 흥미롭게 쓰는데 현대물은 영 아니었던 모양이다. 『요가』로 얼마간 모아 놓은 돈까지 모두 날려 버렸다. 다시 신동문의 소개로 일본에서는 큰 인기를 끌었다는 5권짜리 『서유기』를 무단으로 번역해 출간했지만 그것마저 나가지 않았다.

나중에 다시 이야기하겠지만 당시 의기투합해 어울려 다니던 고은과 함께 '인문서점'이라는 출판사를 따로 만들어 프랑스에서 출간된 지 얼마 되지 않은 앙드레 말로의 『반자서전(Antimémoires)』 원본을 급하게 들여와 문리대 불문과 한 해 후배인 권영자(동아일보 문화부 기자)·하동훈(숙명여대 불문학과 교수) 부부 공역으로 펴냈지만 그것도 왕창 망해 버렸다. 인문서점에서는 민음사에서 펴냈던 고은의 시집 『제주가집(濟州歌集)』을 『신(神)·언어 최후의 마을』로 개제해 출간하기도 했고 에세이집 『인간은 슬프려고 태어났다』를 내기도 했다.

『요가』의 성공 때문에 민음사가 건강 서적을 주로 내는 출판사로 인식되었기에 어쩔 수 없이 새로 출판사를 등록했으나 이쪽이 내가 본래 하고 싶은 출판에 가까웠다. 그래서 인문서점은 나중에 다시 민음사와 자연스럽게 통합되었다. 그사이 빚이 순식간에 3000만 원까지 불어났다.

그 어려운 상황의 뒷돈을 아내가 댔다. 어린 딸 상희와 아들 근섭을 돌보면서 새벽 한두 시에도 손님이 문을 두드리면 자다가 나가 10원짜리 활명수 팔아 모은 눈물겨운 돈이었다. 아내가 빚을 얻으러 다녔다. 아내는 잘사는 친정에는 손을 벌리지 않았다. 처갓집에서는 시아버지가 부자인데 왜 빚을 내는지 이해할 수 없었을 터이다. 처갓

집에서 누가 온다는 연락이 오면 초라한 모습을 들킬까 봐 나는 지레 그들을 피했다. 아내는 절대로 친정에 어려운 내색을 하지 않고 남편 흉도 보지 않았다. 시아버지가 그까짓 책들 휴지로 팔면 몇 푼이나 받느냐며 백안시하는 판에 만만한 아내만 고생이었다. 6·25 전쟁 때 생사의 고비를 넘긴 이래 처음으로 정말 이렇게 살아도 되는지 절박한 회의가 밀려왔다. 그 와중에 아내마저 피로에 지쳐 쓰러져 입원하자 절망은 바닥을 쳤다. 처남들이 병원에 다녀가면서 아무 말은 하지 않았지만 나를 바라보는 눈빛이 싸늘해 쥐구멍에라도 들어가고 싶은 심정이었다.

그즈음 영업부장이었던 정홍채 씨(현 도서출판 에이엔씨 대표)가 "사장님 왜 그렇게 고생하세요? 괴로우시겠지만 이렇게 한번 해 보

노량진 집 마당에서 아내와 함께. 당시 창업한 지 얼마 안 된 민음사의 빚이 3000만 원까지 불어나 삶에 대한 회의가 절박하게 밀려왔다. 아내의 묵묵한 후원이 없었다면 그 시절의 어려움을 헤쳐 나갈 수 없었을 것이다.

시죠."라고 일본 책 '리프린트'를 권유했다. 이것은 외국 책을 번역도 하지 않고 통째로 들여다가 복제해서 파는 것이다. 책만 잘 고르면 큰돈 들이지 않고 쉽게 돈을 벌 수 있었다. 그 친구 말을 듣고 내가 지금 죽기 아니면 살기인데 별수 있느냐는 생각이 들었다. 절망적인 상황에서 일본판 『건축 설계 자료 집성』이라는 책을 찍어 낸 것이다. 당시 돈으로 한 세트에 21만 원이었는데 지금 가치로 환산하면 500만 원쯤 될까. 일본은 물론 중국과 한국에서도 건축 설계사들이 바이블로 받아들이던 책이다. 책 안에 건축 설계에 관한 모든 데이터가 집대성돼 있지만 현금을 주고 단번에 구매하기에는 당시 잘나가던 직업인 건축 설계사라 할지라도 책값이 부담스러운 수준이었다. 원서와 똑같은 내용의 책을 원서보다 10퍼센트 정도 싼 값을 매긴 후 분납할 수 있게 월부로 팔았다. 그 비싼 책이 날개 돋친 듯 팔려 나갔다. 당시 우리나라 건축 설계사는 2000명 정도였는데 이들이 이 책을 대부분 사 주었을 뿐 아니라, 공대 건축과 학생들에게도 필독서가 되었다. 게다가 도면 위주의 책이었기 때문에 굳이 일본 말을 몰라도 유용했다. 대성공이었다. 이 책을 팔아 그동안 진 빚을 다 갚고 얼마간의 자금 여력도 확보했다. 날아갈 듯이 홀가분했다.

    나는 이 책을 팔기 위해 당시 유행하던 외판 조직을 꾸렸다. 아직 서점을 통해 한 권 한 권 책을 판매하는 단행본 출판 시대가 본격적으로 열리기 전이었다. 출판사들 대부분이 이런저런 전집류를 만들어서 방문 판매를 하는 외판 조직으로 회사를 꾸려 나가던 시대였다. 외판 조직을 운영하는 데에는 예전에 아버지 선거 운동을 도와 조직을 꾸렸던 경험이 도움이 됐다. 예전에는 그 일을 하기가 그토록 싫었는데, 어이없게도 이렇게나마 도움을 주니 인생사 새옹지마라는 생각이 들었다.

전후 산업화가 되지 않았던 어려운 시절, 사람 하나하나를 제대로 검증할 수조차 없는 상태에서 온갖 인간 군상이 몰려든, 게다가 쉽게 현금의 유혹에 넘어가기 쉬운 외판 조직을 관리하면서 온갖 일을 겪어야 했다. 물론 성실하게 열심히 사는 사람도 많았고, 그들은 모두 자립할 기반을 잡을 수 있었다. 어쨌든 이 시절의 경험은 일찍이 선거 운동 조직을 꾸려 본 체험에 이어 사람 보는 안목을 키우는 데 큰 도움이 됐다. 몸짓이나 말투만 보아도 그가 성실한 사람인지 아닌지 한눈에 들어왔다. 어찌 보면 나는 출판을 하고 회사를 키워 오면서 직원 복이 아주 좋은 편에 속했는데, 그건 이때 키운 지인지감으로 신중히 사람을 고르고 한번 믿고 맡기면 그 사람의 자율성을 최대한 살려 주는 방식으로 인재를 키워 나간 데 힘입은 바 컸다.

본격적으로 출판을 다시 시작하기 위해 빚을 갚고 난 후 그 힘든 판에서 미련 없이 손을 털었다. 기분이 그리 상쾌할 수 없었다. 그 판에서 손을 뺀 나와는 달리 외판 조직을 지속적으로 운용해 크게 성공한 이들이 출판계에는 많다. 그 시절 영업 사원 중에 10층짜리 빌딩까지 올릴 정도로 부자가 된 이도 있다. 그러나 나는 그 시절의 정신적 후유증이 커서 외판이라면 아예 돌아보지도 않았다. 한 권 한 권 정성 들여 책을 출판하고 서점 등 유통망을 통해 독자들과 만나기 위해 애쓰는 단행본 출판 시대를 여는 데 앞장선 배경에도 그때의 고통이 어느 정도 작용했을 것이다.

외판 조직과 완전히 결별한 시점은 1960년대 말 혹은 1970년대 초였을 것이다. 그 길을 계속 갔으면 많은 부를 축적할 수 있었겠지만 양심상 도저히 더 해적 출판 일을 할 수는 없었다. 1976년 국제출판협회(International Publishers Association, IPA) 총회 때문에 처음으로 일본을 찾았을 때 『건축 설계 자료 집성』의 본래 출판사인 마루젠

출판을 시작하다 65

(丸善) 쪽으로는 눈길을 돌리지 못했다. 물론 그 시절에는 저작권 개념이 희박했고 으레 그런 식으로 무단 복제해서 파는 문화가 횡행했지만, 또한 후진국이 선진국을 쫓아가려면 정책상 어느 정도 이를 용인할 필요도 인정하지만, 출판을 시작할 때의 내 초심에 비추어 보면 부끄러운 일이었다. 나로서는 빚의 수렁에서 벗어나는 두세 해 정도가 그 상황을 견딜 수 있는 인내의 한계점이었다.

2000년대 들어와 대한출판문화협회 회장 재임기에 일본 출판인들 앞에서 한국 대표로 축사할 기회가 있었다. 그때는 어느 정도 마음의 빚을 던 기분이었다. 내 나름대로 그동안 출판다운 출판을 해 왔다는 자부심과 이제는 한국 출판계가 일본에 그리 많이 뒤지지 않는 수준에 이르렀을 뿐만 아니라 어느 면에서는 능가하기도 했다는 자긍심 때문이었을 것이다.

고은을 만나다

『요가』를 펴낸 후 얼마 지나지 않아 청진동 청진 빌딩 옥탑방에 입주했다. 민음사의 첫 사무실이었다. 이때 찍은 사진이 한 장 남아 있다. 책상 한쪽으로 각종 사전류가 가지런히 놓였고, 책상 위에는 배열표와 교정지가 흩어져 있다. 왼쪽 벽에는 민음사의 광고가 나와 있는 신문이 붙어 있고, 젊은 날의 나는 오른쪽 팔에 토시를 낀 채 햇살이 환하게 들어오는 창밖을 내다보면서 사색에 잠겨 있다. 책상 위에 놓인 원고는 도대체 무슨 책이었을까? 벌써 반세기가 다 되어 가는 일이라 전혀 기억나지 않지만 그 무렵 나는 책으로 세상을 놀라게 하겠다는 야심에 차 있었다. 젊고 패기 넘쳤던 그때를 생각하니 괜히 가슴이 뭉

민음사의 첫 사무실이던 청진 빌딩 옥탑방에서. 1966년 가을, 삼십 대 후반이던 나는 출판에 대한 열정과 패기가 넘쳤다.

클하다.

청진 빌딩에서 1년 반 정도 있다가 1967년 하반기에 인근 세진 빌딩 4층으로 사무실을 옮겼다. 평생의 친구 고은을 처음 만날 때는 청진동으로 옮겨 가기 직전인 전일사 시절이었다. 전일사에서는 전화 연락만 취하고 사무실이 따로 없어서 인근 무교동 연다방을 편집실로 삼다시피 했다. 제주도에서 올라온 고은을 신동문이 나에게 소개했다. 신동문은 나에게 "이 친구가 제주에서 몸만 가지고 덜렁 올라왔는데 사귀어 보면 재미있을 것"이라고 말했다.

고은의 첫인상은 바짝 마른 기승(奇僧) 같았다. 술을 마시면 기행을 많이 했다. 고래고래 소리를 지르고 이탈리아 말이나 프랑스 말을 한다고 무어라 막 목소리를 높이는데 단어가 맞는 것은 아니로되 그럴싸했다. 그런 기행들이 튄다기보다는 워낙 붙임성이 좋아서 오히려 귀여웠다. 같은 계유년 생인 고은과 나는 만나자마자 불꽃이 튀었다. 그는 눈빛만으로도 대화가 통하는 천재였다. 고은은 매일 청진동 옥탑방 사무실로 '출근'을 했다. 점심때면 둘이서 짜장면을 시켜 먹었고, 밤이면 함께 술집으로 향했다.

문단 내 마당발이었던 고은은 당시 한국 문단의 여러 흐름과 신진 인맥을 나에게 정확하게 알려 주는 역할을 했다. 아까운 나이로 세상을 떠난 문학 평론가 김현이 먼저 고은을 만나기 위해 청진동 옥탑방을 드나들었고, 이른바 4K(김현, 김주연, 김치수, 김병익) 그룹이 1970년대 중반 '문학과지성사'를 차려서 따로 독립해 나가기 전까지 민음사에서 책도 내고 기획도 했다. 김현은 고은을 천재로 평가하면서 여러모로 지원해 주었다. 고은과 김현은 대단히 절친한 사이였다. 그때까지만 해도 순수 문학의 입장을 견지했던 고은은《창작과 비평》그룹에 대해서는 혹평을 했다. 그와 동시에《한국문학》의 김동리나《현대문학》의 조연현 그룹에 대해서는 정부 내 문화 관료들(나중에는 문예진흥원 공무원들)과 결탁해 권력에 기생하는 한물간 문학 집단으로 치부했다. 고은이 기획하고 직접 집필해『이상 평전』도 냈다. 고은은 당시 민음사의 기획 위원 혹은 편집 위원이라고 해도 무방했다. 고은과 머리를 맞대고 문단과 출판에 대해 이야기를 나눈 세월은 1970년대 초반 그가 참여로 돌아서 반독재 투쟁에 나설 때까지 이어졌다. 물론 그 이후에도 그와 나의 우정은 이어져 지금까지 계속되고 있다.

지나간 일을 더듬자니 기억이 희미해진 부분이 많아 오랜만에 그에게 전화를 걸어 민음사 인근 한식집에서 만났다. 옛날에는 나도 그와 더불어 술을 제법 마셨지만 50대에 접어들어 간이 고장 나면서 술을 끊고 난 뒤로는 이전 같은 낭만을 누리기가 불가능해졌다. 물론

1970년, 부친의 환갑잔치를 맞아 고향 보은을 찾아온 고은과 함께. 뒤로 너른 들판이 펼쳐져 있고 멀리 청소산 위에 지어진 성미정도 보인다. 1966년 처음 만난 이래로 우리의 우정은 지금까지 이어지고 있다.

그는 여전히 두주불사에 시인다운 천진함을 간직하고 있다. 고은을 만난 날, 나는 점심시간이었지만 와인을 주문해 입에 가볍게 대면서 술 한 모금마다 연신 호탕한 웃음을 흘리는 그와 모처럼 옛 이야기를 나누며 그 시절을 환기했다. 그는 "우리의 만남은 우연이었지만 필연이라는 드라마로 전개됐다."라고 회고했다.

　　신동문이 고은을 나에게 소개하기에 앞서 미리 그에게 나에 대해 언급했다는 내용이 흥미로웠다. 고은 특유의 시적 표현과 내러티브를 감안할 필요가 있긴 하지만 신동문이 "박맹호라는 아주 무서운 사람이 있는데 그를 만나서 굴복하지 않은 사람이 없다"면서 "서울대 문리대 시절부터 쟁쟁한 소설가로 알려졌고 별명조차 그가 창작한 소설의 주인공 이름으로 불릴 정도"라고 치켜세웠다는 것이다.

고은이 제주도에 있을 때 그의 세 번째 시집을 신동문이 신구문화사에서 펴냈다. 『해변의 운문집』(1966)이었다. 당시는 자비 출판도 힘들 때여서 시집을 내준다는 것은 시인을 높이 평가하지 않으면 불가능한 일이었다. 고은이 신동문과 긴밀한 관계가 형성된 것은 이 덕분이었다. 제주도에서 고은이 서울에 올라왔을 때 제일 먼저 의지할 대상은 당연히 신동문이었을 테고, 신동문은 고은을 동갑내기이자 서로 감수성이 통할 것 같은 출판 새내기 후배인 나에게 소개한 것이다. 고은은 그날 그 시절 우리 인연을 이렇게 회고했다.

"나는 처음에 박맹호를 만나자마자 거의 혈연화해서, 서로 타자로 느끼지 못하고, 일종의 서론이 없는 본론부터 시작한 셈이었다. 민음사는 그때 전후의 고아처럼 집이 없어 다방에서 만나 편집을 하고 친지 회사의 조그만 구석을 빌려 거기다가 의자를 하나 놓고 점심때는 짜장면, 밤에는 독한 소주를 마시고 지냈다. 산중에서 살다 제주도에 있다 나왔으니까 바야흐로 새로운 시대의 서울을 산 것인데, 그때 나는 박맹호와 늦은 청춘을 시작한 것이다."

고은은 우리가 '서론 없는 본론'으로 바로 '혈연관계'처럼 통할 수 있었던 이유는 "감수성의 일치" 때문이었다면서 "당시에는 이른바 지성이라는 것을 구미에서 가져와 소화도 안 되는 대로 지껄이고 그랬는데 우리는 감수성에 의해서 지적인 부분을 확대해 나가다 보니 잘 맞아떨어졌다."라고 돌아보았다. 그때 우리는 고은의 표현처럼 서로에게 "문화의 맹목"이었다. 일방이 제안하면 토론을 뛰어넘어 바로 받아들이고 이해하고 실천에 옮겼다. 고은이 시로 쓴 대한민국 인물지이자 대서사시인 『만인보』 10권 '박맹호' 편에서 "발상에서 행동 사이에 거의 틈이 없다."라고 썼던 것도 아마 이런 맥락에서 일 것이다. 그는 "우리 우정은 어떤 의미에서는 조국의 한 시대가 우리에게 준 선물 같은 것"이라고 시인답게 의미를 부여했다. 고은은 "내 생이 언제 끝날지 모르겠지만 친구란 것을 가지고 있었다는 기억 자체로, 아, 나는 역시 고아는 아니구나, 이런 것을 느낄 정도의 아주 극소수의 우정"이라고도 말했다.

나중에 김동리가 운영하는 문예지《한국문학》이 청진 빌딩 1층에서 창간되었다. 『관촌수필』과 『우리 동네』를 통해 걸쭉한 충청도 사투리로 무너져 가는 농촌 공동체의 애환을 그려 낸 소설가 이문구가 그곳에서 일했다. 고은은 그와 어울리기 시작하면서 조금씩 나와 만나는 횟수가 줄어들기 시작했다. 그는 1970년 전태일 분신 사건 이후 세계관이 달라졌고, 이후 정보부나 감옥에 들락거리게 되면서 민음사에 민폐를 끼치지 않기 위해 조심했다고 말한다. 이러저러한 환경 변화는 있었지만 우리 우정은 그의 말처럼 지금까지 한결같다.

4. 단행본 출판을 개척하다

1974~1980년

김현과 의기투합하다

서울대 불문과 후배인 문학 평론가 김현(1942~1990)은 고은을 만나러 청진동 옥탑방 시절부터 민음사 편집실을 드나들었다. 고은을 비평적으로 높이 평가한 이가 김현이었고, 그들 둘 사이는 매우 친밀했다. 점차 김현과도 출판에 관해 의견을 나누는 일이 잦아졌다. 김현의 첫인상은 아주 좋았다. 나이는 어리지만 참 재간이 많은 사람이라는 느낌을 주었다. 잘 웃고 상당히 포용력이 컸으며 붙임성도 좋았다. 젊은 소설가나 시인 그룹이 김현 주변에 많이 몰려들어 가뜩이나 애주가인 그는 술에서 헤어나기 힘든 상황이었다. 나는 김현이 요구하는 책은 다 내 주었다. 계간지《문학과 지성》이 창간된 시점은 1970년 8월이었다. 일조각에서 제작과 영업을 맡는 형태로 출범했지만 실질적으로 기획과 원고 수집은 민음사 사무실에서 이루어졌다.《문학과 지성》에 매번 5만 원 정도의 광고를 집행했는데, 아마 그 돈이 거의 잡지의 전체 고료 수준이었을 것으로 기억한다.

　　1972년 김현을 포함한 4인의 첫 평론집 『현대 한국 문학의 이론』을 민음사에서 출간했다. 이 책은 이른바 문지 4K로 불리는 김현, 김치수, 김주연, 김병익이 편저자로 참여했으며 우리나라 최초의 공동 비평서로 평가받고 있다. 4·19세대인 저자들이 서문에서 "우리의 눈으로 우리 시대의 여러 가지 문학적 징후를 이해하려 하였다."라고 선언한 이 책은 신문들에서 그 가치를 높이 평가하면서 저마다 의미 부여를 했다. 월평은 많은데 본격적인 비평 문학은 없다고 한탄하는 목소리들이 많은 가운데 나온 "비평 부재 속의 역저"(《경향신문》 1972. 3. 22.)라거나, 기왕의 한국 문학사 기술이 갖는 허점과 우리 문학을 서구 사조의 도식에 억지로 대입하려는 무리(無理)를 비판한 "주체적 이론 향한 끈덕진 시도"(《조선일보》 1972. 3. 7.)라는 찬사들이 쏟아졌다.

　　이 책을 통해서 《동아일보》 문화부 기자로 재직 중이던 김병익이 문학 평론가로 데뷔했다. 김병익은 이후 『지성과 반지성』(1974)이라는 문화론집을 민음사에서 다시 펴냄으로써 본격적인 문학 평론가로서의 위상을 굳혔다. 그가 그해 기자 협회 회장으로 뽑히는 데 이 책이 일조한 것으로 생각한다. 그는 이 책의 서문에 "수년래 한 사람의 기자로서, 그리고 하나의 평범한 시민으로서 식민지 시대의 한 시인이 고백한 그 '부끄러움'의 질감을 몸속 깊이 느껴 왔다."라고 서문에 밝혔다. 이 책은 출간 몇 개월 후 유신 정권이 금서로 묶어 버렸다.

　　1973년에는 김현과 김윤식의 공저 『한국 문학사』를 펴냈다. 《문학과 지성》 1972년 봄호부터 김윤식, 김현 두 사람이 공동 집필로 연재하기 시작한 '영·정조에서 4·19에 이르는 한국 문학사'를 묶어 펴낸 것으로, 한국 근대 문학이 이인직의 『혈의 누』, 최남선의 「해

1972년에 출간한 『현대 한국 문학의 이론』 표지. 김현, 김치수, 김주연, 김병익 등이 편저자로 참여하여 우리나라 최초의 공동 비평서로 평가받고 있다. 표지 디자인은 김승옥의 작품이다.

(海)에게서 소년에게」로부터 출발한다는 통념을 뒤엎음으로써 문단에 상당한 화제를 불러일으켰다. 특히 이른바 순수 문학의 계열로 구분되는 두 저자의 '근대 문학의 기점이 영·정조 시대로 거슬러 올라가야 한다.'라는 견해는 염무웅 씨 등 이른바 참여 문학 그룹으로 꼽히는 일부 비평가들로부터 옳지 않다는 반론에 부딪치기도 했다. 어쨌든 그때까지 한국 문학사가 문단사, 논쟁사, 잡지사의 성격을 띤 데반해 이 책은 전통과 이식 문화 문제, 식민지 치하 문학의 위치, 해방 후의 분단 문제 등을 문학적으로 이해하는 데 크게 도움을 준다는 평가를 받았다. 그 후 40여 년이 흘렀지만 이 책은 지금도 절판되지 않고 계속 판매되고 있으며 해마다 재판을 찍는 장기 스테디셀러 중 하나가 되었다.

민음사의 편집 위원들처럼 지냈던 《문학과 지성》 동인들과 결별하는 시점이 찾아왔다. 1972년 박정희 정권이 유신을 선포한 이후 몇 차례 초헌법적인 긴급 조치를 발동했는데, 당시 《동아일보》에 재직하던 김병익이 기자 협회 회장을 맡아서 1974년부터 자유 언론 운동을 벌이다 급기야 1975년에 해직되는 사태에 이르면서였다. 당시 김현은 프랑스 스트라스부르 대학교에 공부하러 가서 서울에는 부재중이었는데, 각기 직장에 다녔던 동인들이 해직 후 쉬고 있던 김병익을 대표로 추대해 '문학과지성사'라는 출판사를 따로 차린 것이다. 급작스럽긴 했지만 나는 그들의 상황을 충분히 이해하고 받아들였다. 그들이 지향하는 책을 내 주기는 했지만 나는 나대로 출판의 보폭을 넓혀 오던 터였다. 모두 문리대 후배들이었는데, 그들의 앞길을 격려하고 싶은 마음뿐이었다. 더욱이 예나 지금이나 나는 가겠다는 이들의 소맷자락을 억지로 붙들어 본 적이 없다.

    하지만 솔직하게 김현은 아까웠다. 나와 출판의 비전을 논하고 다양한 기획을 협의할 때마다 쉽게 의기투합이 되는 이였다. 그에겐 탁월한 사업 감각도 있었다. 그가 안타깝게도 일찍 세상을 떠나지 않았더라면 문학과지성사라는 출판사는 좀 더 새로운 면모를 보여 줬을지도 모른다. 당시 민음사에서 첫 소설집 『아메리카』를 펴내 주목을 받았던 조해일이 《중앙일보》에 인기리에 연재하던 『겨울 여자』를 다시 민음사에서 펴낼 예정이었는데, 문학과지성사에서 그 책을 내고 싶다고 양해를 구해 기꺼이 양보했다. 정작 당사자인 조해일은 신생 출판사에서 책을 내는 것에 대해 걱정하던 기억이 난다. 자료를 찾다 보니 당시 《중앙일보》 문학 담당 기자였던 문학 평론가 정규웅의 기록이 눈에 띈다.

소설이 거의 마무리돼 가던 초겨울의 어느 날 김현에게서 만나자는 연락이 왔다. 그는 대뜸 '도와 달라'고 말했다. 《동아일보》 기자로 한국 기자 협회 회장직을 맡았던 김병익이 《동아일보》에서 해직되면서 《문학과 지성》 동인들이 출판사 창업을 준비하던 때였다. 첫 출판물로 『겨울 여자』를 점찍고 있었는데 조해일을 만나 알아보니 이미 민음사와 출판 계약을 끝낸 상태라는 것이었다. '문지' 그룹과 민음사는 10년 가까이 끈끈한 관계를 유지해 왔지만 막상 이런 문제는 이야기를 꺼내기가 껄끄러운 모양이었다. 민음사 박맹호 사장을 만나 어렵게 이야기를 꺼냈으나 뜻밖에도 박 사장은 잠깐 생각에 잠기더니 선선하게 양보의 뜻을 밝혔다.

「정규웅의 문단 뒤안길—1970년대」에서

본격적으로 문학 출판을 시작하다

돌아보니 건축 관련 책 외판으로 빚에서 해방되고 어느 정도 숨을 고르기 시작할 무렵부터 오래도록 가슴에 품어 왔던 문학 출판에 본격적으로 뛰어들기 시작한 것 같다. 앞에서 언급한 평론집들을 포함해 고은이나 김현과 더불어 일련의 문학 단행본들을 1970년부터 선보이기 시작했다. 박성룡의 두 번째 시집 『춘하추동』(1970)과 이가림의 『빙하기』(1973), 정현종의 『사물의 꿈』(1972)이 그 시발점이었다. 당시로서는 신예였던 『박상륭 소설집』(1971)과 이청준 창작집 『소문의 벽』(1972)도 연달아 펴냈다.

    1973년에 출간한 이제하의 소설집 『초식(草食)』은 여러 가지로 화제가 된 창작집이다. 홍익대에서 서양화를 전공한 작가 이제하에게 자기 책의 장정을 일임했는데 양장 표지에 금박으로 제목을 넣고 내지에는 작가의 소묘와 르코르뷔지에의 판화를 컬러로 삽입했다. 1960년대에 발표한 단편 중에서 가려낸 열두 편에다 신춘문예 작품 두 편을 함께 묶은 418쪽짜리 책이었다. 창작집을 내는 일 자체가 드문 현실에서 세련되게 독보적으로 장정한 문학 단행본을 선보인 것이다. 이 책은 아주 잘 팔리지는 않았지만, 문인들과 독자들에게서 좋은 반응을 얻었다. 이제하는 이 소설집으로 이듬해 제19회 현대문학상 신인 부문 소설상 수상자로 선정됐지만 작가 본인이 수상을 거부해 화제가 되기도 했다.

> 시, 소설, 그림으로 활약해 온 이제하 씨가 시로 추천받은 것은 57년, 소설「황색 강아지」가 당선된 것은 58년. 비교적 과작이면서도 초현실주의적 수법의 난해한 그의 소설은 독자 혹은 비평가로부터 회피되기도 했지만 지난 가을에 나온 창작집『초식』은 73년도 문제작으로 뽑혔고(《문학사상》선정) 이미 초판이 매진, 재판을 찍어 내는 새삼스러운 인기를 모으고 있는데 '현대문학 신인상'은 이 창작집을 대상으로 한 것이다. 데뷔 17년 만에 '신인'상 수상자로 결정된 이씨는 현대문학사에 수상 사절을 정식 통고했음을 기자에게 밝히면서 "한국의 문학상이 때로 부당하게 배정된다는 평소의 생각, 그리고 근래 문인들이 받는 여러 가지 고통에 마음 걸려 사양했다."라고 거절 이유를 말했다.
>
> 《동아일보》1974. 2. 8.

당시《동아일보》도 언급했듯이 그동안에는 돌아보지 않다가 창작집『초식』으로 화제가 되고 독자들에게 각광을 받기 시작하자 새삼스럽게 '신인상'을 주는 것에 대한 울분이 수상 거부에 담겼을 것이다. 혹자는 "문학상의 나눠 먹기식 행태와 문단 어른들의 치졸한 감투싸움에 환멸과 분노를 느꼈기 때문"이라고 분석하기도 했다.《동아일보》는 이 기사 말미에 "그의 거절 이유가 개인적이든 문학 사회를 위한

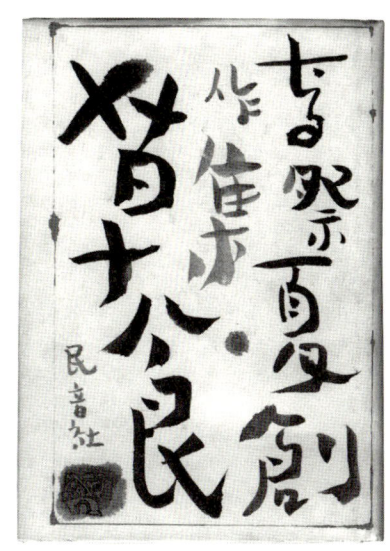

1973년에 출간한 이제하의 『초식』 표지. 홍익대에서 서양화를 전공한 이제하가 직접 장정한 이 책은 그해 전국 도서 전시회 우수 장정 콘테스트에서 입선하기도 했다.

것이든 문단 정치와 잡음의 주요소가 문학상인 만큼 그의 이번 수상 거부 결정은 문학인들의 자세에 자극을 줄 듯"하다고 토를 달아 놓았다. 어쨌든 『초식』의 출간 여파는 이처럼 만만치 않았다. 그때나 지금이나 마찬가지 생각이지만, 뉴스 가치가 있게 책을 만들면 대개 투자한 돈은 회수한다. 이 책은 그해 전국 도서 전시회 우수 장정 콘테스트에서 입선하기도 했다. 세련된 책을 만들고 싶다는 나의 오랜 열망이 첫걸음을 뗀 것이다.

  1973년에는 이 책 외에도 박태순 창작집 『정든 땅 언덕 위』를 펴냈고, 4·19 혁명 전후 큰 화제를 불러일으켰다가 절판됐던 최인훈의 『광장』을 작가의 가필과 교정을 거쳐 재발간함으로써 이 책을 한국 사회에 지금까지 스테디셀러로 정착시키는 발화점을 제공했다. 고은의 『이중섭—그 예술과 생애』가 나온 것도 이해였다. 《신동아》 1973년 6월호부터 9월호까지 4회에 걸쳐 연재했던 것을 단행본으로 엮으면서 부분적으로 추고했다. 이와 함께 1950년대 문학 운동과 그 배경을 문인 중심으로 기술한 『1950년대』도 그해 함께 펴냈다. 《세대》에 연재되어 많은 독자들의 사랑을 받은 1950년대의 인간사인데, 이중섭이 거느리고 있는 신화들과 고은의 흥미 있는 필치가 잘 어울려 읽는 사람에게 상당한 재미와 감동을 주었다.

이 당시 「활기 띠는 문학 단행본」이라는 제목의 문화면 기획 기사가 시사해 주는 바가 크다. 문학 이론서를 펴낸 일지사와 최인호의 『별들의 고향』을 펴낸 예문관을 민음사와 함께 거론하면서 민음사만의 특징을 분명히 짚어 주고 있다.

> 민음사의 경우 또 하나의 특징적인 것이 있다면 출판사 쪽의 문학적 선호의 기준이 퍽 뚜렷하게 서 있는 것 같다는 점이다. 즉 출판사 측에서 뚜렷한 문학관을 가지고 어떤 문학적 유파를 지지하고 있다는 것인데, 출판사를 중심으로 문학적 이념을 같이하는 사람들이 모여서 활동할 수 있는 가능성을 보여 준 것으로 퍽 새로운 현상으로 지적될 만하다.
>
> 《서울신문》 1973. 8. 23.

'세계 시인선'과 '오늘의 시인 총서'

하지만 1970년대에 접어들어 펴낸 일련의 문학서들은 나로서는 아직 연습에 불과할 뿐이었다. 문학 단행본 시대가 본격적으로 열리기 전이어서 상대적으로 민음사의 앞서 나가는 출판이 돋보였고, 문학 출판사로서의 이미지가 신선하게 구축되기 시작한 이점은 있었지만,

이 책들이 회사 경영에 도움이 되는 단계는 아니었다. 오히려 건축 책을 외판으로 팔아 벌어 놓은 돈을 쏟아붓는 단계였다.

민음사가 제대로 문학 출판사로 확고한 이미지를 구축하고, 한국 문단에도 기여했다고 생각하는 첫 기획은 바로 '세계 시인선'과 '오늘의 시인 총서'의 출범이다. 앞에서도 언급했다시피 당시 김현과 나는 의기투합이 잘됐다. 그날도 민음사 사무실에서 김현과 이런저런 대화를 나누던 자리였을 것이다. 나는 기회를 보아 그즈음 김현을 만나면 제안하려던 이야기를 털어놓았다.

"우리가 보는 외국 시인의 시집이라는 게 대부분 일본판을 중역한 것들이라서 제대로 번역이 된 건지 신뢰가 안 가네. 현이를 포함한 주변 사람들이 대부분 프랑스나 독일에 다녀온 이들 아닌가. 원본을 함께 실어 놓고 한글 번역을 옆에 나란히 배치하면 신뢰가 높아지지 않을까. 제대로 번역한 시집을 내 볼 생각이 없는가?"

김현이 그 자리에서 좋다고 맞장구를 쳤다. 그리하여 세계 시인선은 1973년 12월 첫선을 보였다. 이백과 두보의 작품을 실은 『당시선』(고은 역주), 폴 발레리의 『해변의 묘지』(김현 역주), 라이너 마리아 릴케의 『검은 고양이』(김주연 역주), 로버트 프로스트의 『불과 얼음』(정현종 역주) 등 네 권이 그 시작이었다. 원문이 함께 실리기 때문에 웬만큼 실력 있는 번역자가 아니면 덤비기 어려운 작업이었다. 국내 시인을 포함, 세계 저명 시인 100명을 선정해 100권을 기획 출판하려는 목표를 세우고 시작했다. 각 권은 시인의 작품 세계와 연보, 대표 시들과 그 원문을 실었고 편마다 역자의 주를 붙였다. 각 권 100여 쪽에 책값은 300원이었다. 이 시리즈는 이어 고트프리트 벤의 『올페의 죽음』(김주연 역주), 랭보의 『지옥에서 보낸 한철』(김현 역주), 예이츠의 『첫사랑』(정현종 역주), T. S. 엘리엇의 『황무지』(황동규 역주), 헤

세의 『흰 구름』(정경석 역주), 보들레르의 『악의 꽃』(김붕구 역주), 에즈라 파운드의 『지하철 정거장에서』(정규웅 역주), 『서정주 시선』 등으로 이어졌다.

그전에도 외국 시인들의 시집이 나오긴 했지만 모두 일본판의 중역이거나 불성실한 번역으로 원시(原詩)의 맛을 볼 수 없었다. 이런 종전의 오류를 모두 바로잡아 책임 있는 번역을 시도한 것인데 "우리나라에서는 처음 있는 일이요, 또 책임 있는 출판사의 책임 있는 일이라 이제는 안심하고 세계 시인선을 구할 수 있게 되었다."라는 찬사가 이어졌다. 독자들의 반응도 매우 고무적이었다. 《서울신문》은 1975년 12월, 세계 시인선 50권을 넘긴 즈음에 문학 화제로 소개했다.

> 민음사가 지난 73년 12월부터 내놓기 시작한 문고판 시집 '세계 시인선'이 출간 2년 만인 12월 초 50권에 달했다. 읽히지 않는 책, 비싼 책, 나눠 가지는 책의 대명사처럼 불리어 온 시집을 대중화시킨 점에서 흐뭇한 일. 이 '세계 시인선'은 서정주 등 우리나라 시인의 시집 3권과 중국, 프랑스, 영국, 미국, 스페인, 독일 등 유명 시인의 작품을, 그러나 언어 등 사정이 밝은 교수나 문인들에게 맡겨 번역한 것으로 이 중 절반 이상이 국내에서는 처음 소개된다는 것. 판매 경향은 외국 것보다 한국 시인들의 시집이 더 잘 나간다고.

나중에 민음사에서 잠깐 주간으로 일하기도 한 시인 최승호는 사북 탄광촌에서 초등학교 교사를 할 때 이 시집들을 읽으면서 상상력을 키워 시인이 되었다고 내게 고백했다. 상상력이 벽에 막힐 때마다 이 시집들을 읽고 세계 수준의 현대성을 체험함으로써 시적 수준을 끌어올렸다는 것이다. 데뷔한 후 그는 오늘의 작가상, 김수영 문학상, 대산 문학상, 미당 문학상 등 한국의 주요 문학상을 휩쓸면서 한국 시단의 중심으로 우뚝 섰다.

세계 시인선을 통해 젊은 문학자들이 민음사에 드나들면서 출판을 시작했다. 모두 소중한 필자들이지만 그중 문리대 불문과 후배인 김화영과 곽광수는 특별한 인연이 있다. 알베르 카뮈 연구에서 세계적으로 이름난 학자인 김화영은 한국 문학 작품의 섬세한 분석에 앞장선 문학 평론가로, 또 정확하면서도 유려한 문장으로 수많은 프랑스 고전들을 한국에 소개한 당대의 번역가로 성가를 높였다. 그중에서도 알베르 카뮈의 스승인 장 그르니에의 『섬』은 철학적 깊이가 있는 명상과 풍부한 시적 서정이 가득 찬 에세이집으로 처음 나온 이래 지금까지 스테디셀러로 남아 있다. 동년배 사이에서 문리대 수석 입학자로 널리 알려진 꼿꼿한 선비 곽광수는 『바슐라르 연구』를 펴내고 그의 주요 저서 『공간의 시학』을 번역 소개함으로써 한국에 바슐라르 열풍을 불러일으켰다. 프랑스의 문학 이론가인 가스통 바슐라르는 '상상력의 철학자'로 불린다. 그는 자칫 도구화되어 메마르기 쉬운 문학과 예술에 대한 사회 역사적 분석 대신에 신화적, 정신 분석학적 분석을 통해 작품이 기대고 있는 문학 예술적 상상력의 근원을 풍요롭게 하는 데 기여했다.

세계 시인선의 성공에 고무되어 오랫동안 벼르던 국내 시인 시 선집 시리즈, 젊은 비평가들이 선정한 '오늘의 시인 총서'를 출범시켰다. '현대'라는 표현 대신 '오늘'이라는 단어를 쓰자고 내가 제안했다. 김현도 금방 공감했는데, 그때부터 '오늘'이라는 말이 유행하기 시작했다. 지금 생각해도 신선한 발상이었던 것 같다. 1970년대 초의 출판계는 외판 사업이 주류를 이루었고, 더구나 시집 출판은 대부분 자비 또는 호화로운 양장본에 의한 고가의 소량 판매 방식을 취하고 있었다. 민음사 같은 신생 출판사가 이런 상황에서 값싸고 손안에 쏙 들어오는 크기의 시집 시리즈를 기획한다는 것은 말할 것도 없이 문학인이나 출판업계 동료들의 동정이나 조소를 받기에 딱 알맞은 짓이었다. 그러나 우리는 깃발을 들었다.

> 문학이 그것을 산출케 한 사회의 정신적 모습을 가장 날카롭게 보여 주고 있다면 시는 그 문학의 가장 예민한 성감대를 이룬다. 시를 이해한다는 것은 한 사회의 이념과 풍속 그리고 그것을 표현할 수 있는 힘을 개인의 창조물 속에서 이해한다는 것을 뜻한다. 한국 사회의 구조적 모순과 갈등을 이해하는 것이 지식인들의 중요한 작업이 되어 있는 오늘날, 시인들의 창조적 자기 표출을 예리하게 감득하지 못하는 한, 그것도 한낱 도로에 그칠 가능성을 갖는다. 시인의 직관은 논객의 논리를 뛰어넘는 어떤 것을 그 작품 속에 표출하기 때문이다. 우리가 '오늘의 시인 총서'를 발간키로 결정한 것은 시인들의 날카로운 직관을 통해서 한국 사회의 정신적 상처와 기쁨을 이해하기 위한 것이다.

김현이 쓴 이 발간사는 1980년대 이후 문학인들 사이에서 회자되었던 이른바 '시의 시대'의 개막을 예감한 선언문이 아니었던가 싶다. 1974년 9월 25일 오늘의 시인 총서 1차분 다섯 권이 드디어 세상에 나왔다. 김수영 시선『거대한 뿌리』, 김춘수 시선『처용』, 정현종 시선『고통의 축제』, 이성부 시선『우리들의 양식』, 강은교 시선『풀잎』 등이 그것이다. 나름대로 참여(김수영, 이성부)와 순수(김춘수, 정현종, 강은교)를 안배한 선택이었다. 당시 문단의 주류를 이루면서 출판을 좌지우지하던 해방 이전 등단 시인들을 가급적 배제하고, 현대성에서 나름의 성취를 이룬 젊은 시인들을 중심으로 리스트를 선정했다. 첫째 권으로 나온 김수영은 지금은 한국 시의 '거대한 뿌리'가 되어 있지만 당시로서는 변변한 시집도 펴내지 못하고 요절한(1968년 교통사고로 사망했다.) 불운한 시인이었다.

당시 시인들은 특별한 대중성이 없거나 자비 출판이 아니라면 첫 시집을 내는 데 10여 년 이상 걸리는 게 일반적이었고, 신작 시집을 출간하는 것은 엄두도 내지 못하는 상황이었다. 이런 상황에서 해방 이후 한국 시단의 성과를 거두어서 하나의 시리즈로 엮어 보려 한 것은 과감한 모험이었다. 나는 가능한 한 이 시집들을 많이 보급할 생각으로 화려한 장정을 피하고 담백한 스타일로 만들어 정가를 500원으로 책정했다.

그런데 돌풍이 일어났다. 많은 사람이 당연하게 예상했던 것처럼 이 시집들은 창고에서 썩지 않고 발간 두 달 만에 초판 각 2000부가 모두 매진됐고 재판에 돌입했다. 기적 같은 일이었다. 특히 『거대한 뿌리』는 3년 동안에 3만 부가 팔렸다. 유족들은 그 돈을 한 푼도 쓰지 않고 모아서 이를 종잣돈으로 삼아 『김수영 전집』(전 3권) 출간을 의뢰했고 나는 흔쾌히 이를 받아들였다. 나중에 다시 이야기하겠지만, 한국의 젊은 시인들이 가장 받고 싶어 하는 문학상인 '김수영 문학상'도 물론 이 책의 인세에서 나왔다.

나중에 시집 판형으로 불리게 된 국판 30절 판형을 사실상 최초로 시도한 것도 이 시리즈부터였다. 그전에 시집은 일본 출판의 영향을 받아 국판 형태나 사륙 변형판으로 나왔다. 나는 이 판형이 시를 읽기에 적합지 않다고 보고 세로로 좀 더 날씬한 형태로 만들어 세련된 느낌이 나는 동시에 휴대성을 높여서 가지고 다니면서 읽기 좋도록 디자인했다. 그러면서도 판형 변형에 따른 종이 상실이 전혀 없어 가장 비용을 아낄 수 있는 30절 판형을 개발했다. 이 판형은 이 시리즈가 선풍적 인기를 끌면서 한국 시집 출판의 표준 형태로 자리 잡았다. 그 외에도 한글의 구조에 맞추어 시집에서는 처음으로 가로쓰기를 시도했는데 독자들은 처음에 이를 낯설어했지만 곧 대단한 호응으로 보답해 주었다. 어쨌든 30절 판형, 가로쓰기, 중질지(中質紙), 산뜻한 장정. 지금 서점가에서 넘치는 시집들을 보면서 나는 처음 출판계에 투신할 때의 떨림과 흥분, 그리고 쾌감을 다시 맛보곤 한다.

그것은 바야흐로 한국 문단에 시집 출간 열기를 몰고 온 '사

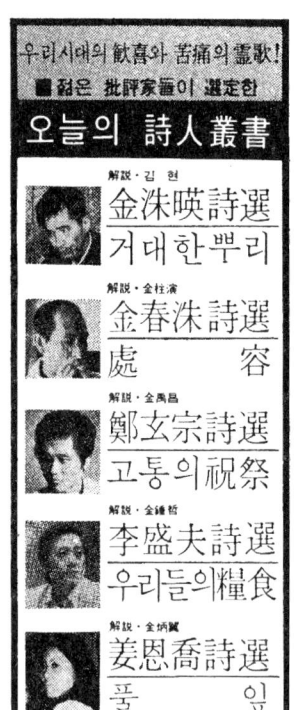

1974년 10월 28일《경향신문》에 실린 '오늘의 시인 총서' 광고. '우리 시대의 환희와 고통의 영가'라는 카피와 함께 오늘의 시인 총서 1차분 다섯 권의 목록이 실렸다.

건'이었다. 그동안 출판사들은 팔리지 않는다고 시집 출판을 경원하고 비평가들은 신문 월평에서나 시를 다루어 왔던 그때까지의 시단 풍토에서 이러한 움직임은 각별한 주목을 받기에 충분했다. 오늘의 시인 총서의 성공이 당시의 시단 구조와 출판 구조를 개선하는 촉매 역할을 한 것이다. 자비 출판을 면치 못했던 시집들이 대성공을 거두면서 시집은 독자가 없다는 고정 관념을 깨고 새로운 가능성을 보여 주었다는 평가가 이어졌다.

《조선일보》는 "시집은 출판계에서도 가장 팔리지 않는 책으로 외면, 아직도 자비 출판을 면치 못하고 있는 실정에서 이 '시인 총서'의 재판은 판매와 시의 독자 개발에 새로운 양면의 가능성을 제시했다는 데서 괄목할 만한 사실로 평가되고 있다."라고 썼다. 일단 민음사가 시집 출간의 활로를 개척하자 몇 해 간격으로 '창비 시선'과 '문지 시선'이 뒤따라오면서 시집 출판의 황금시대가 열렸다. 지금 독자들에게는 새로울 게 없겠지만 당시로서는 시집이 대중적으로도 각광받을 수 있다는 사실은 획기적인 변화였다. 내가 출판을 해 오면서 꼽는 큰 보람 중의 하나다.

이러한 성과에 고무되어 1975년 1월 2차분 시리즈로 고은 시선 『부활』, 박재삼 시선 『천년의 바람』, 황동규 시선 『삼남에 내리는 눈』, 최민 시선 『상실』 등 네 권을 속간했다. 그해 '오늘의 산문 선집' 시리즈도 시작해 30여 년이 지난 지금까지도 널리 읽히는 김수영의 『시여, 침을 뱉어라』를 첫 권으로 펴냈다. 김현은 세계 시인선과 오늘의 시인 총서의 성공이야말로 '문학적 사건'이었다고 평가했다.

시의 시대가 오리라는 예감을 피부로 느끼게 해 준 것은 민음사의 세계 시인선, 오늘의 시인 총서의 성공이다. 비교적 싼값으로 세계와 한국의 중요한 시인들의 시 세계를 맛볼 수 있게 해 준 민음사의 두 총서의 성공은 시도 상품이 될 수 있다는 자신감을 출판계에 불러일으켰다. 지금까지도 그 유습이 남아 있지만, 시집은 대개 자비 출판하여, 아는 사람들끼리 나눠 보고, 성대한 그러나 의례적인 출판 기념회를 갖는 회로 속에 갇혀 있었는데, 민음사의 기획은 그 회로를 과감하게 깨뜨린 문학적 사건이다. 그 이후 창비 시선, 문지 시선 등이 발간되어, 시의 유통 회로의 수정을 도왔다.

「김현의 문학 비평」,《한국일보》1983. 12. 28.

민음사의 전반적인 출판 목록으로 보나 대학 시절 전공이나 문학 지망생으로 살아온 프라이드 같은 것을 기준으로 볼 때 『요가』나 『건축 설계 자료 집성』 같은 책들을 민음사 맨 앞에 내세우기가 머뭇거려진다. 사실상 1970년대 초반이 지금의 민음사와 같은 출판이 본격적으로 시작된 시점이었던 셈이다.

관철동 장원 빌딩과 '사슴'의 미스 리

1975년 세진 빌딩에서 종로서적 뒤편, 보신각 옆 종로구 관철동 장원 빌딩(서울 종로구 관철동 44-1번지)으로 이사했다. 대지 29평에 4층 짜리 건물을 사서 옮겼다. 바야흐로 관철동 시대가 펼쳐진 것이다. 1966년 처남의 전화상 전일사에서 스탠딩 컴퍼니로 시작해 이듬해인 1967년 청진동 청진 빌딩 옥탑방으로 옮긴 후 다시 세진 빌딩 402호로 이사했다가 창업한 지 10년 만에 사옥을 갖게 된 것이다. 고은과 함께 종로 거리를 걷다가 얼큰하게 취한 김에 "여보게, 내가 저 빌딩

문학 평론가 김치수(왼쪽), 김우창 고려대 교수와 함께 관철동 장원 빌딩 사무실에서 회의를 하고 있다. 당시 민음사 사무실은 문인들과 기자들의 사랑방 구실을 했다.

을 사야겠네!"라고 말한 게 취중 진담이 됐다. 다음 날 술이 깨고 나서도 술김에 작심한 내용이 떠올라 그때부터 계속 궁리를 한 것이다. 당시 들어오는 돈은 없고 빌딩 주인은 자꾸 집세를 올려 달라는 통에 힘들던 시기였다. 아내도 약국 일에 시달려 몸이 좋지 않은 터였기에 여러 가지로 결단을 내릴 때가 된 듯했다. 내가 사려던 빌딩의 1층과 2층에 입주해 있던 전당포의 전세를 떠안는 조건이었다. 아내에게 약국을 팔고 은행 융자를 받아 빌딩을 사자고 제안했다. 일이 풀리려는지 약국도 때맞춰 매매가 성사돼서, 드디어 지긋지긋한 임대료를 내지 않아도 되는 내 사무실을 확보할 수 있었다.

빌딩 이름은 문리대 후배이자 문학 평론가인 유종호가 지어 주었다. '문장(文章)의 정원(庭園)'을 줄여서, 문인들의 글밭이라는 의미로 '장원(章園)'이라는 이름을 붙여 주었다. 아울러 '장원'을 내 호로 사용하라고 권유했다. 의미는 그럴듯했으나 나는 그 호가 마뜩잖

앉다. 한자 표기는 달랐지만 청진동에 부패한 정객들이 모여서 야밤에 술 마시고 정치하는 요정 이름이 하필이면 '장원(莊園)'이었기 때문이다. 어쨌든 그 관철동 사옥이 장원 빌딩으로 명명되긴 했지만, 고은이 가끔 "장원 선생, 장원 선생!" 하며 나를 불렀던 것을 빼놓고는 실제로 사람들이 그 이름을 부른 적은 거의 없다.

내 호를 지어 준 이가 또 있다. 1963년 《세대》를 창간해 초대 편집장을 지내고 《경향신문》에서 잔뼈가 굵었던 언론인 이광훈이 내 고향 보은의 속리산(俗離山)이 유명하니 고향을 생각하는 뜻에서 속(俗) 자를 빼고 '이산(離山)'으로 하라고 권했다. 장원보다는 감칠맛이나 운치가 있어 윗길인 듯하지만, 이 역시 왠지 쓸쓸한 느낌을 주는 이름이어서 아주 마음에 들지는 않는다. 어쨌든 바야흐로 장원 빌딩에서 열어젖힌 관철동 시대는 단행본 시대의 개화와 더불어 민음사는 물론 한국 출판도 새로운 전기를 맞은 의미 있는 시절이었다.

그 시절 장원 빌딩은 맥줏집 '사슴'을 떼어 놓고 말할 수 없다. 당시 문인들이 모이는 술집은 '가락지'와 '낭만' 두 곳이 중심이었다. 청진동 세진 빌딩 맞은편에 있던 술집 '가락지'는 거의 모든 문단인들이 모여드는 대중적인 곳이었다. 그때만 해도 지금과는 달리 문단 사람들이 정치 사회적 이념이나 문학적 지향이나 나이에 관계없이 모두 모여 함께 어울렸다. 창비와 문지 그룹이 따로 노는 것도 아니었고, 문단 원로에서부터 젊은 그룹까지 모두 '가락지'에 모여들어 인생과 문학을 논하느라 술집은 저녁마다 문전성시를 이루었다.

세진 빌딩에 민음사와 한국문학이 입주해 있고, 신구문화사가 바로 곁에 있었으니 문인들이 자연스레 모일 만한 입지였던 셈이다. 민음사 사무실 또한 문단인들의 사랑방 구실을 했음은 물론이다. 그러나 나는 '가락지'에는 자주 가지 않았다. 그보다 '낭만'이라는 술

관철동 장원 빌딩 시절, '김수영 문학상' 시상식을 마친 후 사무실에서 조촐한 뒤풀이를 하고 있다. 왼쪽에서부터 시인 황지우, 김광규, 김영태, 나.

집에 자주 다녔다. '가락지'에 비하면 관수동에 있던 맥줏집 '낭만'은 조금 고급스러운 술집이었다. '낭만'은 세련된 매너와 청순한 미모로 숱한 문화인들의 사랑을 받던 '미스 리'의 집으로 유명했다. 퇴근을 하면 주로 고은이나 남재희와 함께 '낭만'에 가서 술을 마셨다.

내가 관철동 장원 빌딩으로 이사했을 때, 당시 《서울신문》 편집국장을 하던 친구 남재희가 점심때만 되면 찾아와 나를 졸라 댔다. '낭만'의 미스 리가 따로 술집을 차려 독립하고 싶어 하는데, 장원 빌딩 1층을 내주자는 것이었다. 처음에는 빌딩에 술집이 들어오는 게 별로였으나, 미스 리의 열렬한 팬이었던 남재희의 청을 결국 들어줄 수밖에 없었다. 전당포 주인과 협의가 순조롭게 이루어져 장원 빌딩 1층에 관철동 시대를 풍미한 술집 '사슴'이 들어섰다. '사슴'에는 학계, 언론계, 문단을 망라해 장안의 지식인들 중 이름깨나 날린다는 이들이 모두 모여들었다. 미스 리가 얼마나 인기가 있었는가 하면 《조선일보》논설위원이던 문필계의 원로 송지영 씨가 '사슴'이라는 이름을 직접 작명까지 해 줄 정도였다. 고은, 이어령, 이수성 같은 이들도 미스 리의 팬이었다. 장안의 프리마 돈나였던 미스 리는 절대 손님의 자리에 앉지 않고 선 채로 서비스를 하면서도 세련된 매너와 화술로 당대의 문화 예술인들과 지식인들을 휘어잡았다. '사슴'은 1970년대 말까지 장안의 명소로 각광받다가 도저히 내 위장이 술에 당해 낼 수 없어 건강을 해칠 지경에 이른 데다 마침 건물 보수도 할 겸 해서 내보내면서 역사 속으로 사라졌다. 미스 리가 지금은 어디에서 어떻게 사는지 구체적으로 아는 바는 없다. 그미의 이름이 희미해서 고은에게 전화를 걸어 물어보았더니 '이인숙'이었다. 몇 해 전 한 문예지에 연재되었던 고은의 일기에도 그미가 등장한다.

> 오후 1시 '사슴'의 이인숙과 미스 윤이 왔다. 점심을 대접했다. 술집 주인이나 종업원이 집까지 찾아오는 것은 송지영이 밤에 여러 아가씨들을 집으로 데려 가 마누라에게 인사도 시키고 하는 풍류 말고는 나뿐일 것이다. 그녀들에게 세상 교사인 듯이 인생론을 말했다. 몹시 기뻐했다. 양주 한 병 놓고 갔다.
>
> 「고은의 일기」, 1977년 3월 10일 목요일

계간《세계의 문학》창간과 '오늘의 작가상'

문지 그룹이 독립해 나가면서 민음사만의 독자적인 계간지의 필요성을 절감했다. 그동안 민음사의 책들은《문학과 지성》을 통해 문단과 학계에 많이 소개됐다. 우리만의 문학적 개성을 드러낼 매체가 없었던 것이다. 우선 대학 시절부터 잘 알고 서로 말이 통하는 유종호와 접촉했다. 유종호는《창작과 비평》과《문학과 지성》에 대적할 만한 문학적 위상을 만들어 낼 편집 위원으로 김우창을 추천했다.

당시 유종호는 공주사대에 재직하다가 1970년대 중반 이화여대 영문과로 옮겨 활발한 활동을 벌이던 중견 문학 평론가이자 영문학자였다. 전공도 다르고 1년 후배였지만 같은 문리대에 다녔고 동향이어서 대학 시절부터 가까웠다. 문리대 시절 유종호의 고향인 충주에 내려가 시인이자 고등학교 국어 교사였던 그의 부친을 만났던 기억도 난다. 내가 문리대 문예지《문학》에《한국일보》신춘문예 응모작「자유 풍속」을 게재했을 때 당시《대학신문》에 날카로운 평문을 쓰기도 했다. 민음사 초기에도 서울에 올라올 일이 있으면 으레 편집부에 들러 열심히 도와주었다. 고은 시인은 매일 출근해 곁에서 나를 가르쳤지만, 유 교수는 가끔 들러 자문하는 식이었다. 그는 당대의 뛰어난 학자이자 건실하고 따뜻한 성품을 가진 지식인이었다.

유종호를 앞세워 찾아가자 김우창은 처음에는 "내가 할 게 있어야죠." 하면서 사양했지만 내가 삼고초려하면서 결국 편집 위원에 합류했다. 나중에 보니 그는 잡지 편집에 상당한 흥미를 느끼는 것 같았다. 김우창은 서울대 영문학과를 졸업한 후 미국에 건너가 코넬 대학교에서 영문학 석사 학위를, 하버드 대학교에서 미국 문명사로 박사 학위를 취득하고 고려대 영문과 교수로 재직 중이었다. 그는 우리 시대 최고의 석학이기도 했지만 아주 양심적이고 깨끗한 이였다. 나와 수십 년을 함께 사귀었어도 변한 게 없다. 지금까지 내가 함께 일해 본 사람 중에서 가장 깔끔한 선비라는 느낌이다. 그와 한 시절 같이 일하면서 한국 문학의 새로운 지형을 만들었다는 사실이 자랑스럽다. 1980년대 이후 진영 개념으로 나뉜 문단에서 그저 자신들의 위상을 강화하기 위해 그이조차 애꿎게 폄훼하는 상황이 전개됐던 일은 지금 돌이켜보아도 여전히 씁쓸하다.

책임 편집 위원으로 김우창, 유종호 두 사람을 영입한 가운데 계간《세계의 문학》은 1976년 가을에 처음 세상으로 나왔다. 제호를 《세계의 문학》으로 정한 이유는 기존에 발행되는《창작과 비평》이나 《문학과 지성》과 차별화하기 위한 의도였지만, 어릴 때부터 탐독하고 내 인생에 깊은 영향을 끼쳤던 세계 문학의 기라성들을 일본어 중역이나 베끼기가 아니라 해방 이후 쌓인 우리 힘으로 제대로 출간해 보고 싶은 욕망이 잠재의식에 쌓여 있었기 때문이기도 하다.

《세계의 문학》창간사는 김우창 교수가 썼지만 그의 요청으로 말미에 하릴없이 내 이름을 넣었다. 인간의 의식이 어떤 과정을 거쳐 공동체에서 동력으로 작동할 수 있는지, 우리 사회의 창조적 주체성을 회복하기 위해 어떤 자세를 지녀야 하는지, 차근차근 논리적으로 설득하고 주장한 창간사는 40년 가까운 세월이 흐른 지금도 충분히 의미를 지닌다고 본다.《세계의 문학》창간사는 이렇게 흘러간다.

이 의식은 개인의 의식일 수도 있으나 무엇보다도 사회 공동체 의식 또는 공동체의 초개인적 주체성의 의식이다. 이렇게 말하는 것은 개인의 의식도 참으로 효과적인 인간 운명의 활력이 되려면 그것이 공동체의 의식 속에 지양되어야 하기 때문이다. 뿐만 아니라 사회에 존재하는 모든 것이 단지 오늘에만 있는 것이 아니라 과거에서 미래에로 연결되는 물질적, 사회적 도구의 체제로 존재하듯이 모든 의식도 역사 속에서의 의식으로 존재한다. 오늘날의 개인과 사회의 의식은 과거에서 나와 미래에로 들어간다. 그렇다고 해서 오늘날의 의식이 굳어 있는 틀 속에서 이미 결정되어 있는 것은

 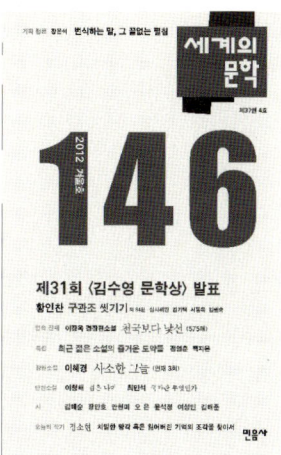

《세계의 문학》창간호 표지. 1976년 가을에 처음 세상으로 나온 이래 40년 가까운 세월 동안 우리의 문학을 세계 문학의 차원에서 소개하고 연구, 평가하는 작업을 해 오고 있다. 2012년 겨울, 통권 146호가 출간되었다.

아니다. 오늘날의 의식의 특징은 그것이 늘 창조적 변용의 가능성 속에 있다는 데에 있다. 역사적 공동 의식과 개인의 의식은 현재 속에서 창조적 발전을 위한 힘이 된다. 여기에서 사람에게 주어진 모든 것은 단순히 주어진 것이 아니라 하나의 지향, 하나의 과제가 된다. 역사의 창조적 진화의 근원은 바로 인간의 물질적, 정신적 생활의 총체가 하나의 새로운 과제로 지양되는 공동 의식의 광장이다.

 우리는 우리의 역사가 참으로 창조적인 것이 되기 위하여서는, 우리의 물질적, 정신적 생활의 모든 것이 교호하여 이루게 되는 공동 의식의 광장을 가장 넓고 가장 활발하게 유지하는 것이 절대 중요하다고 믿는다. 싫든 좋든 우리의 삶에 대한 제약은 여기에서 오며 우리의 가장 큰 보람도 여기에서 온다. 이 광장에서 우리는 우리의 삶이 우리 이웃의 이해와 관용, 또 우리 이웃과 우리의 공동 운명, 공동 목표의 확인에 전적으로 의지할 수밖에 없음을 배우고 이 의지를 높은 삶의 행복에 연결시켜야 할 것을 깨닫는다.

안정된 시기에 운명과 창조의 공유는 반드시 분명한 의식을 통하여 이루어지지 않아도 된다고 할는지 모른다. 또 그러한 상태가 가장 순수한 행복의 상태일 수도 있을 것이다. 그러나 격동의 시대에 있어서 운명에 대한 주체적인 통제와 그것을 개조할 수 있는 자유로운 창조의 힘은 자칫하면 상실되어 버린다. 이런 때, 감추어져 있던 것은 밝은 의식으로 끌어들여져서 비로소 보존되고, 무비판적으로 받아들여졌던 것은 비판의 대상이 되어 비로소 새로운 힘의 근원이 된다. 그리하여 사람이 스스로의 운명을 이해하고 이것을 새로운 가치로서 창조하는 과정은 보다 쉬워질 수 있을 것이다. 우리는《세계의 문학》이 비판적 검토와 의식적 수용을 통해서, 우리 사회의 창조적 주체성을 회복하고 그것을 풍부하게 하는 데 기여할 수 있기를 희망한다. 우리의 역사와 사회를 보다 깊고 날카롭게 이해하고 이것이 창조의 원동력이 될 수 있게 하기 위하여, 우리 역사와 사회의 모든 것, 또 우리 사회가 좋든 싫든 이미 세계를 향하여 열려 있는 만큼, 세계의 모든 것을 우리 역량이 미치는 한, 또 우리의 사정이 허락하는 한, 공동 토의의 대상이 되게 하고자 한다. 많은 성원을 바란다.

편집진의 각오에 걸맞게 창간호에 수록된 필자와 작품들 면면도 화려했다. 서정주, 고은, 신경림, 정현종의 시를 비롯해 황석영, 박완서, 최창학의 단편 소설, 최인훈의 희곡이 실렸다. 황석영의「몰개월의 새」는 지금까지도 그의 단편 중에서 가장 인기 있는 작품으로 꼽히고 있고, 박완서의「배반의 여름」이나 최인훈의「옛날 옛적에 훠이훠이」

도 한국 현대 문학의 고전 반열에 오른 작품들이다. 2007년 노벨 문학상을 받은 영국 작가 도리스 레싱의 단편 소설「검은 마돈나」도 실었다. 특집으로「오늘의 세계 문학」을 꾸려 미국, 일본, 영국, 독일, 스페인의 문학을 점검했다.

《창작과 비평》을 책임지던 문학 평론가 백낙청을 초청해 편집위원인 김우창, 유종호와 함께 세 사람이 벌인 창간 기념 권두 정담도 눈길을 끌었다. '민족·세계·문학'이라는 주제로 '어떻게 할 것인가'라는 좌담을 나누었다. 이 자리에서 김우창은 "《세계의 문학》은 우리로 하여금 보다 분명하게 스스로와 세계를 인식하게 하는 길에 기여함으로써 스스로의 존재를 정당화하여야 한다고 생각"한다면서 "그렇지 않다면 그만두어야" 한다고 무거운 각오를 내비쳤다. 손님으로 참석한 백낙청은 "우리의 문학을 세계 문학의 차원에서 생각하면서 소개하고 연구하고 평가하는 작업을 저희《창작과 비평》으로서도 전혀 외면해 온 것은 아니나 그런 쪽에서 스스로 상당히 부족하였다고 느껴 오던 터이라 반갑고 또 기대가" 크다면서 "잡지를 해 나가는 데 수많은 난관이 있는 우리 현실에서 건전하고 유익하리라고 기대되는 계간지가 새로 나온다는 것은 정말 반가운 일이 아닐 수 없다"고 덕담을 했다.

창간호가 나가자 예상한 것 이상의 큰 반향을 일으키면서 많은 격려와 충고가 이어졌다. 창간호에 작가론이 나갔던 솔 벨로가 그해 가을 노벨 문학상을 수상했고, 단편 번역이 나갔던 도리스 레싱도 후보에 올라 편집실로 문의 전화가 쇄도해 즐거운 비명을 질렀다. 이어 겨울호로 출간된《세계의 문학》2호에는 오랫동안 붓을 놓았던 김광균의 시 작품,『토지』외에는 집필을 끊었던 박경리의 서간체 산문「Q씨에게」가 수록돼 화제를 모았다.

《세계의 문학》창간과 함께 민음사를 한국 문학 출판의 반석 위에 올려놓은 중요한 초석이 바로 '오늘의 작가상' 신설이었다. 창간호에 오늘의 작가상 모집 공고를 내보냈다. 시, 소설, 평론 3개 장르에 걸쳐 모집을 했고 응모 자격은 신인은 물론 이미 문단에 오른 기성 대우의 신인까지로 대상을 넓혔다. 그때까지 문학 출판의 흐름이나 문단 지형에서 이 상이 응모자들에게 가장 매력이 있었던 조건은 당선과 동시에 바로 단행본으로 출간한다는 조항이었다. 당시에는 통속 작품을 제외하면 본격 순수 문학 작품을, 그것도 신인의 작품을 단행본으로 출간하기는 어려운 시절이었다.

예나 지금이나 나는 기성의 공간이 전혀 받아들이지 못하는 무서운 신예들이 우리 눈 밖에서 칼을 갈면서 작품을 쓰고 있다고 믿는다. 내가 출판을 하면서 가장 신경 썼던 것은 이 작가들을 주목함으로써 그들을 새로운 문학적 질서의 선구로서 자리매김하는 것이다. 오늘의 작가상은 기성 문인들이 장악한 문단 지형이나 문예지 발표 시스템으로는 독자들에게 두각을 나타낼 수 없는 신인들에게 화려한 스포트라이트를 비추어 새로운 문학적 기풍을 불러일으키려는 고심에서 나온 시도였다. 그래서 이왕 나선 김에 그 시작도 더욱 과감하게 해서 문단과 독서계에 충격을 주기로 했다.

1976년 9월 창간호에 공고를 내보낸 후 그해 겨울호《세계의 문학》에 1회 수상작으로 한수산의 장편 소설 『부초(浮草)』 1030매를 전재했다. 장편 소설 한 권 분량을 나누어 싣지 않고 한꺼번에 다 수록한 것은 잡지 사상 처음이었다. 분재를 하면 독자들에게 잊히기 쉬워 폭발력이 그만큼 약화되리라는 생각에서 이처럼 파격적인 결단을 내린 것이다. 2호가 시중에 배본되자 문단은 경악에 휩싸여 술렁거렸고 독자들의 반응은 폭발적이었다.

『부초』는 본래《경향신문》5000만 원 고료 장편 소설 공모에서 아깝게 탈락한 작품이었는데, 그때『북간도』를 쓴 원로 소설가 안수길과 최인훈, 황석영이 함께 심사를 맡았다. 최인훈과 황석영은 둘 다 한수산의 작품을 좋아했는데 안수길이 반대하자 선생의 뜻을 거역하지는 못했다. 그래서 최종심에서 떨어지자마자 작품을 들고 민음사로 달려왔다. 원제는 '순례하는 나무들'이었는데 '부평초(浮萍草)'로 바꾸었다가 황석영이 '평(萍)' 자를 빼고 '부초'로 하자고 제안해 최종 확정됐다.『부초』는 곡마단이라는 무대를 배경으로 유랑하는 사람들을 그린 것으로, 산업화 시대의 이농 현상과 이런저런 이유로 고향을 잃고 정처 없이 떠도는 이들의 단면을 생생하게 그려 낸 작품이다. 작품이 최종 탈고되기까지는 황석영의 도움이 컸다. 황석영은 노는 것도 잘하고 일도 활달하게 하는 한량이었다.《세계의 문학》창간 전후에 민음사에 자주 드나들었는데, 이후 '창비'의 노선으로 기울면서 민음사와 접촉 빈도도 줄어들었다. 나와 관계가 계속 이어졌으면 서로 배짱이 잘 맞아 많은 일들을 했을 텐데, 내내 아쉬웠다.《세계의 문학》2호에 전재된『부초』앞에 최인훈과 황석영이 해설을 덧붙였다.

> 처음 몇 줄을 읽어 가자마자, 어떤 실지로 있는 장소에 발을 들여놓은 것 같은 느낌을 갖게 하는 소설이 있다. 이 소설이 그런 힘을 지니고 있다. 그 힘은 곡마단이라는 작중 현실에 대한 꼼꼼한 조사와 그에 바탕을 둔 작중 인물들의 생동감에서 온다.
>
> 최인훈

이 소설은 유랑 연예인들 나름의 인정에 가득한 인간관계를 그린 것으로, 작자는 그들을 애정을 가지고 다루고 있다. 서커스라는 특수하고 폐쇄적인 사회 집단과 또한 그런 사람들의 삶이 매우 기이한 듯이 그려져 있겠거니 생각되지만 이 작품은 전혀 그렇지가 않다. 이른바 농민이라든가, 도시 변두리의 빈민이라든가, 부랑 노무자라든가, 여하튼 근대화의 물결에 밀리고 소외된 사람들이 겪게 되는 삶의 뿌리 없음과 인정스러움과 고통스러움이 리얼하게 그려져 있는 것이다.

황석영

신문들도 이 작품에 크게 주목하면서 이례적으로 한수산 인터뷰와 작품에 대한 평은 물론 대담까지 실었다. 제1회 오늘의 작가상 수상과 더불어 단행본으로 출간되면서 이 책은 30만 부가 넘게 팔리는 대형 베스트셀러로 각광받았다. 한수산은 이 책의 인세로 아파트를 두 채나 마련하고, 일본으로 건너가 5년 동안 생활했으니 당시에 얼마나 대단한 베스트셀러였는지 짐작할 수 있을 것이다.

  그때는 통속 소설을 제외하고는 문예지에 수록된 본격 문학이 대중에게 이렇게 큰 호응을 얻은 전례가 없었다. 한국의 본격 문학과 대중 사이에 가교를 놓는 데 오늘의 작가상이 획기적인 역할을 했다고 자부한다. 『부초』가 성공할 수 있었던 데에는 언론의 역할이 가장 컸다. 이제 막 시선을 끌기 시작한 《세계의 문학》에 전재된 작품인 데다, 민음사가 당시 출간한 여러 책들도 주목을 받을 때여서 신문들이 이 작품의 진정성을 인정해 크게 기사로 다루어 준 덕분이다. 지금은 영향력이 많이 약화됐지만 당시에는 신문에서 기사를 쓰면 독자들이 대부분 필독할 만한 작품으로 수용하는 분위기였다.

  1972년 신춘문예에 단편 「사월의 끝」이 당선되어 문단에 나온 데뷔 5년차의 신인으로 막 30대에 접어들었던 청년 작가 한수산을 당시 《서울신문》(1977. 4. 22.)은 "작은 눈매에 날카로움과 재기가 함께 담겼는데 미소에는 친화감이 넘친"다고 묘사하면서 "이런 모습이 '오늘의 작가'다움인지도 모른다."라고 썼다. 이 인터뷰에서 한수산은 "공적에 따라 나눠 매기하듯 주는 것이 아니라 젊고 가능성 있는 작가에 주는 상을 받았다는 게 내게 맞고 그래서 기쁘다."라고 말했다.

《조선일보》는 그해가 저물 무렵(1977.12.10.) 문화계를 결산하면서 문학의 대표적인 얼굴로 한수산을 꼽아 한 면을 할애했다. 한수산을 그해 문학의 얼굴로 꼽은 이유에 대해 "77년이야말로 그의 해이며, 77년은 그를 그저 한 사람의 '유망한 신인'으로부터 일약 대중적인 기반을 업은 '문학계의 총아'의 자리로 발돋움했다는 평판"을 별 저항 없이 받아들일 수 있기 때문이라고 썼다.

이 작품이 성공과 함께 세간의 좋은 평가를 받자 새삼스럽게 출판에 대한 확신이 생겼다. 출판을 시작할 때부터 프랑스의 공쿠르상 같은 것을 만드는 게 내밀하게 지녔던 꿈인데, 프랑스 문학계를 이끌어 가는 갈리마르 출판사나 일본 지성계를 선도하는 이와나미 출판사처럼 민음사가 되지 못할 이유도 없다는 자신감까지 생겼다. 오늘의 작가상이 공쿠르 상에 비해 더 훌륭하다는 생각도 했다. 그쪽은 이미 출판된 작품을 대상으로 주는 상이지만 우리는 새로 모집해 발굴하는 상이어서 더 값진 면이 있다는 자부심이 들었다.

오늘의 작가상은 첫 번째 대성공에 이어 두 번째도 큰 반향을 얻었다. 제2회 수상작은 최인훈이 추천한 박영한의 『머나먼 쏭바 강』이었다. 연세대 국문과 출신인 박영한이 실제 자신의 월남전 체험을 바탕으로 쓴 이 작품은 1977년 《세계의 문학》 여름호에 600매 분량의 중편으로 전재됐던 소설이다. 박영한은 이 작품을 쓰고 나서 다니던 직장까지 팽개치고 다시 1700매로 개작해 1978년 제2회 오늘의 작가상에 투고해 수상작이 되었고, 그해 단행본으로 출간했다.

『머나먼 쏭바 강』은 그때까지 우리 문학에서는 볼 수 없었던 월남전을 소재로 한 장편 소설이라는 점에서 우선 관심을 모았다. 더욱이 이 작품은 박영한 자신의 실질적인 체험의 산물이라는 점에서 생동감이 넘쳤다. 박영한은 연세대 국문과에 입학하자마자 가난 때문에 바로 휴학하고 군에 입대하지만, 궁핍하고 절망적인 상황에서 벗어나기 위해 월남전 파병에 자원했다. 먼 길을 우회해 1976년 서른 살의 나이에 대학교를 졸업하고, 이듬해 자신의 체험을 담은 작품을 발표했던 것이다. 이 작품 또한 『부초』처럼 순식간에 베스트셀러 반열에 올라 20만 부 넘게 팔려 나갔다. 박영한이 『머나먼 쏭바 강』 후기에 적어 놓은 집필 당시의 에피소드가 흥미롭다.

내가 책상에 앉아 원고를 쓰면, 그미는 재봉틀에다 타이프라이터를 올려놓고, 쓰는 족족 원고를 받아 두들겼다. 우리는 2층 다다미방을 얻어 쓰고 있는데, 아래층 주인집의 중학생 녀석이 새벽이나 밤중에 쉬를 하러 나왔다가, 2층 방으로부터의 수상한 '타전(打電) 소리'를 엿들었던 모양이다. 그러더니 어느 날은 제 엄마더러 쉬쉬하며, 수염이 텁수룩한 저 2층의 사내가 혹시 간첩이 아닌가고 쑥덕거리더라는 것이다. 사실 방문을 닫고 아래층에 내려가서 들어 보니, 타자 치는 소리는 마치 '똔똔쭈쭈똔' 소리처럼 수상한 울림을 갖고 있었고, 직장에도 안 나가고 밤낮으로 틀어박혀 지내는 털보 아저씨의 음흉한 눈초리 하며, 반공 교육을 받은 중학생을 자극하기에 충분했다. …… 한여름이면, 지붕이 낮고 양면 벽에 창이

두 개나 달린 이 방은, 찌는 듯 더울 게다. 우리는 삶은 감자처럼 김을 뿜어 올리면서, 그러나 2세를 만드는 대신 또다시 힘든 그놈을 분만하기로 동의할 것은 확실해 보인다.

이 후기에 등장하는 '그미'는 두말할 것도 없이 그의 아내를 일컫는다. 애석하게도 박영한은 환갑을 채 넘기지 못하고 2006년 폐암으로 일찍 세상을 떠나고 말았다. 떠나면서 "문학이 암 투병보다 더 힘들었다."라고 술회해 안타까움이 더했는데, 그의 아내는 결혼 생활 내내 그의 문학을 내조하는 헌신적인 동반자였다.

오늘의 작가상은 3회에 이르러 이문열의 『사람의 아들』로 이어진다. 그해 갓 등단한 신인 이문열은 중편 「사람의 아들」이 제3회 오늘의 작가상 수상작으로 결정되어 《세계의 문학》에 전재되면서 작가로서 새로운 전기를 맞았다. 심사 위원들(김우창, 유종호)로부터 "인간 존재의 근원과 그 초월에 관계되는 심각한 주제를 진지하게 다루었다."라는 평가를 받은 이 수상작은 그가 이전에 발표했던 단편 두

오늘의 작가상 제3회 수상작으로, 1979년에 출간된 이문열의 『사람의 아들』. 프랑스 화가 조르주 루오의 「그리스도 상」 그림이 강렬한 느낌을 자아낸다.
표지 디자인은 정병규의 작품이다.

편과 함께 단행본으로 묶여 나오면서 기록적인 베스트셀러 행진을 시작했다.『사람의 아들』은 고통받는 세상에서 신의 존재란 과연 어떤 의미인지 치열하게 파고든 문제작이었다. 이 책은 그 무렵에 한국에 상륙해 젊은이들 사이에 급속히 퍼져 나가던 '해방 신학'과 맞물려 크게 각광받았으며 유현목 감독이 하명중, 강태기, 최불암 등을 캐스팅해 영화로 만들어 이듬해 제19회 대종상영화제에서 최우수작품상까지 수상했다. 뛰어난 이야기 솜씨에 진지한 지성과 적절한 정보까지 두루 갖추어 이후 한국 문학의 전개에 크게 영향을 끼칠 대형 작가의 탄생이었다.

사실 오늘의 작가상 심사 당시『사람의 아들』을 놓고 심사 위원들 사이에 과도한 관념과 추리 부분의 허점이 지적됐다. 수상작 선정이 무산될 수도 있었다. 하지만 나도 작품을 읽어 보았는데 아하스 페르츠가 나오는 종교 논쟁 부분은 지나치게 길어서 이야기 전개로서는 다소 무리한 감이 있었지만 문장도 아취가 있고 상당히 격조가 높은 데다 빠른 속도로 읽혀 오히려 독자들의 지성과 감성을 자극하는 바가 있었다. 그래서 작가의 가능성에 무게를 두고 가작으로 하자는 것을 그냥 당선작으로 발표해 버렸다. 한국 현대 문학의 고전으로 자리를 잡은『사람의 아들』은 자칫 먼 길을 우회할 뻔했다. 이문열은 그 후『젊은 날의 초상』,『영웅시대』,『황제를 위하여』등 신작을 발표할 때마다 독서계에 신선한 바람을 불러일으키면서 독자들에게 가장 사랑받는 작가로 자리 잡았다.

이후 오늘의 작가상은 김광규 시집『반달곰에게』, 최승호 시집『대설주의보』, 조성기 장편 소설『라하트 하헤렙』, 강석경 장편 소설『숲속의 방』, 이혜경 장편 소설『길 위의 집』, 이만교 장편 소설『결혼은 미친 짓이다』, 정미경 장편 소설『장밋빛 인생』등 숱한 화제작을 낳으면서 지금까지 계속되어 신인 발굴의 위업을 더하고 있다.

책 디자인과 가로쓰기

학창 시절부터 서점에 가면 가장 불만스러웠던 점이 바로 책 디자인이었다. 사실 디자인이야말로 한 나라의 문화 수준을 적나라하게 드러내는 척도라 할 수 있다. 1970년대 초반까지만 해도 대부분의 국내 출판사들은 디자인에 크게 신경을 쓰지 않았다. 주로 전집류를 대충대충 만들고는 외판 조직을 동원해 헐값에 판매하는 상황에서 그런 데 관심을 갖는다는 건 어불성설이었다. 게다가 아직은 책 한 권 한 권을 정성 들여 만들어 독자와 만나게 하는 단행본 문화조차 제대로 자리 잡지 못했으니 그럴 만도 했다. 하지만 이런 외적 조건보다도 출판인들이나 저자들이 좋은 디자인에 대한 갈증을 느끼지 못한 측면이 더 클지도 모른다. 먹고사는 게 훨씬 더 중요하고 형식보다는 내용이 우선이니, 책 얼굴에 공을 들여 화장을 한다는 건 '사치스럽다'고 생각했을지도 모른다. 하지만 표지는 독자가 맨 먼저 책과 만나는 지점으로 책의 첫인상을 좌우하기 때문에 최선을 다해서 만들어야 한다는 게 늘 나의 신념이었다.

민음사는 단행본 출판 사상 거의 최초로 모든 책에 본격적으로 가로쓰기를 도입했고, 책 디자인 개념이 없던 시절에도 이미 표지 디자인에 많은 공을 들였다. 1973년부터 선보인 세계 시인선 표지들은 지금 내놓아도 전혀 감각이 뒤떨어지지 않는 걸작이다. 당시 표지는 《중앙일보》에서 《계간 미술》 주간을 거쳐 《중앙일보》 사장까지 역임한 뒤 최근 문화예술진흥원장에 임명된 권영빈과 소설가 김승옥,

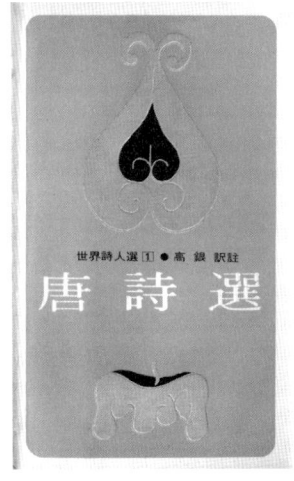 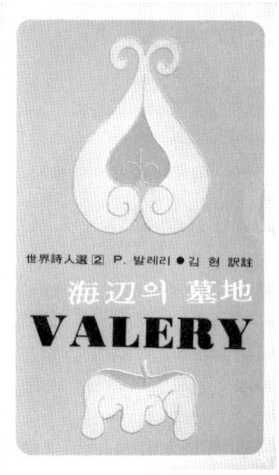

작가 김승옥이 디자인한 '세계 시인선' 표지. 1973년에 첫 선을 보인 표지이지만 지금 내놓아도 손색이 없을 만큼 감각적이다.

작고한 이중한이 시안을 만들었다.

김승옥은 소설에서도 천재적인 감각을 발휘했지만 디자인 감각 또한 탁월했다. 단언컨대 그는 당대의 천재였다. 유종호가 그의 소설을 두고 "감수성의 혁명"이라고 한 것은 탁월하면서도 정확하다. 그의 감성은 당대에 갇히지 않고 시간을 초월해 지금도 젊은 작가들에게 영향을 미치고 있다. 문리대 불문과 후배인 그는 청진동 시대에 이어 관철동 시대에도 내내 자주 민음사에 들러 이런저런 도움을 주곤 했다.

김승옥이 하트 모양의 문양을 상단에 큼지막하게 그려 넣고 중간에 시집 제목을 배치한 다음, 이것들을 받아 내는 다리가 여럿 달린 받침대 형상을 하단에 깔아 놓았다. 이는 웅숭깊은 여성의 생식기를 연상시키는데 전혀 외설스럽지 않으면서도 인간의 근원을 건드리는 생명력을 발산한다. 마치 미국의 페미니스트 미술가 조지아 오키

프의 그림을 연상하게 한다. 품위 있으면서도 유혹하는 에너지가 넘치는 표지이다. 이처럼 초창기 민음사의 북 디자인은 미술을 전공한 디자이너들이 한 것이 아니라 민음사에 드나들던 지인들이 머리를 맞대고 함께 만들곤 했는데, 그중에서도 권영빈의 감각은 탁월해서 여러 번 도움을 받은 기억이 난다.

권영빈은 관철동 시절 민음사 인근에《세대》의 사장으로 있었다. 김승옥의 소개로 처음 그를 만났다. 당시에는 그와 밀접하게 어울리지 않았지만《중앙일보》로 옮긴 뒤에는 아주 친해졌다.《중앙일보》에서《계간 미술》주간을 맡을 정도로 미술 감각이 뛰어났다. 심성도 곱고 아이디어도 출중하고 남에게 싫은 소리 하지 않는 사람이었다. 내 생에서 가장 가깝게 지낸 이 중의 한 사람이다.

앞에서 지나치듯 이야기했지만, 세계 시인선을 내면서 한국 시집 출판 역사상 거의 처음으로 가로쓰기를 시도했다. 원문을 함께 실으려니 어쩔 수 없었던 측면도 분명히 있지만, 나는 이전부터 가독성이나 디자인 등을 고려할 때 책을 모두 가로쓰기로 만들고 싶었는데, 이 책에서 처음으로 시도해서 대성공을 거둔 것이다. 이후 나는 모든 책을 가로쓰기로 만들었고, 비슷한 시기에 많은 단행본 출판사들이 함께하면서 출판문화의 새로운 장을 열게 되었다.

물론《뿌리 깊은 나무》나《창작과 비평》같은 잡지들에서는 가로쓰기를 이미 도입한 상황이었지만, 단행본은 그때까지만 해도 세로쓰기의 틀에서 벗어나지 못했다. 중국이나 일본같이 글자 하나하나가 의미를 갖는 표의문자를 쓰는 한자 문화권에서는 세로쓰기도 상관없을지 모르겠지만, 완벽한 소리글자인 한글을 쓰는 우리 출판문화에서 가로쓰기는 언젠가는 도입해야 할 과제였다. 과학적으로 위에서 아래로 읽는 것보다 양옆으로 달린 두 눈을 가로로 사용하는 게 훨씬 가독성 면에서 유리하다. 그뿐 아니라 디자인 차원에서도 세로쓰기보다 가로쓰기가 더 다양한 가능성을 열어 준다.

  이후 신문들도 1980년대 들어서부터 가로쓰기로 점차 전환했는데, 지금에 와서 보면 아직도 세로쓰기에 갇혀 있는 일본 신문들보다 디자인 차원에서 우리 신문이 더 다양한 시도를 하고 날로 세련미를 더해 가고 있다는 점에서 좋은 선택이었다고 생각한다. 무엇보다도 현대 문명의 발달이 자연 과학에 기반을 둔 서구를 중심으로 이루어지는데, 이를 따라가려면 수학이나 과학의 표기에 불리해서는 미래가 좁아진다고 생각한다. 인터넷 혁명에 이어 모바일 혁명이 전 세계에 휩쓸고 있는 요즈음 세로쓰기를 고집해 온 일본 사회의 혼란을 떠올려 보면 한국 사회가 가로쓰기로 전환하는 데 한 역할을 한 것에 자부심마저 느낀다.

정병규를 북 디자이너의 길로 이끌다

책 디자인에 대한 관심이 높은 만큼 이를 제대로 수행할 만한 인재에 대한 갈망 또한 늘 컸다. 그럴 때 정병규를 만나 같이 일하게 된 건 한국 책 디자인 문화를 일구어 내는 계기를 만들었다는 차원에서 큰 의미를 부여할 만하다.

  정병규는 경북고등학교 시절부터 미술부장을 하면서 교지 편집을 했다. 문학에도 뜻을 두어 서라벌예대 문예창작과에 들어가 지금은 중진 문인이 된 소설가 송기원이나 시인 이시영과 어울렸다. 그곳에서 1년 동안 문학 수업을 받았지만 창작보다는 이론에 대한 갈증으로 다시 시험을 쳐서 고려대 불문과에 입학했다. 고려대에서도 문학회 활동을 하고《고대신문》에 들어가 편집국장까지 하면서 신문 여덟 개 면을 혼자 편집하다시피 했다. 그러던 중 민청학련 사건으로 구속된 학생들을 석방하라는 기사를《고대신문》1면에 실었다가 경찰을 피해 도망 다니는 신세가 되었다. 그러면서 학교를 휴학했는데, 그 기간에 신구문화사와 인연을 맺게 됐다. 당시 신구문화사는 출판사업을 기반으로 막 신구전문대학을 설립한 시점이어서 정병규는 출판사 홍보물은 물론 대학 홍보 작업까지 잡다하게 맡아야 했던 모양이다. 그때 옆자리에서 근무하던 동료 직원으로부터 민음사행을 권유받았다고 했다.

기억이 가물거려서 오랜만에 정병규를 광화문에서 만나 옛 관철동 민음사 자리를 둘러본 후 점심 식사를 하면서 그 시절을 더듬었다. 내 기억 속에서는 여전히 그 시절의 청년으로만 보이는데, 그이도 벌써 일흔 고개를 바라보고 있다니, 급류로 흐르는 세월이 섬뜩하다. 그는 나와 처음 만났을 때를 이렇게 술회했다.

"신구문화사 생활이 지루해질 무렵, 민음사에서 근무하다가 신구문화사에 온 강희주라는 여성 편집자가 나보고 당신과 머리 회전이 비슷한 사람이 있는데 그분과 함께 일하면 아주 좋을 것 같다고 해요. 본인이 그만둔 직장인데도 나한테 권유하면서, 둘이서 만나면 표정만 봐도 얘기가 통할 것 같다는 겁니다. 그래서 소개를 받아 민음사에 갔는데 처음 만나자마자 단번에 저에게 편집장을 맡아 달라고 하셨습니다."

그때 나는 정병규를 만나자마자 단번에 그 안의 천재를 느끼고 편집장 자리를 제안했다. 그러자 주로 밤부터 새벽까지 일하는 스타일이어서 오전에 출근하기가 어려우니 오후 3시경에 나와도 괜찮겠느냐고 조건을 달았는데, 나는 아무 말 없이 수용했다. 나는 사람을 채용할 때 상당히 까다롭게 이런저런 질문을 하면서 재는 편이지만, 일단 채용하기로 결심하면 끝까지 믿는 스타일이다. 사람을 믿지 않으면 일이 되지도 않거니와, 또한 신뢰하고 일을 모두 맡기면 그만큼 그 사람도 변하게 마련이다.

정병규의 첫 작품은 1977년 제1회 오늘의 작가상 수상작인 『부초』였다. 편집장으로 입사했지만 함께 일하다 보니 미술에 재능이 있어 보여 과감하게 디자인을 일임한 것이다. 파란빛이 도는 어두운 추상화를 배경으로 제목을 크게 부각시킨 표지였다. 서울대 미대를 나와 지금은 파리에서 30년 넘게 작품 활동을 하는 화가 정재규의 그림을 표지에 사용했다. 정재규는 정병규의 친동생이다. 둘을 나란히 세워 놓고 보면 구분이 쉽지 않을 정도로 얼굴이 닮았는데, 재능 또한 비슷하게 물려받은 모양이다. 채색 회화 중심이던 당시 표지 디자인 관습으로 볼 때 대단한 파격이었다. 책 뒤에 지은이 사진을 크게 싣는 스타일도 출판계에서 이후 10여 년 동안 유행했다. 당시만 해도 유명 화가가 친분에 못 이겨 표지 작업을 해 주는 경우를 제외하면, 저작권 개념도 없이 해외 명화들을 무단으로 갖다 쓰거나 알록달록한 아무 그림이나 적당히 오려 붙인 뒤 제목을 빨강이나 검정으로 적어 넣은 표지들이 대부분이었다.

낯선 표지를 접한 사람들의 반응은 대부분 소설책 같지 않다는 것이었다. 가수 윤복희가 처음으로 미니스커트를 입고 등장했을 때만큼이나 충격을 받는 듯했다. 정병규는 독자들의 호응을 얻기 전까지는 속으로 조마조마했다는데, 나는 그가 한 디자인을 전적으로 지지했다. 일을 맡긴 이상 어떻게 하든 그의 작품이라는 인식을 품도록 격려했고, 가능한 한 간섭하지 않는 걸 원칙으로 삼았다.

처음 『부초』에는 소설가 이제하의 일러스트레이션을 넣은 빨

1977년 제1회 오늘의 작가상 수상작인 한수산의 『부초』. 정병규의 첫 디자인 작품이기도 한 이 책은 당시 30만 부가 넘게 팔리며 대형 베스트셀러로 각광받았다.

간색 띠지를 둘렀다. 반응은 폭발적이었다. 책 주문이 쇄도하자 나중에는 일일이 띠지를 두르기가 힘들어 다소 부끄럽지만 아예 표지에 인쇄해 버렸다. 이를 두고 어떤 이가 넥타이를 매지 않고 와이셔츠에 인쇄하면 되느냐고 농담을 하던 기억이 난다. 『부초』가 대성공하자 한동안 출판계에서는 띠지 붐이 일었다. 당시에는 민음사가 하면 그것이 곧 출판계의 새로운 모델이 되곤 했다. 또한 이 책은 당시만 해도 천편일률이었던 국판이나 사륙판 소설책에서 벗어나 아래위가 길어진 시집 판형을 시도했는데 독자들은 신선하다고 했다. 오늘의 시인 총서를 낼 때 개발해 두었던 판형을 과감하게 소설을 내는 데에도 활용한 것이다. 그와 함께 1980년대 중반까지도 단행본에서는 '부초 판형'이 대세를 이루었다.

　　　정병규가 그다음으로 작업한 오늘의 작가 총서의 표지는 작가의 사진 한 장과 활자로만 디자인하는 파격을 연출했다. 아울러 표지에 프레임을 두른 것도 획기적인 발상이라는 평을 들었다. 그렇지 않

단행본 출판을 개척하다　113

정병규가 디자인한 오늘의 작가 총서 표지. 작가의 사진과 활자로만 이루어진 디자인. 표지에 프레임을 두는 것 등이 당시로서는 파격적이고 획기적인 발상이라는 평가를 받았다.

아도·북 디자인에 대해 고심하며 나름대로 공을 들여 오던 터에 정병규의 등장으로 민음사는 바야흐로 날개를 단 것이다.

정병규는 그때 이후 오늘에 이르기까지 민음사 일을 완전히 놓은 적이 없지만, 민음사 직원으로 죽 근무한 건 아니었다. 민음사에서 두세 해 일하다 지금은 목사가 된 이재철과 함께 의기투합해 따로 '홍성사'라는 출판사를 차려 독립했고, 에리히 프롬의 『소유냐 삶이냐』, 갤브레이스의 『불확실성의 시대』, 베르나르 앙리 레비의 『인간의 얼굴을 한 야만』과 같은 훌륭한 인문 서적들을 펴내 베스트셀러까지 만들어 낸 출판 편집자로 나아갔다.

정병규가 편집자로서도 자질이 있다는 사실은 인정하지만, 나는 그가 한국 북 디자인의 새로운 기수가 되기를 속으로는 더 갈망했다. 편집자는 그가 아니라도 할 사람이 많지만 지적 역량과 디자인 감각까지 두루 지닌 북 디자이너를 찾기란 정녕 쉽지 않은 상황이었다. 일본 도쿄에서 유네스코 주최로 열리는 편집자 연수 과정에 참가하라고 그에게 권유한 것도 사실은 그 때문이었다. 마침 내가 잠시 대한 출판문화협회 부회장을 맡고 있던 때였는데, 일본 최대의 출판사인 고단샤에서 지원하는 편집자 트레이닝 코스인 '아시아 편집인 훈련 계획'에 한국 편집자를 보낼 수 있는 기회가 생겼던 터였다. 결과적으로 내 구상은 맞아떨어졌다. 그는 그 시절을 어느 인터뷰에서 이렇게 회고했다.

> 표지 장정 정도로만 생각해 왔던 북 디자인의 새로운 영역, 처음 접해 본 《TM》의 타이포그래피, 일본의 수준과 다양한 개성, 북 디자이너라는 직업이 실제로 있음, 아니 단순한 단어적 의미를 떠난 눈으로 그러한 사람을 확인할 수 있었다는 데 대한 놀라움 등등은 지금 생각해도 가슴 뛰는 순간들이다. (중략) 그리고 이러한 충격과 함께 도쿄에서 쓰지 않을 수 없었던 자의 반 타의 반의 사직서는 지금 나의 직업 칸에 북 디자이너라고 적게 만들었다.
>
> 《레이디경향》 1989. 9.

일본 연수 과정에서 편집자의 길을 접고 본격적으로 북 디자이너의 길을 가기로 결심한 그가 한국에 돌아와 나를 찾아왔다. 결심은 굳건했지만 막상 생계 문제가 놓여 있었다. 나는 그에게 민음사 일을 곁에서 돕는 조건으로 매달 기본 생활비를 대 주면서 자유롭게 활동하도록 도와주었다. 1981년 7월 출판협회가 출판 전문가 양성을 위해 최초로 개설해 커다란 호응을 얻었던 '편집인 대학'에 '레이아웃 입문'이라는 강좌를 개설해 본격적으로 북 디자인 전파에 나섰다. 하지만 그의 북 디자인에 대한 열망은 짧은 일본 연수만으로는 채우기 어려웠다.

    1982년 가을, 단행본 출판사들의 소모임인 '수요회'의 도움을 받아 그가 프랑스 유학을 떠났다. 수요회 멤버의 좌장으로 있던 내가 회원들에게 "한국 북 디자인의 새로운 역사를 개척하려면 정병규를 파리에 보내야 한다."라고 역설했다. 모두 내 제안에 기꺼이 응해 십시일반으로 그의 파리 유학 비용을 모금했다. 나는 그를 보내면서 "열심히 배워서 돌아와 한국에 새 시대를 열어 달라." 하고 부탁했다.

정병규는 현대 프랑스 북 디자인의 문을 연 대표적인 디자이너 피에르 포셰가 다녔던 학교인 '에콜 에스티엔'으로 유학을 떠났다. 거기서 그는 10여 년 넘게 출판 현장에서 자신이 몸으로 겪어 온 기획 편집 작업을 돌아보고 현대 북 디자인의 새로운 공기를 마음껏 흡입했다. 이듬해 여름 정병규는 한국으로 돌아와서 디자인실을 열고 본격적으로 북 디자인 활동에 나섰다. 그에게 한국 최초의 전문 북 디자이너라는 닉네임이 생기는 순간이었다. 그가 돌아올 무렵 한국에서 북 디자인에 대한 기대가 폭발적으로 늘어났다. 출판계에서 디자인에 대한 인식이 순간적으로 확 변하는 느낌이었다. 그해《경향신문》연말 기사「출판계도 '디자인 시대' 맞는다」는 그러한 분위기를 생생하게 전해 준다.

> 국내 출판계가 북 디자인에 눈을 돌림으로써 책의 모양과 장정이 보다 화려해지고 있다. 요즘 서점가에 진열된 책들 중에는 표지 색깔이 대담해지고 세련된 디자인이 늘어나 눈길을 모은다. 이 같은 현상은 70년대 후반부터 두드러져 요즘은 북 디자인 전문가까지 등장, 활발한 작업을 펼치고 있다. (중략) 우리나라의 경우 70년대 초까지도 몇몇 출판사가 책의 장식에만 신경 썼을 뿐 종합적인 북 디자인 개념과는 거리가 멀었다. 결국 가로쓰기가 시작된 70년대 중반부터 이 부문에 대한 관심이 모아졌으며 이때부터 학술 서적

의 천편일률적이던 체재도 모습을 바꿔 판매 부수를 올렸다. 북 디자인 개념이 본격적으로 도입되기 시작한 것은 80년대에 들어와서였다.

《경향신문》 1983. 12. 9.

지금은 디자인 인력이 점차 늘어 거의 과잉에 가깝지만 그때는 그 일을 할 사람이 별로 없었다. 그사이 출판계에는 상전벽해의 역동이 있었던 셈이다. 그 거대한 전환의 출발점에서 정병규와 함께 출판문화의 한 시대를 열었다는 점에서 그 시절을 생각하면 지금도 심장이 약동한다.

독자와 소통하는 광고

책 광고는 현업에서 일정한 거리를 두고 있는 지금도 손에서 놓지 않을 정도로 내가 큰 의미를 부여하는 영역이다. 독자가 표지보다 먼저 만나는 것이 광고이기 때문에 광고를 잘 만들어 독자에게 강렬한 첫인상을 남기는 것이 매우 중요했다. 또 온갖 물건들을 늘어놓고 시장판처럼 요란하게 사 달라고 외쳐 대는 상품 광고에 둘러싸인 신문이나 잡지에서 고급 문화의 집약인 책을 알리는 광고는 그 자체로 신문이나 잡지의 품격을 높여 주고 문화에 대한 새로운 정보를 제공하는 기능도 하므로 눈에 띄면서도 우아하고 메시지도 분명해야 한다.

표지 디자인은 정병규에게 일임하면서도 광고는 반드시 나와 상의를 하도록 했다. 우리는 책 광고에서 많은 말을 하지 않는다는 원칙을 세웠다. 아울러 신문에 보도된 책 기사를 요령 있게 활용하는 방

1980년대 정병규가 디자인한 신문 광고(상, 중)는 지금 보아도 감각이 뒤떨어지지 않는다.
1990년대 들어 민음사는 전면 컬러 광고를 과감히 시도했다.

법을 시도했다. 언론 기사를 책 광고로 활용하는 건 지금이야 모든 출판사가 이용하는 홍보 방법이지만, 그 무렵에 본격적으로 유행에 들어선 것이다. 과장된 감성적 홍보 문구보다는 책 내용의 핵심을 담은 사실적 언론 기사를 활용하면 책의 권위를 높이면서도 독자들을 설득할 수 있으리라고 생각했다.

그런데 당시 민음사가 책 광고를 본격적으로 시작하기 전까지는 신문이나 잡지에서 단행본 책 광고를 대대적으로 하는 경우를 찾기는 쉽지 않았다. 책이 팔리니까 광고를 한 것이지, 먼저 광고를 해서 책을 판다고 생각하는 것은 1990년대 대중 출판이 유행한 이후에야 일반화되었다. 그러나 나는 광고를 통해 민음사의 책을 하나의 뉴스로, 문화적 사건으로 만들고 싶었고, 필요하다면 과감하게 신문 광고 지면을 할애해 독자들에게 정보를 주고자 했다. 전집류를 제외하곤 신문 5단 광고 전체를 할애해서 단행본 한 권의 책을 광고한 것도 해방 이후에는 민음사가 거의 처음이었고, 전면 컬러 광고를 과감하게 시작한 것도 민음사가 거의 처음이었다.

좋은 책은 언젠가 독자들이 알아줄 것이고 반드시 팔리게 마련이라는 소극적 사고방식으로는 격류를 헤쳐 나갈 수 없었다. 좋은 책을 출판하는 것은 훌륭한 출판사가 되기 위한 필요조건일 뿐이다. 그 책을 세상에 널리 알리는 필사적인 노력을 통해 충분조건을 채우지 않으면 출판사는 좋은 책을 출판하고도 오히려 쇠퇴하기 쉽다. 이런 생각이 굳어질 무렵 정병규를 만나 여러 광고를 시험해 본 것은 다행이라 할 수밖에 없다. 그와 했던 작업을 통해서 민음사의 책 광고는 한 단계 격을 높일 수 있었고, 독자들의 큰 호응을 불러와 지금에 이르고 있다.

조선작과 조세형, 세월의 명암

1970년대는 민음사가 문학 출판사로 새롭게 시작해 괄목할 만한 성취를 이룬 의미 있는 연대였다. 위에서 언급했던 것처럼 '세계 시인선', '오늘의 시인 총서', '오늘의 작가상', '오늘의 작가 총서' 등을 통해 한국 문학사에서 중요한 족적으로 남을 책들이 대거 출간됐다. 하지만 이처럼 문학적인 방점을 찍지 않더라도 그 시대에 화제가 됐던 책들도 있다.

조선작의 『영자의 전성시대』(1974)는 여기저기 잡지에 발표한 연작 소설을 묶은 작품집으로 당시에 한국 사회에 큰 충격을 준 책이었다. 밑바닥 인생을 살아가는 인물을 주인공으로 등장시켜 현실의 문제를 핍진하게 그려 냈다는 평가를 받았다. 「성벽」을 포함한 여러 작품이 실린 이 소설집에서 특히 표제작인 「영자의 전성시대」는 1970년대 들어 한국 사회가 산업 사회로 본격적으로 접어들면서 사회 문제로 부각된 여성의 상품화 현상을 '창녀' 혹은 '호스티스'라는 저류의 사회적 존재에 초점을 맞춰 묘사해 냈다. 1970년대 고도 성장의 이면에 숨은 우리 사회의 슬픈 자화상을 보여 준 것이다.

소설집 제목을 『영자의 전성시대』로 뽑자고 제안한 이는 뛰어난 감각을 지닌 김승옥이었다. 최인호의 『별들의 고향』(1973)이 이른바 호스티스 소설로 각광받았지만, 영자라는 한 여인의 이름을 영웅화시켜 '전성시대'라는 수사를 동원한 제목은 신선했고, 문학 대중들의 주목을 받았다. 이후 한동안 '~의 전성시대'라는 표현이 유행하기도 했다.

1971년 《세대》에 단편 소설 「지사총(志士塚)」을 발표하면서 문단에 등단해 만만치 않은 작가적 역량을 발휘하던 조선작은 엉뚱

1974년 출간된 소설집 『영자의 전성시대』 속표지. 이 책의 디자인은 작가 김승옥이 맡았다. 성장 위주의 개발 정책 이면에 드리운 그늘, 도시 변두리 빈민가 사람들을 따뜻한 시선으로 그리며 당시 우리 사회에 명료한 화두를 던졌다. 이듬해 영화로 만들어져 45만 관객을 동원하며 흥행했지만 원작의 메시지와 깊이를 충실히 전달하지 못했다.

하게도 이 소설이 영화화되면서 대중 작가로 몰려 오히려 낭패를 보았다. 농촌이 해체되고 산업화되는 시기에 도시로 올라온 한 여성이 몰락해 가는 이야기를 다룬 표제작은 결코 야한 소설이 아니었지만 이듬해 김호선 감독이 연출한 동명의 영화가 그를 대중 작가로 낙인찍어 버렸다. 염복순이라는 여배우가 야한 포즈로 의자에 앉아 윙크를 하는 사진이 영화 포스터를 장식했다. 요즘 같으면 영화가 에로틱하게 제작돼 화제가 되면 원작도 같이 팔리고, 작가도 화려한 스포트라이트를 받고 맹활약하기 쉬운데 그때만 해도 사회 전반의 분위기가 외설적이고 노골적인 것에 대한 거부감이 컸던 것 같다. 영화가 나오면서 책 판매도 뚝 끊겨 버렸다.

격세지감이 느껴지는 대목이다. 이즈음과 비교하면 그 시절 독자들은 참으로 진지하고 엄숙했다. 거기에 더해서 《동아일보》에 연재했던『미스 양의 모험』또한 1978년 김응천 감독에 의해 야한 영화로 만들어지면서 조선작은 대중 작가의 이미지로 독자들에게 더욱 굳어지게 되었고, 이후 이렇다 할 문학적 성과를 거두지 못했다. 안타까운 일이 아닐 수 없다. 한 작가가 성장하는 데 무한한 격려와 함께 적확한 문학적 호명이 얼마나 중요한 것인가를 새삼 깨닫게 해 준 사건이었다. 조선작은 후일 자신의 주인공 '영자'를 이렇게 위로해 주었다.

> 당신은 농촌 출신이오. (중략) 수천 년 동안 농경 사회였던 우리나라는 이른바 근대화라는 미명으로 불과 이삼십 년 만에 산업화 도시화로 이행하지 않았소? 그 급격한 변동 사회의 희생양으로 당신을 기억하려는 거요. (중략) 당신도 그 변동 인자의 하나로 시골에서 밤 보따리를 싸 서울에 왔고 식모살이를 전전했고 더 나은 수입을 찾아 버스 차장을 하다가 만원 버스에서 떨어져 팔 하나를 잃고 밤거리의 여인으로 전락한 거요. '전락'이라는 표현을 써서 미안하오. 그 어떤 열악한 조건에서도 살아남는다는 사실만은 존엄한 것이니까. (중략) 그럼에도 불구하고 위령제는커녕 당신을 지조 없이 헤픈 여자, 퇴폐의 대명사로 몽매한 대중의 입질에 오르내리도록 내버려 둔 채 팔짱만 끼고 서 있었구려. 미안하오. 정말 미안하오. 이제는 고이 잠들구려.
>
> 「'문학의 해' 특별 기획 '작가 편지'」, 《동아일보》 1996. 7. 9.

1976년에 출간한 조세형의『워싱턴 특파원』도 기억에 남는다. 당시《한국일보》논설위원이던 조세형은 1968년부터 6년 동안 워싱턴 특파원으로 근무했던 경험을 책으로 출간하자고 제안했다. 같은 언론

1976년, 출간 25일 만에 5000부 매진을 기록한 조세형의 『워싱턴 특파원』 표지.

인인 남재희가 다리를 놓아 나에게 제안한 것인데, 지금과 달리 당시에는 외국 체험이 드물어서 특파원 경험을 통해 전하는 미국 이야기 자체가 신선한 소재라는 생각이 들어 출간을 받아들였다.

> 한국의 지식인들이 꼭 한번은 알고 넘어가야 할 미국의 정치, 외교, 언론 그리고 사회의 구체적인 모습이 실천적으로 노련한 현역 언론인에 의해 한 권의 책으로 나왔다. 신문 기자로서 20여 년이나 국내 정치 및 국제 관계를 최일선에서 취재해 온 조세형 씨가 6년 동안의 주미 특파원으로 활동해 온 기록과 안목을 정리, 체계화해서 내놓은 『워싱턴 특파원—정치, 신문 그리고 한미 외교 풍속도』(1200원)는 학자의 관념적인 이론집이나 난해하고 경직한 외서와는 달리 정치·사회 과학의 깊은 소양과 날카롭고 활동적인 취재기자의 감각을 가지고 미국 현장에서 직접 사실과 그 사실 뒤에 숨어 알려지지 않은 메커니즘을 파헤친 아마도 최초의 미국, 그리고 워싱턴 서울 관계의 해부작이라 할 만하다.
>
> 「발로 쓴 미국의 참모습」,《경향신문》1976. 6. 8.

당시는 지금처럼 쉽게 해외에 나갈 수 없는 시대였고, 더군다나 동구권까지 들어가기는 거의 불가능한 때였다. 조세형은 로버트 케네디 피살, 월남전, 인간의 달 착륙, 중국의 유엔 가입, 워터게이트와 닉슨 실각 등 놀라운 국제적 사건들이 연속으로 일어났던 시기에 국제 정치의 중심 무대에서 활약했다. 그는 생생한 사실과 경험을 토대로 한미 양국 사이에 전통적으로 흐르고 있는 뒷이야기나 문제점, 변화하는 현실을 흥미와 감동을 섞어 소개했다. 닉슨 대통령이 유고슬라비아를 방문하면서 《한국일보》 특파원만 데리고 가 특종을 할 수 있었다. 그는 당시의 상황을 책에 상세히 기록했다. 미국 신문 《시카고 트리뷴》의 알도 베그만 기자는 닉슨 수행 취재 중 "특히 공산 유고 입국 문제를 가지고 그가 당한 설움과 고통과 그리고 투쟁과 승리에 관한 이야기는 우리 백악관 기자단에서 유명한 이야기가 됐다."라고 소개문을 붙이기도 했다. 우리는 이 책을 신문과 방송은 물론 잡지 쪽에까지 적극적으로 홍보했다. 독자들의 반응은 뜨거웠다. 결과적으로 이 책이 조세형을 정치인으로 만든 셈이다.

> 조세형 씨의 『워싱턴 특파원』은 출간 25일 만에 5000부가 매진, 지난 18일 3판을 발행했다. 3판 발행 부수는 무려 5000부, 지금 같은 추세라면 이 5000부도 1주일 안에 매진될 것 같다는 전망. 『워싱턴 특파원』은 지난 5월 24일 초판(2000부)을 내 3일 만에 매진됐고, 재판 3000부는 이달 12일에 나와 15일 품절됐다. 이렇게 날개 돋친 듯 팔릴 줄은 저자나 출판사가 전혀 예기치 않던 일이다. 따라서 출판사도 우물쭈물하느라 재판과 3판을 제때에 찍어 내지 못해 서점에서 책을 못 사는 품절 현상을 빚은 것. 더욱이 초판 2000, 재판 3000, 3판 5000 등 갈수록 늘어나는 이색 발행 부수 기록도 남겼

다. 여하간 이렇게 단시일의 베스트셀러가 된 것은 10년 전 이어령 씨의 수필집 『흙 속에 저 바람 속에』에 이어 처음이다. 소설가 최인호 씨의 출세작 『별들의 고향』도 수만 부가 나갔으나 이토록 단시일에 1만 부를 찍어 내진 않았다.

「출판 화제」, 《한국일보》 1976. 6. 23.

이른바 '스타'가 된 후 조세형은 다시 『1980년대―한국과 지미 카터』(1977)라는 두 번째 책을 내면서 첫 책을 낼 때의 태도와는 달리 터무니없이 인세를 올려 달라고 요구해 웃고 말았는데, 전작만큼 호응을 얻지 못했다.

그가 국회 의원이 된 후로는 전혀 만나지 못하다가 10·26 사건으로 국회가 해산되고 무직자가 된 후 다시 나타나기 시작해 바쁜 사람을 붙잡고 바둑을 두자거나 출판을 가르쳐 달라고 했다. 이후 정계에 복귀해 민주당 상임고문을 지내는 동안에는 다시 만나지 못했다. 출판을 해 오는 동안 이해관계가 있으면 접근했다가 사라지는 사람들은 수없이 많았다. 조세형 씨도 그중 한 사람이었지만 그래도 그는 사람한테 기분 좋게 접근하는 방법을 아는 아주 사근사근했던 사람으로 기억한다.

관철동 시절 민음사 사무실은 당시 문화부 문학 출판 담당 기자들의 사랑방 역할을 했다. 점심 식사 후 오후 두세 시경이면 기자들이 하나둘 모여들었다. 문학 출판 쪽에서 민음사만 한 규모의 출판사가 아주 적은 데다 종로서적 바로 뒤쪽에 회사가 있었기 때문에 서점도 들를 겸 해서 기자들이 모이기 쉬운 위치여서 민음사가 가장 중요한 출입처이자 '기자실' 역할을 한 셈이다. 이 시절 민음사 '출입 기자' 중에서 임영숙, 정규웅, 김병익, 박래부, 차미례, 박성희, 김훈 같은 이들이 뒤섞여 떠오른다. 차미례와 박성희는 해박하고 재기 발랄한 여걸들이었다. 김훈은 눈에 광채를 내면서 예리한 질문을 던지곤 하던 모습이 기억난다. 그와 단짝이었던 박래부는 점잖고 얌전한 신사였다. 그 시절 문단의 뒷이야기를 책으로 펴낸 바 있는 정규웅은 잘 웃고 유머러스한 이야기를 곧잘 들려주곤 했다. 오후에 기자들이 '사랑방' 민음사에 모이면 부지불식간에 저녁 술자리로 이어져 문인과 기자와 편집자들이 함께 많은 이야기를 나누었다.

5. 영욕의 세월

1980~1994년

한국 출판 발전의 견인차 '수요회'

대통령이 중앙정보부장의 총에 맞아 하루아침에 세상을 떠나고, 1980년대는 이른바 '민주화의 봄'으로 문을 열었다. 참으로 많은 일이 있었던, 말 그대로 격동의 연대가 시작된 것이다. 민주화의 격랑이 거세게 일었던 정치적·사회적 지형도 그러했지만, 사회의 움직임과 떼려야 뗄 수 없는 숙명을 지닌 출판 또한 무수한 곡절을 겪어야 했다. 단행본을 출판하는 이들의 좌장 혹은 맏형 역할을 떠맡아야 했던 나도 이 격랑 위에서 아슬아슬한 파도를 탈 수밖에 없었다.

나는 '광주 항쟁'을 엉뚱하게도 북구의 스톡홀름에서 무슨 소리인지 해독도 안 되는 그곳 텔레비전 뉴스를 통해 처음으로 접했다. 국제출판협회 총회가 열려 출협 사람들과 함께 모처럼 해외여행에 나선 길이었다. 말로 표현하기 어려울 정도로 참혹한 심정이었다.

유럽을 거쳐 미국까지 돌아보는 40여 일 긴 여정 끝에 귀국해 보니 초여름으로 접어드는 절기인데도 나라는 꽁꽁 얼어붙어 있었다. 출판계에도 찬바람이 몰아닥쳤다. 그해 《창작과 비평》, 《문학과 지성》 두 잡지가 신군부에 의해 폐간됐다. 《세계의 문학》과 더불어 이상적인 정립 체제를 유지해 오던 균형이 허물어지면서 우리 잡지는 되레 피해를 본 매체가 되고 말았다. 우리는 그때나 지금이나 한결같은 자세를 유지해 왔다. 하지만 가파른 정치 사회적 환경에서 출판 본연의 길을 지켜 살아남았다는 이유만으로도 비판받아야 하는 기이한 시대였다.

그 시절 엄혹한 체제에 맞서는 데 문학이 기여했던 부분을 무시할 수는 없지만, 1980년대의 험한 지형을 통과하면서 눈앞의 현안보다는 총체적인 깊이와 넓이로 튼실한 꽃을 화려하게 피워 내던 한국 문학이 본모습을 잃은 채 많이 변질되고 훼손된 것도 사실이다. 나는 출판을 해 오는 내내 보수와 진보 사이 어느 쪽에도 서지 않고 철저하게 중도를 지켜 온 것을 다행이라고 생각한다. 그 시절 좌측으로 갔으면 '창비'의 그늘에 가렸을 테고, 우측에 섰다면 '문지'에 치였을 것이다. 출판사가 정당은 아니지 않은가. 모든 이의 책을 낼 수는 없는 한 어느 쪽에 서더라도 욕은 먹게 돼 있다. 독자적인 입장에 서서 소리를 내는 중간 지대도 절실했다.

'수요회'는 잡지들이 폐간되고 사방에서 표현의 자유가 옥죄어 오는 시점에 1970년대 이래 의미 있는 단행본들을 펴내는 출판인들이 결성한 모임이다. 발단은 사소한 친목 모임에서 비롯됐지만, 출판인들이 위기의식을 느끼고 모종의 공동 전선이 필요하다는 데 공감대가 일치했던 것 같다.

1981년 2월, 지금은 민음사의 어린이·청소년 책 계열사인 '비룡소' 대표로 활약하고 있는 맏딸 상희가 서울대 미대 조소과에 합격한 것을 자축하는 의미에서 가까운 출판인들을 초청해 점심 식사를 같이했다. 여덟 명 정도의 출판인이 모였다. 그 자리에서 한 달에 한 번씩 정례 모임을 갖자는 데 모두 뜻을 같이했고, 마침 그날이 수요일이어서 모임 명칭도 '수요회'로 하자고 합의를 보았다. 모임의 맏형 격인 내가 초대 회장을 맡았고 이후 모임 회원들이 한 해씩 차례로 돌아가면서 좌장 역할을 수행했다.

나를 포함해 김병익(문학과지성사), 이우석(문학예술사), 이기웅(열화당), 김진홍(전예원), 김경희(지식산업사), 김윤수(창작과비평사), 김종찬(평민사), 김언호(한길사), 이재철(홍성사) 등이 그 멤버였다. 이들을 기본으로 박종만(까치), 조근태(현암사), 최동식(정음사)도 드나들었다. 이들 중 김종찬, 최동식, 조근태, 이우석이 중간에 빠졌고 나머지 사람들은 수요회 해체 때까지 함께 시대를 건너갔다.

'수요회'가 중견 출판인 그룹이라면 우리보다 2년쯤 뒤에 결성된 '금요회'는 대부분 학생 운동권 출신의 젊은 출판인들로 구성된 단체였다. 수요회가 출판계의 의지를 한데 모으는 대외적인 창구 역할을 하고 큰 틀에서 출판 환경을 개선해 나가는 데 노력한 실세였다면, 금요회는 향후 진보 세력의 토대가 된 출판 운동가들의 터전이었다. 금요회에는 거름(박윤배), 돌베개(임승남), 한울(김종수), 형성사(이호웅), 일월서각(김승균), 청사(함영회), 이삭(소병훈), 지양사(박숙희), 사계절(김영종), 풀빛(나병식), 민중사(최민화), 동녘(이건복), 한마당(이우회), 백산서당(서원기), 온누리(김용항), 화다(백원담), 석탑(최영희), 실천문학사(이문구) 등 열여덟 군데 출판사가 참여했다.

수요회는 실질적으로 1980년대 한국 출판계를 대표한 조직이었다고 해도 과언은 아니다. 출판계의 공식 기구인 대한출판문화협회의 임원진이 버티고 있었지만, 대부분 교재나 전집 회사들 출신으로 이루어져 있었다. 이 때문에 당시 당국에서도 우리 움직임에 늘 촉각을 세웠고, 수요회를 실질적인 출판계 대화 창구로 상정했다. 우리는 출판계의 뜻을 집약해 출판 정책에 대해 정부에 건의하기도 하고 목소리를 높이기도 했다.

당시 이진희 문화공보부 장관도 출협보다는 수요회를 주로 상대했다. 사회적 영향력을 지닌 출판의 실세가 어떤 그룹인지 관료적 시각으로 꿰뚫고 있었던 것이다. 한 예로 당시 출판계의 오랜 숙원이었던 출판 금고 자본금이 100억 원 이상으로 대폭 늘어난 것은 수요회 대표로서 당시 이진희 문공부 장관에게 기금의 확충을 강력하게 건의하면서 이루어졌다. 을유문화사 정진숙 회장이 이사장으로 있던 출판 금고의 자금은 그때까지 11억 원 정도에 불과했다. 그런데 나는 그 무렵 방송광고공사에서 주로 재벌 기업들에게 출연하도록 해서 공익 자금을 만든 것을 여러 단체에 나누어 주는 데 주목했다. 출판에도 공익 자금을 지원할 것을 이 장관에게 제안했고, 그것이 받아들여져 1985년부터 3년간 매년 30억 원씩 지원되어 본래 기금을 합쳐서 총 100억 원의 자금이 마련되어 비로소 출판 금고가 그나마 제 몫을 할 수 있었다.

출판 금고에 자금이 확충되면서 그 이자를 이용해 정론 서평지인 《출판저널》이 발행되기 시작했다. 당시만 해도 신문이나 방송 등에서 거의 주목하지 않았던 어린이·청소년 책이나 대중성이 없다는 이유로 외면되기 쉬웠던 학계의 좋은 저서들까지 골고루 선정해서 각계 전문가에게 맡긴 서평을 중심으로 알차게 꾸려 갔던 이 잡지는 한때 모든 도서관 사서들과 편집자들의 애독지였다. 남진우, 김중식, 김연수, 강정, 허연 등 문인들이 이 잡지 기자로 활약하면서 문필 활동을 병행하기도 했다.

1981년 여름, 설악산으로 출협 세미나를 갔다. 앞줄 왼쪽에 수요회 멤버였던 김언호 한길사 대표와 그 옆에 정해렴 창작과비평사 대표, 그리고 뒷줄 오른쪽에서 두 번째 김경희 지식산업사 대표가 보인다.

    수요회는 초기에는 관철동 민음사 사무실에서 모임을 갖다가 근처 일식집 '은지'에서 식사를 하며 자연스레 모임을 진행하기도 했다. 이 모임이 특별히 각 출판사의 아이템을 사적으로 얘기하는 자리는 아니었다. 홉스의 견해를 빌리자면 출판업자는 "만인 대 만인의 투쟁"의 숙명을 지고 살 수밖에 없다. 저작권 관행도 없는 시절에 아무리 친한 사이라도 함부로 출판 아이템에 대해 누설하는 건 금기 사항이었다. 우리 모임은 특별히 술을 마시는 분위기도 아니었다. 상호 신뢰를 바탕으로 친목을 유지하면서 출판계를 둘러싼 여러 환경들에 대해 생각을 나누는 모임이었다. 김언호 한길사 사장이 기록한 수요회의 정의를 빌려 보자면 이렇다.

수요회는 지난 1980년대 초반에 여남은 출판인들의 상호 신뢰와 출판이라는 직접적 우정에 바탕을 둔 진지한 모임이었다. 1980년 서울의 봄을 지나서 참담한 5·17 정변을 겪은 우리 출판인들은 그래도 스스로의 열정으로 만들어 내는 '한 권의 책'으로 서로의 뜻을 확인하고 직업적 우정으로 격려를 주고받는 사이였다. 출판계의 현안이 있으면 모여 의논하고, 때로는 뜻을 밝히기도 한다. 오늘의 모임은 이런 배경과 정서와 우정을 갖고 있는 것이다.

김언호, 『책의 탄생』 중 1985년 6월 19일 메모

수요회가 수행했던 크고 작은 일들이 많았지만 그중에서도 한국 출판계 최초로 정부에 항의하는 공식적인 목소리를 낸 '출판인 17인 선언'과 '오늘의 책' 선정 그리고 서점 공간 확대 운동 등 세 가지를 나는 중요하게 꼽는다.

출판인 17인 선언
―「출판문화의 발전을 위한 우리의 견해」

1985년으로 접어들면서 신군부는 한층 노골적으로 출판 행위를 탄압하기 시작했다. 이념 서적 단속이라는 구실로 법원으로부터 영장까지 받아 출판사를 압수 수색했고 서점에서 책들을 거두어 갔다. 문화공보부와 경찰이 합동으로 서점과 출판사를 뒤졌다. '일월서각'의 최옥자, '풀빛'의 나병식이 연행되어 갔다. 출협에서 임시 이사회를 소집해 이 문제를 다룬다고 했지만, 출판인들의 입장을 당당하게 전달하고 항의할 만한 임원진이 아니었다. 출판인들의 숨이 턱까지 차올

랐다.《동아일보》기자 생활을 접고 한길사를 운영하던 김언호 사장이 수요회에서는 가장 적극적인 활동가였다.

김언호가 수요회에서 이 문제를 거론했고 나와 긴밀하게 상의했다. 출판인으로서 작금의 문제를 공적으로 거론하고 당국에 우리의 존재를 분명하게 알리자는 데 합의했다. 까치의 박종만, 전예원의 김진홍이 김언호와 머리를 맞대고 선언문을 논의했다. 이들은 선언문을 지식산업사로 가져가서 타이핑한 뒤 열화당에 모여 최종 점검하고 서명 대상자와 범위, 발표 시기 등을 논의했다.

수요회를 넘어선 외연의 확대도 필요했다. 김경희, 이기웅, 김진홍, 김언호 등과 함께 일조각 한만년, 정우사 서제숙, 비봉출판사 박기봉 씨 등을 찾아가 서명을 받아 냈다. 그 결과 모두 17인이 「출판문화의 발전을 위한 우리의 견해」에 서명했다. 1985년 5월 17일, 우리의 견해를 각 신문사에 보냈다. 우리의 선언 전문은 다음과 같다.

출판문화의 발전을 위한 우리의 견해

오늘 우리 출판인들은 최근 우리 사회에서 출판을 둘러싸고 벌어진 사태에 직면하여, 한 사회에 있어서 출판문화가 어떤 가치를 가지며 그 역할이 무엇인가를 출판문화의 원점에 서서 다시 생각하려 한다.

출판문화는 한 국가 한 사회의 문화적 힘의 총체적 소산이자 새로운 전진을 가능하게 하는 동력이다. 우리의 출판은 이 민족의 문화적 유산을 오늘에 전승시키면서 민족 문화의 창조를 선도하고 심화시키는 중추 기능을 담당한다. 그 어떠한 어려움 속에서도 출판의 창조적 기능은 사회의 발전 원리로서 보장되어야 한다. 우리의 출판은 오늘의 민족 공동체적 삶을 위해서뿐만 아니라 내일의 그 소망스러운 지향을 위해 보호·육성되어야 한다.

민족 문화의 창조적 발전은 근본적으로 출판의 자유에 의해 가능해진다. 출판의 자유는 모든 문화적 창조 행위의 근간이다. 출판의 자유는 역사 발전의 경험 과정에서 인간이 쌓아 올린 가장 귀중한 유산이자 사회 발전을 가능하게 하는 실천적 기본권이다.

민주 사회는 출판의 자유를 전제로 한다. 이것 없이는 학문과 문화의 발전은 이루어질 수 없고 나아가 민족 문화가 존립할 수 없다. 민주 사회에 있어서 출판의 자유는 개인적 삶의 차원에서뿐만 아니라 사회적, 민족적 차원에서 존중되고 그 실질적 내용이 확충되어야 한다.

우리 출판인들은 출판문화에 대해 이 같은 인식을 갖고 다음과 같은 결론에 도달했다.

1. 출판의 자유는 자유민주주의 정신에 의해서 확보되었을 뿐만 아니라 우리의 현행 실정법에 의해서도 당연히 보장된다. 출판물에 대한 행정 당국의 최근의 조처는 자연법 이념에서나 실정법 정신에 비추어 타당하다 할 수 없다. 우리의 헌법 제20조는 출판의 자유를 보장하고 있다. 만약 출판의 자유를 그 어떠한 형식으로라도 규제한다면 그것은 바로 우리 사회가 추구하는 체제와 이념을 부인하는 결과가 된다.

2. 오늘날 우리 사회가 당연히 개방 체제를 지향할 수밖에 없다면, 출판문화 역시 개방 체제로의 자세를 가다듬어야 하며 우리의 정치·사회·경제가 세계적 개방 체제를 지향한다면 문화도 당연히 개방되어야 하고 또 개방될 수밖에 없다. 수많은 사람들이 오가고 엄청난 물량이 드나드는 이 마당에 학문과 문화, 그리고 그것을

가능케 하는 출판을 폐쇄적으로 통제할 수는 결코 없을 것이다.

3. 현대의 기술 문명이 출판에 대한 금제를 불가능하게 만들고 있다는 사실을 간과해서는 안 될 것이다. 복사 기계의 보편화 등 테크노스트럭처의 질적·양적 변화는 지식 체계의 독점적·선별적 소유와 금기화를 더 이상 가능하지 못하게 한다.

4. 출판문화는 다양성 속에서 발전한다. 그것은 다양한 주제와 논거를 갖는 출판물의 생산을 통해 성장한다. 우리는 날로 새로워지고 다기(多岐)해지는 지식 및 정보를 적극적으로 받아들여 그것을 주체화함으로써 우리가 살아가는 이 사회 및 문화의 체질을 강화시키고 논리적 구조를 튼튼하게 해야 한다. 우리는 획일적이고 무성격한 출판문화가 아니라 다양한 빛깔과 모양을 갖는 출판문화를 가꾸어야 하고, 우리 사회의 역량과 수준은 이를 충분히 소화할 수 있는 단계에 이미 와 있다.

5. 저술 작업과 출판 작업은 저술인과 출판인의 양식에 바탕하여 이루어져야 한다. 저술인과 출판인 스스로의 가치 판단에 의해 저술과 출판이 이루어져야 살아 있는 사회와 문화가 형성될 것이다. 저술과 출판의 결과는 사상의 공개 시장 원리에 의해 평가되어야 한다. 민주주의를 지향하는 우리는 이 사회가 생산하는 모든 출판물을 사상의 공개 시장에 내보내는 것이 우리가 취할 수 있는 가장 합리적인 방안일 것이다.

6. 책은 그 시대 그 사회의 소산이다. 우리 사회가 안고 있는 갖가지 문제와 한계는 책을 통해서 탐구·규명되며 극복되어야 한다.

7. 이성과 논리에 근거하여 민족 문화를 주체적으로 발전시키는 작업이 오늘 우리에게 부과되어 있다. 출판문화뿐 아니라 모든

문화에 대한 시각 및 정책은 자유롭고 합리적으로 지향·실천되어야 하며 민족 사회의 내일을 내다보는 안목이 있어야 할 것이다.

    8. 이와 같은 명제들은 우리 출판인들의 문화와 사회에 대한 투철한 인식 속에서 성찰되고 지속적으로 실천되어야 할 것이다.

을유문화사 정진숙, 일조각 한만년, 일지사 김성재, 민음사 박맹호, 범우사 윤형두, 문예출판사 전병석, 지식산업사 김경희, 열화당 이기웅, 문학과지성사 김병익, 창작과비평사 김윤수, 정우사 서제숙, 까치 박종만, 홍성사 이재철, 전예원 김진홍, 평민사 이갑섭, 비봉출판사 박기봉, 한길사 김언호.

1980년 신군부의 쿠데타 이후, 한국 출판인들이 공식적으로 집단의 목소리를 낸 건 이 선언이 처음이었다. 언론에서도 크게 취급했고 신선한 반향을 일으켰다.《한국일보》가 「'출판인 17인 선언' 발표」라는 제하에 "출판의 자유 없이는 민족 문화 존립 못해…… '금서 단속' 조치 중시 8개항 입장 밝혀"라는 부제를 달아 1985년 5월 18일자 사회면 톱으로 기사를 내보냈다. "정진숙·한만년 씨 등 원로 출판인들과 중견 출판인들은 16일 서울 신수동 출판 단지에서 모임을 갖고 최근 정부의 불온 불법 간행물 단속에 관한 조치를 중시, 이에 대한 입장을 밝히는「출판문화의 발전을 위한 17인 선언」을 발표했다."로 시작되는 기사였다. 이틀 후《동아일보》에서는「출판인 중진 17인 선언의 의미」라는 해설 기사를 통해 우리의 선언이 여느 성명과 달리 중요한 의미를 지니는 "출판문화의 개화를 위한 양심선언"이라고 규정했다.

    「출판인 17인 선언」은 이달 초부터 정부 당국에 의해 이뤄져 온 이념 서적 압수 사건에 대해 출판계를 실질적으로 이끌어 가고 있는 원로 중진들이 나름의 시간적 여유를 갖고 신중한 검토 끝에 내놓은 것으로 '출판문화의 개화를 위한 양심선언' 같은 성격을 지니고 있다. 그동안 이번 사건에 직접 관련된 출판사들이나 운동권 단체에 의한 즉각적인 성명서는 몇 차례 있었으나 문화의 기본 매체인 출판을 수십 년씩 맡아 온 원로 중진들이 이 시점에서 재천명한 헌법상의 기본권으로서의 '출판의 자유'는 우리 문화의 기본 방향을 제시한 것으로 특별한 뜻이 있다.

《동아일보》 1985. 5. 20.

만만하게 출판계를 대했던 당국에서 이때부터 본격적으로 우리를 주시하면서 칼을 갈기 시작했다. 한만년, 정진숙 등 원로 출판인들이 상징적인 방패에 불과하다는 사실은 그들도 잘 알았다. 표적은 민음사를 비롯한 수요회의 핵심 출판사들이었다. 그중에서도 민음사는 단행본 세력을 집결시킨 대표적인 출판사로 그들에게 확실히 각인되었다. 이해 8월에는 출판 탄압에 대해 항의 농성을 하던 언론인협의회를 김경희, 김언호 사장과 함께 방문하고 위로했다. 일주일 후쯤 함께 언협을 방문했던 김경희, 김언호와 함께 점심 식사를 하는 자리에서 우리가 언협 농성장을 방문한 것을 두고 문공부 매체국장이 출협 회장에게 "과격한 행동"이라고 비판했다는 이야기를 들었다.

출협 회장 선거에 총출동한 정부 기관들

이듬해인 1986년 1월 27일 동숭동 문예회관 대극장에서 열린 대한출판문화협회 총회는 당국이 우리를 얼마나 경계하는지를 단적으로 보여 주는 사건이었다. 그해 총회는 출협 회장을 뽑기 위한 사전 단계로 9명의 전형 위원을 선출하는 자리였다. 지금은 직선제로 치러지지만, 당시 선거는 역대 출협 회장들이 자신의 기득권을 보호하기 위해 만들어 놓은 복잡한 간선제 형태로 회장을 뽑는 방식이었다. 먼저 선출된 9명의 전형 위원이 71명의 이사진을 구성해 이들의 투표로 최종적으로 회장을 선출하는 형태였다. 그렇기 때문에 전형 위원을 몇 명이나 확보하느냐에 따라 회장 선거는 사실상 끝나는 셈이었다.

그해 선거는 1970년대부터 출판계 내부에서 역량을 쌓아 온 신진 단행본 세력이 오랫동안 기득권을 쥐어 왔던 세력과 한판 대결을 벌이는 경우였다. 당국으로서는 그렇지 않아도 목소리가 크고 영향력이 있는 수요회를 중심으로 한 단행본 세력이 출협까지 장악하는 일은 기를 쓰고 막으려 했다. 총회 당일 극장의 영사실에는 문공부 매체국장을 중심으로 관리들이 상주해서 돌아가는 상황을 점검하고 지휘하는 촌극이 벌어졌다. 이원홍 문공부 장관까지 몰래 다녀가고 치안 본부는 물론 보안사, 안기부 같은 정보기관까지 몰려왔다.

우리 쪽 회장 후보로는 내가 나선 상태였다. 말주변도 없고 남들 앞에 나서기를 좋아하지 않는 성격이어서 웬만하면 뒷전에 머무르는 스타일인데, 그때 상황은 다른 도리가 없었다. 나는 누가 보아도 부인할 수 없는 단행본 출판사들의 맏형이었다. 이날 총회에서 금요회의 석탑출판사 최영희가 나를 지원하는 명연설을 했다. 최영희는 그때 금요회 회장을 맡고 있었는데, 금요회가 총 단결해서 나를 적극적으로 밀어주었다. 후일 국회 의원직도 성실하게 수행하고 《내일신문》을 창간해 잘 꾸려 온 최영희는 아주 논리적이고 냉철한 캐릭터로, 영국의 대처 수상을 연상케 할 만큼 꿋꿋하고 당찬 여성이었다.

그날 선거는 9석 중에 3석의 전형 위원을 확보하는 데 그쳐 단행본 세력의 패배로 끝나고 말았다. 조직의 세를 과시하며 철저하게 표 단속을 하는 기득권 세력의 앙시앵 레짐을 깨뜨리기에는 역부족이었다. 선거판에서 수많은 경험을 쌓았던 아버지는 훗날 내가 출협 회장 선거에 나갔다가 떨어졌다는 말을 듣고 혀를 찼다.

"야, 이 철딱서니 없는 사람아, 돈도 안 쓰고 무슨 선거를 해, 선거를!"

이승만 정권 때부터 야당 국회 의원에 출마해 산전수전을 다 겪으신 노인의 말씀이어서 쓴웃음을 짓고 말았다. 그 선거는 돈 문제가 아니라 권력에 맞선 개혁 세력의 거사였다는 사실을 아버지에게 구체적으로 설명하기도 쉽지 않았지만, 그럴 필요도 없었다.

들리는 말로는 저쪽이야말로 혹시 우리 쪽으로 넘어올 이탈표가 있을까 봐 금품을 살포하고 위협까지 서슴지 않았다고 한다. 문공부 관리들과 정보기관 기관원들까지 회의장을 감시할 정도였으니 충분히 짐작하고도 남는다. 당시 신문과 방송이 침묵을 지킬 수밖에 없었던 상황에서 지식인들의 공개 발언 창구를 출판이 맡고 있었다. 인문 사회 과학 출판에 종사하는 이들이 출판계 공조직까지 진출하면 당국으로서는 여간 골치 아픈 일이 아닐 수 없었던 것이다.

세무 사찰로 존폐의 위기를 맞다

사실 나는 순진했던 편이다. 당국의 도청과 감시가 빈번했음에도 그걸 크게 의식하지 못했다. 민음사 담당 형사와 정보 과장이 수시로 전화를 걸어오거나 안부 인사를 가장해 들르곤 했지만, 그냥 그러려니

했다. 정작 사달은 조금 묵혀 시차를 두었다가 노태우 정부가 출범한 뒤 터졌다. 출협 회장 선거와 관련해 당국에서는 민음사가 좌파 출판인들과 합세해 출협을 접수하려고 했다는 혐의를 가지고 내내 벼르고 있었던 모양이다.

1989년 6월 2일, 종이류 유통에 관한 탈세 조사를 하던 국세청이 난데없이 사회 과학 출판사를 포함해 장기 베스트셀러를 낸 민음사, 고려원, 실천문학사, 동녘, 청하출판사에 대해 전격적으로 특별 세무 조사에 착수했다. 출판사 특별 세무 조사는 아주 드문 일로 1982년 창작과비평사가 김지하 시집 『타는 목마름으로』 출간과 관련해서 특별 세무 조사를 받은 게 처음이었다. 당시 창작과비평사 이시영 주간이 구속되고, 출판사 운영에 큰 위기를 맞았다. 그러나 단행본 출판사가 한꺼번에 다섯 군데나 조사를 받은 적은 그때까지 없었다. 관철동 민음사 사무실에 국세청 조사원들이 들이닥쳐 샅샅이 뒤진 뒤 트럭 두 대 분량의 책과 장부를 실어 갔다. 어떻게 된 영문인지 이리저리 알아보았는데, 혁신계 원로 정치인 『이동화 평전』 등을 민음사에서 펴낸 인연으로 알고 지내던 김학준 씨로부터 모골이 송연해지는 말을 들었다.

"청와대 민정 수석이 몇 번이나 나에게 '박맹호 그 사람 빨갱이 아니냐.'고 확인을 해요. 내가 그 사람 빨갱이 아니라고, 집안도 그렇지 않다고 극구 부인했지만 쉽게 해결될 것 같지 않습니다. 차제에 민음사를 없애 버리겠다는 겁니다."

후일 《동아일보》 사장을 지낸 김학준 씨는 당시 노태우 정부에서 대통령 정책 조사 보좌관과 공보 수석 비서관까지 역임했을 정도로 권력 심층부에 있던 사람이었다. 예상했던 대로 사태는 그저 일과성 세무 조사 차원이 아닌 게 분명했다. 특별 세무 조사에 들어

간 지 한 달 만에 '소득세 결정 전 조사 내용 통보서'가 날아왔다. 추징 예정액은 1억 원. 당시 단행본 출판사들이 내는 연간 세금 액수는 200~300만 원 수준이었다. 그나마 활발하게 출판 활동을 하는 곳이 그 정도였지, 나머지는 그 이하가 대부분이었다. 이 같은 상황에 비추어 볼 때 추징 예정액은 어마어마한 금액이었다. 그해 10월 중부·서울 지방 국세청 국정 감사장에서 민주당 김덕룡 의원이 "정부와 불편한 관계를 유지해 왔던 출판사에 대한 문공부의 출판 탄압에 국세청이 앞장선 것 아니냐."라고 질타한 것도 이런 배경 때문이다. 당시 민음사 1년 매출액이 5억 원밖에 안 됐을 때임을 감안하면, 추징 세액 1억 원은 문을 닫으라는 소리나 마찬가지였다. 이 돈을 갚느라 몇 년간 고생했다. 이마저도 김학준 씨 등이 나서서 감면해 준 수준이었으니, 지금 생각해도 아찔하고 분하다.

민음사 특별 세무 조사의 내막은 그동안 내가 공개적으로 이야기한 적이 드물어서 모르는 이들이 더 많다. 괜히 피해 의식을 확대하는 것으로 보일까 봐 발설하지 않았다. 자랑할 것도 숨길 것도 없는 사실인데, 지금이나 그때나 생각은 같다. 최근 김학준 씨가 전화를 걸어와 "조봉암 판결문을 다 읽어 봤는데 이 사람 억울하게 죽었더라." 하면서 평전을 쓰고 있는데 출판해 줄 것인지를 물어 왔다. 흔쾌히 승낙했는데 그와 통화하고 나니 새삼스럽게 그때 일이 다시 떠올랐다.

노년의 운동으로 골프에 입문하는 동기는 대개 친구의 권유나 비즈니스 때문인 경우가 많은데 나는 조금 특이한 편이었다. 나는 그때까지만 해도 골프에는 눈길도 주지 않고 주로 등산만 하면서 살아왔다. 그런데 세무 조사 사태를 겪고 나니 사는 게 허무해졌다. 계간 잡지나 소설이나 시집을 팔아서 얼마나 대단한 이익을 남겼을까. 윗돌 아랫돌 바꾸어 연명해 나가면서도 출판이 즐거웠고 창조하는 쾌감에 빠져 살았는데 당국에서 나를 빨갱이로 몰면서 쇠망치를 휘두르다니 어이가 없었다. '국가와 민족에 봉사한다는 허황한 꿈을 꿀 게 뭐 있나, 이러다간 누군가 보이지 않는 어느 손에 박살 날 수도 있겠구나, 이럴 바엔 골프도 좀 치면서 나 자신에게 좀 관대해지자⋯⋯.' 이런 생각이 밀려들었다. 그때부터 지금까지 나는 골프와 등산과 산책을 병행하면서 건강을 유지하고 있다. 게다가 골프를 시작한 지 얼마 안 돼 C형 간염이 발견됐고, 입원 끝에 이후 술과 담배까지 모두 끊어 버렸다. 50대 중반의 일이었다.

산에서 꿈을 꾸다

골프를 치기 전까지는 산에서 주로 위안을 얻었다. 권영빈이 40대 초에 나에게 산에 다니라고 강하게 권유했다. 산에 대한 그의 언설이 상당히 감동적이었던 것으로 기억한다. 평창동에 사는 지인과 더불어 평창동에서 대남문으로 자주 올랐고 백운대로도 종종 산행을 다녔다. 결국 일주일에 한 번씩 다닐 정도로 산에 애착을 갖기 시작했다.

그때는 출판사도 잘 안 되고 스트레스를 해소할 길이 없었는데, 산을 다녀오면 사흘 정도 몸도 마음도 상쾌하고 거뜬한 컨디션이 유지됐다. 목울대까지 차올랐던 스트레스가 확 풀리는 기분이었다. 비가 오나 눈이 오나 일주일에 한 번은 무조건 산에 갔다. 북한산, 도봉산, 관악산을 오랫동안 다녔다. 이른바 '관악산 다람쥐'라는 별명이 붙을 정도로 관악산은 골짝과 봉우리마다 구석구석 안 간 곳이 없다. 북한산 백운대 쪽은 남성적이고 관악산은 상대적으로 여성적인 편이다.

정상에 올라 능선을 밟는 즐거움은 다른 무엇에 비할 바가 아니었다. 점차 전국으로 산행을 넓혀 나갔다. 특히 지리산을 좋아했는데, 남원 쪽에서 새벽 3시에 출발해 지리산 천왕봉을 넘어 밤 10시 무렵 진주에 떨어질 때의 기분은 천하를 얻은 것 같았다. 4월에 소백산 철쭉제에 갔는데 철쭉 구경은커녕 발목까지 푹푹 빠지는 눈을 헤치고 걷느라 큰 고생을 했던 기억도 난다. 소백산의 매서운 바람 소리가 귓전에 생생하다.

당시 내 삶에서 등산은 출판과 더불어 중요한 비중을 차지했다. 현실 사회에서는 이루지 못하는 게 많아 힘들어도 정상에 오르면 가슴이 뿌듯했다. 산을 오르내리면서 난관을 뚫고 나갈 묘책을 떠올

북한산에서 아내와 함께. 당시 가족과 함께 산을 오르며 추억도 쌓고, 현실에서 입은 감정의 상처도 치유하곤 했다.

1994년 민음사 직원들과 함께 북한산에 올랐다. 이날 산에서 내려오는 길에 그해 목표 매출액을 달성하면 전 직원 네팔 트래킹 여행을 보내 주겠다고 약속했고, 실제로 이루어져 이듬해 네팔 여행을 떠났다.

리거나 필자를 고민하고 새 책을 구상했다. 가족들과도 산에서 추억을 쌓았다. 산은 주로 아내나 아이들과 함께 다녔다. 친구들과 가면 거의 술을 마시게 되고, 그로 인해 이런저런 감정의 상처를 입는 경우가 많았다. 그러느니 아내와 아이들과 산에 가는 게 훨씬 유익했다.

산에 가도 정상을 밟아야 직성이 풀리는 '정상주의'를 고수했다. 정상만 올라갔다 오지 않고 능선을 길게 타는 것도 즐겼다. 막내 상준은 아버지와 산에 가면 반드시 정상까지 올라야 해서 무척 힘들었다고 그 시절을 떠올린다. 당시는 힘들었겠지만 이제 아이들이 산을 더 좋아한다. 장남 근섭은 심지어 산에 다니려고 출판을 그만둔다고 했던 것이 아닌가 싶을 정도로 산에 빠져 사는 것 같다.

직원들하고도 가끔 산행에 나서 돌아가는 사정을 듣곤 했다.

한번은 직원들하고 북한산 산행을 갔다가 내려오는 길에 올해 매출이 목표액을 넘으면 전 직원을 네팔로 트래킹 여행을 보내 주겠다고 약속한 적이 있다. 그해 직원들이 열심히 한 덕분에 무난히 매출 목표를 달성했고, 다음 해 전 직원이 회사 비용으로 네팔 여행을 떠나기도 했다. 출협 회장 시절에는 출판계 후배들과 매년 태백산 천제단에 오르기도 했다.

돌아보건대 산은 나에게 많은 위안을 주었다. 산 아래 인간들의 삶에서 얻은 상처는 산에 오르면 잠시 잊을 수 있었다. 산은 때때로 치유의 힘까지 발휘했다. 산에 오르면 강인해지고 현명해지는 느낌조차 들었다. 골프를 시작한 이후로는 이전처럼 자주 산에 가지는 못했다. 하지만 주말에 골프를 치지 않을 때면 지체 없이 산으로 발길을 돌리곤 했다. 70대 중반 무렵부터 체력이 떨어져 이제는 높은 산은 오르지 못하지만 여전히 동네 뒷산 정도는 오르는 편이다.

서점 공간 확대 운동

1980년대는 세무 조사라는 칼날에 베여 생채기를 남긴 채 저물었지만 이 연대에 수요회를 중심으로 해낸 일은 만만치 않았다. 1970년대 초 민음사가 선도한 단행본 출간 종수는 1980년대에 접어들면서 폭발적으로 늘기 시작했다. 언론사에서 해직된 인재들과 계간지가 배출해 낸 문인 또는 문청 출신의 좋은 편집자들이 출판계에 수혈되면서 단행본 출간 붐이 형성된 것이다. 하지만 외국처럼 거대한 매장을 가진 대형 서점이 없었던 탓에 독자들에게 선조차 보이지 못하는 책들이 갈수록 늘어났다.

예컨대 1984년 현재 한국에서 3만 7400종이 출간됐는데 우리나라 평균 서점 매장 면적은 6평(경제기획원 센서스)에 불과했다. 6평이라면 꽂아 놓을 수 있는 책이 크게 잡아도 고작 2500권, 대개가 그 절반 선인 1200권쯤으로 계산된다. 100평이 넘는 서점은 전국에 겨우 13개, 일본에는 121개나 되는 200평 이상 서점이 한국에서는 단 2개밖에 없었다. 산술적으로 계산하면 출판된 책의 대부분은 책방의 서가에 꽂히지도 못하고 사라지는 실정이었다.

서점 공간 확대가 출판계의 커다란 현안으로 떠올랐지만, 이는 그때까지 한국 출판을 지탱해 온 중소 서점들의 모임인 서적상 연합과 첨예하게 대립되는 입장이었다. 갈등의 발단은 대형 서점 '교보문고'가 부산, 인천, 대전, 광주, 전주, 울산 등 전국 6개 도시에 넓은 매장을 마련해 서점 문을 열 계획을 발표하자 해당 지역 서적상들이 거세게 반발하면서 비롯됐다. 급기야 1985년 7월에는 대전 지역 서적상 40여 명이 출판계 대표들의 멱살을 잡고 폭언을 퍼부으며 계란 세례까지 불사했다. 이들은 '한국단행본출판협회' 대표 위원이 운영하는 민음사의 책을 자기들 책방에서 취급하지 않겠다고 나섰다. 나도 과감하게 그들에게 책을 공급하지 않겠다고 맞섰다.

수요회에서는 출판계 입장을 대변해 각종 칼럼이나 성명서 발표를 통해 대형 서점 확대를 지원했다. 처음에는 젊은 출판 운동가 그룹의 금요회 멤버들을 비롯한 일부 출판인들이 "영세 서점들이 망하는데 어떻게 우리가 대형 서점을 지원할 수 있느냐?"라며 엉거주춤한 입장을 보였다. 나는 "그러면 당신들이 펴내는 책들을 어떻게 독자들에게 선보일 거냐?" 하면서 그들을 설득해 나갔다.

1985년에 나는 한국단행본출판협회 대표 위원으로 선출된 상태였다. 단행본, 전집, 학습 참고서, 교재 등 발간하는 책의 종류에 따라 출판사의 성격이 구분되는 상황에서 수적으로 가장 많은 단행본 출판사가 출판계에서는 오히려 소외되는 형국이었다. 이런 모순을 시정하고 출판계의 현실적인 여러 문제를 개선하기 위해 1984년 11월에 발족된 단체가 202군데 출판사를 회원사로 거느린 한국단행본출판협회였다. 초대 대표로 문학예술사 이우석 씨를 추대해 놓았는데 그가 운영하던 출판사가 부도나는 바람에 물러나자, 도리 없이 내가 밀려 올라가 운영 위원회에서 만장일치로 추대됐다. 그때 언론 인터뷰에서 이런 발언을 한 게 기억이 난다.

> 회원사의 권익 옹호에 주요 목적을 두고 일해 나가겠습니다. 가급적 정치성은 배제하고 전문적인 일만 할 생각입니다. 서적의 반품율이 30퍼센트에 이르고 서점 공간 문제 등 출판계의 문제점들이 많습니다. 출판은 순수한 출판인, 즉 전문적인 출판인에 의해 논의되어야 바람직하다고 생각합니다. 우리 출판계는 지금 전환기를 맞고 있는데 출판계의 유능한 전문 인력들이 활용된다면 어느 분야보다 우리 사회에 강한 영향력을 미칠 수 있을 겁니다.
>
> 《서울신문》1985. 11. 19.

한 해 정도 대전 서적상들과 이런저런 형태로 갈등이 이어지다가 결국 그들이 먼저 손을 들었다. 사실 서점들이 판매하는 책의 대다수가 단행본 서적이고 민음사의 베스트셀러도 많아서 아쉬운 건 오히려 그쪽인 탓도 있었지만, 무엇보다 대세를 거스를 수는 없었다. 서점들은 서로 연합해 중형 서점을 너도나도 개설하기 시작했고, 시나브로 교보문고의 대형 서점도 지방에 자리를 잡아 나갔다.

이 시점이 단행본 문화의 황금기로 접어드는 중요한 변곡점이었다. 사실 오늘날 출판의 눈부신 성장은 그 시절의 진통을 이겨 내지 못했다면 장담하기 어려웠을 것이다. 지금이야 인터넷 서점이 서점 매출의 많은 부분을 분담하고 있고 심지어는 오프라인 서점을 추월하는 추세여서, 전국에 서점 수가 급격히 줄어들고 있어 안타깝지만 당시로서는 절대로 서점 공간을 늘려 나가는 게 필요했다. 서점 공간의 확대는 분야마다 다양한 책들을 진열할 수 있는 여지를 낳았고, 그에 따라 분야별로 전문 저자 및 출판사의 숫자가 폭발적으로 증가하기 시작했다. 또한 독자들도 다양한 선택지들 속에서 문화적 감각을 키워 나갔으며, 더 많은 책들을 갈구하게 되었다. 1990년대 대중 출판 시대의 개막은 서점 공간 확대라는 전제가 없었다면 가능하지 않았을 것이고, 그랬다면 지금처럼 우리 출판문화가 국제적 수준에 올라서기는 힘들었을 것이다. 내가 서점 공간 확대 운동을 수요회의 중요한 실적 중의 하나로 꼽는 이유가 여기에 있다.

'오늘의 책', 독서 운동의 장을 열다

수요회 모임은 앞에서도 언급했다시피 매주 수요일에 이루어졌다. 초반에는 회원들이 만나 식사를 하면서 이런저런 출판계 현안에 대해 얘기를 나누다 헤어지곤 했다. 하지만 그 저항의 시대에 의욕이 넘치던 회원들은 무언가 의미 있는 일을 하려고 했다. 언젠가 모임에서 누군가 이런 제의를 했는데, 사실 이는 모든 회원의 뜻이기도 했다.

"우리가 이렇게 주기적으로 만나 얼굴을 보며 출판계 문제에 대해 이야기를 나누는 것은 매우 의미가 큽니다. 여기서 주고받은 이야기들을 어떤 식으로든 공식화하든가, 아니면 비공식적으로라도 당국자들에게 전달해 우리의 뜻을 관철시킬 수 있는 길이 열리는 마당이니까 그렇습니다. 그래서 이 만남 자체로도 생산적인 의미를 지니지만, 밥만 먹고 헤어지는 것보다는 상시적으로 우리가 해 볼 만한 일을 찾아보는 게 어떻겠습니까?"

이런 문제의식에서 시작한 출판문화 운동이 '오늘의 책' 선정 작업이었다. 매회 일정 기간에 출간된 책들을 대상으로 오늘의 책을 선정해 발표했다. 초반에는 이들 책 리스트를 언론에서 받아 활발하게 보도해 줬다. 변형윤, 강만길, 성완경, 최원식 교수 등이 선정 위원으로 참여했다. 공교롭게도 선정 위원 중에는 당시 군사 정권의 탄압을 받아 대학에서 해직된 교수들이 많았다. 특별히 해직 교수들을 의식해서 이들을 위원으로 위촉했다기보다는 해직된 이들 중에 그 시대의 양식 있는 지식인이 많았기 때문에 자연스럽게 그리된 것이다.

선정 도서들을 알리기 위해 《오늘의 책》이라는 계간지도 발간했다. 이 잡지는 1984년 봄호부터 1986년 겨울호까지 3년 동안 한길사에서 맡아서 발간했는데, 오늘의 책에 선정된 도서의 서평뿐만 아니라 독서 문화에 대한 연재물을 싣고 특집도 마련하는 등 수요회 출판사들이 전개한 출판문화 운동의 중요한 광장 기능을 수행했다.

수요회에 참여하지 않은 출판사들의 비난도 있었다. 수요회 회원사들만의 책을 선전하는 홍보 도구로 이 운동이 악용되고 있다는 비판이었는데, 실제로 선정된 책들의 면면을 보면 그것은 비난을 위한 비난일 뿐이었다. 일례로 《서울신문》 1984년 12월 5일자에 실린 제6차 오늘의 책 선정 도서(그해 5월부터 10월까지 발간된 책을 대상으로 했다.) 리스트는 무려 38권에 이른다. 선정된 책의 출판사는 수요회 바깥만도 정음사, 현대문학사, 풀빛, 샘터, 서울신문사, 평단문화사, 현암사, 동광출판사, 두레, 법문사, 한벗, 열음사, 한국신학연구소, 일

영욕의 세월 151

조각, 성균관대출판부 등 16개사가 포함됐다.

오늘의 책 선정 작업은 두말할 것도 없이 일부 출판사의 사익을 떠나 양서를 널리 알리자는 차원의 출판문화 운동이었다. 책다운 책, 당대에 꼭 필요한 산소 같은 책을 대중에게 널리 알림으로써 출판의 질을 제고하고 스스로 격려를 받자는 취지였는데, 그 작업은 갈수록 경제적으로 힘에 부쳤다. 우선 수요회 회원사들은 대개가 겨우 자신들의 책을 낼 정도로 각박한 살림살이였는데 매번 얼마씩을 갹출하여 심사비와 계간지 제작비를 충당하는 일이 버거웠다. 그 와중에 부도가 난 회원사도 나왔다. 경제적인 부담도 그렇지만, 무엇보다도 홍보 효과가 그다지 크지 않다는 점이 결국 문제가 되기 시작했다. 대학가에서 일부 반향을 일으키기도 했지만, 실제로는 힘든 작업을 거쳐 오늘의 책을 선정해 놓아도 신문에 간단히 리스트가 실리는 것 말고는 달리 서점이나 학교와 연계가 되어 널리 알려지면서 국민 독서 운동으로 확산되는 데까지는 이르지 못했다. 시나브로 이 운동은 사그라졌지만, 수요회가 1980년대에 지속적으로 수행했던 중요한 출판문화 운동의 한 족적임은 부인할 수 없는 사실이다.

최근 《경향신문》에 쓴 칼럼에서 전남대 철학과 박구용 교수가 다음과 같은 발언을 했는데, 그것은 어쩌면 이 수요회 운동의 의미를 정확하게 짚어 낸 것일지도 모른다.

한길사, 창작과비평사, 문학과지성사, 민음사가 없었다면 오늘의 민주주의는 없다. 1970~80년대 독재 정권은 이들이 출판한 수많은 학술 도서를 금서로 낙인찍었다. 그래도 사람들은 금서만큼은 반드시 찾아 돌려 가며 읽었다. 독재의 금서가 민주 혁명을 키운 것이다.

그렇다. 독재 정권이 주도한 관제 독서 운동에 대항해서 시대를 이해하고 미래를 예비하는 데 꼭 필요한 양서들을 선정해 독자들에게 널리 알리려는 노력이 없었다면, 오늘날 우리가 누리는 이 자유는 없었을 것이다. 수요회의 오늘의 책 선정 운동이 이런 의미에서 그 시대에 가장 중요한 일을 했다고 생각하니 새삼 가슴이 뿌듯하다.

학술 서적의 요람 — '대우 학술 총서'

민음사를 창업할 때부터 나는 민음사를 문학의 영역을 넘어서 종합 대학 하나 정도의 영향력을 지닌 아카데미즘의 중심으로 만들고 싶었다. 이 때문에 1981년, 대우 재단에서 '대우 학술 총서'를 발간할 출판사를 공모했을 때 내가 적극적으로 나서서 이를 맡으려 했다. 실제로 프랑스의 갈리마르 출판사, 독일의 주어캄프 출판사, 일본의 이와나미서점 등이 보여 주듯이, 시대정신에 민감하게 반응하면서도 원칙을 잃지 않고 꾸준히 양서를 펴내기만 한다면, 실제로 한 출판사의 영향력은 웬만한 대학만큼이나 크리라고 생각한다.

내 경우만 보아도, 책은 한 인간을 과거의 삶에서 건져 내 새롭게 만들고 성숙한 인간으로 탈바꿈시키는 데 결정적 기여를 한다. 오랜 시간의 학습이 아니라 어쩌다 마주친 단 한 권의 책으로도 사람의 인생은 180도로 달라진다. 때때로 책과 그 책을 출판하는 행위는 학교 교육을 능가한다. 한 출판사에서 정성 들여 만든 한 권 한 권의 책이 모여서 한 사회의 정신적 가치를 이루고, 학교에서는 결코 맛보지 못했던 진실한 감동을 주고 영혼의 결실을 맺기도 한다. 나는 출판사가 지속적으로 양서를 펴냄으로써 정신의 대학을 이루는 것을 출판의 본원적 의무라고 생각해 왔다. 나의 반세기 넘는 출판 인생은 어쩌면 이러한 생각 위에서 이루어졌다.

김우중 대우 그룹 회장은 1978년 '대우 문화 복지 재단'을 설립한 지 두 해 뒤인 1980년에 200억 원 상당의 기금을 재단에 새로 출연했다. 한국 학문의 기초 분야 진흥을 위해 사용해 달라는 조건이 붙었다. 이를 수행하기 위해 대우 재단은 국제 정치학자이자 미술사학자이며 초대 통일원 장관을 지낸 이용희 서울대 교수를 이사장으로 영입해 기초 학문 전반의 균형 성장을 위한 학술 지원 사업을 시작했다. 그것이 한국 학술 출판의 새로운 역사를 쓴 대우 학술 총서의 시작이었다.

지금도 여전히 제대로 된 학술 서적은 부족한 편이지만, 당시는 기초 과학 도서나 기초 인문학 도서가 교과서 외에는 거의 발간이 안 될 때였다. 이럴 때 자연 과학과 인문학 분야에서 세계의 양서들을 번역해 소개하고, 국내 유수 학자들의 우수한 연구 업적을 단행본으로 출간하는 대우 학술 총서는 아주 획기적인 기획이었다. 시간이 상당히 흐르고 나면 어쩌면 부도를 내고 이런저런 매각 과정을 거쳐서 역사 속으로 사라져 버린 대우자동차가 아니라 한국 학문의 기초를 공고히 다지는 데 크게 기여한 대우 학술 총서야말로 김우중 씨의 업적으로 남을지도 모른다.

사업을 수행하기 위해 문학과지성사, 지식산업사, 시사영어사 같은 출판사들이 민음사와 함께 대우 학술 총서 출판사 공모에 지원했지만 모두 두 손을 들고 말았다. 실제 뚜껑을 열어 보니 대우 재단에서 지원해 주는 것이라고는 발간 비용을 보전하는 명목으로 종당 수백 권을 사 주는 게 전부였기 때문이다. 그러나 나는 출판사의 생명은 무엇보다도 좋은 필자를 발굴하는 일이라고 생각했다. 당장은 고

달파도 한국 학술계의 역량이 집결되는 총서 작업에 참여하는 일은 보람이 있으리라 생각했다. 내 판단이 틀리지는 않았으되, 지금 돌아보면 그 과정은 끊임없이 인내가 필요한 길이었다.

신일철 고려대 철학과 교수(인문 과학), 노재봉 서울대 정치학과 교수(사회 과학), 김용준 고려대 화학과 · 장회익 서울대 물리학과 교수(자연 과학)가 대우 학술 총서의 각 분야별 자문 위원으로 참여했다. 이들 자문 위원과 이용희 이사장이 매주 한 번씩 운영 위원회를 열고 어떤 분야의 어떤 학자를 지원할지 토론을 벌였다.

그 첫 결실이 1983년 11월에 인문 사회 과학 분야로 출간된 김방한 서울대 교수(인문대 언어학과)의 『한국어의 계통』이었다. 한국어 계통에 관한 연구서로는 국내에서 처음이었다. 책의 수준은 대우 학술 총서의 통일된 체제를 따르기 위해 대학원 교재 또는 전문 참고 도서로 사용될 수 있도록 눈높이를 맞추었다.

『한국어의 계통』은 대우 학술 총서에서 성공한 저작물 중 하나로 일본어로도 번역되어 엄청나게 팔리는 성가를 누렸다. 이 책을 필두로 『문학사회학』(김현), 『상주사(商周史)』(윤내현), 『인간의 지능』(황정규), 『중국고대문학사』(김학주), 『일본의 만엽집(萬葉集)』(김사엽), 『현대의미론』(이익환), 『베트남사』(유인선), 『인도철학사』(길희성), 『한국의 풍수 사상』(최창조) 등이 줄줄이 나오기 시작했다. 그동안 일반의 인기가 없어서 출판이 부진했던 분야의 연구서여서 학계에서는 매우 바람직한 현상으로 받아들였다.

나는 아예 대우 학술 총서만을 전담하는 편집 팀을 따로 꾸렸다. 이 팀은 이직률이 제일 높은 편집부의 '무덤'이기도 했다. 대개 낭만 넘치는 문학 지망이 많았던 민음사의 편집자들은 이 팀에 배치되면 딱딱하고 전문적인 내용을 꼼꼼히 편집해야 하는 데다 특별히 독자들의 호응이 높은 것도 아니어서 보람을 느끼지 못하고 쉽게 싫증을 느끼곤 했다. 게다가 연구 성과를 집약하는 데 신경 쓰느라 문장이 그에 미치지 못하는 경우가 대부분이었고 필자 관리도 까다로워 책으로 나오기까지 상당한 진통을 겪는 경우가 대부분이었다. 특히 자연 과학 분야에선 각종 도표나 그래픽, 난해한 전문 용어가 빈번하게 등장해 이를 감당할 편집자 확보가 어려웠다. 1980년대 초중반은 대학에서 학생 운동을 하다가 정학을 당했거나 휴학을 한 젊은 인력들이 한두 해 정도 그 자리를 거쳐 가는 경우가 많았다.

  재단 측은 지원 대상으로 선정된 학자들에게는 한 과제당 초창기에는 300만 원, 중반부터는 500만 원으로 늘려서 연구비를 지원했다. 연구 시한은 1년 반이지만 대부분 원고 완성까지 2~3년씩 걸렸고, 심한 경우는 10여 년이 지난 시점까지 원고가 들어오지 않는 사례도 있었다. 그러나 세계적으로 유례를 찾아보기 힘든 학술 문화 사업이라고 대우 재단 관계자들뿐 아니라 우리 학계의 많은 사람들이 뿌듯해했다. 대중적인 빛을 보기 어려운 기초 학문 분야에 한해 연구와 출판을 지원했다는 점에서 더욱 값진 평가를 내렸다.

  그러나 정작 책을 만드는 출판사에 대한 지원은 초창기에는 고작 인문학이나 사회 과학 서적은 200권, 제작비가 더 들어 가는 자연 과학 쪽은 300~400권을 구입해 주는 것이 전부였다. 사람들은 알아주지 않았지만, 시장이 좁은 책들인 만큼 출판하는 책마다 대부분 겨우 제작비를 메우거나 그러지 않으면 적자를 보는 경우가 태반이었다. 음지에서 민음사가 만만치 않은 사회적 기여를 한 셈이다. 그동안 이 총서와 관련한 모든 공은 대우 재단과 대우 학술 총서에게 돌려진 게 사실이다. 재단 관계자들 역시 언론에 인터뷰를 할 때 대우 재단의 업적만 내세우고 민음사에 대한 언급은 빠트린 경우가 많았다.

1989년에 출간된 대우 학술 총서 『시베리아의 샤머니즘』의 저자 미하이 호팔(Mihály Hoppál)과 함께 신사동 사무실에서.

내 성격 자체가 나서기를 싫어하고 생색내는 걸 꺼렸기 때문에 그동안 대외적으로 이에 대해 언급한 적은 없지만, 이제는 대우 학술 총서의 역사에 민음사가 기여한 의미를 분명하게 기록하는 것이 필요하다고 본다. 소설가이자 언론인인 고종석 씨가 《한겨레신문》에 한국의 출판사들을 시리즈로 소개하면서 민음사에 대해 언급했던 기사를 참고로 부연한다.

민음사를 얘기하며 대우 학술 총서를 빼놓을 수 없다. 출판사의 재정을 놓고 생각하면 불행의 씨앗이지만 우리 출판·학술계나 민음사의 이름을 위해서는 행복의 원천인 대우 학술 총서는 80년대 초이래 언어학, 문헌학, 심리학, 고고학, 풍속사, 신화학 등의 '주변적' 인문·사회 과학과 동역학, 영양학, 지질학, 고생물학, 곤충학,

신경 과학, 고분자 화학 등 자연 과학의 전 분야를 세밀하게 탐사하며 한국 학계의 현 수준을 표본화하고 있다. 종당 몇백 권의 책을 사 주는 것이 대우 쪽 지원의 전부인 이 총서를 줄기차게 내고 있는 박 사장의 야심은 이렇다. "나는 민음사를 종합 대학 하나 정도의 영향력을 지닌 아카데미즘의 센터로 만들고 싶다."

《한겨레신문》1993. 9. 1.

솔직히 말하자면 대우 학술 총서를 발간하면서 너무 힘들고 수지도 안 맞아 애태운 적이 많았다. 편집진은 힘들다고 자꾸 그만두는데, 대우 재단의 독촉을 받을 때면 피가 마를 지경이었다. 그런데 수지 타산을 맞추는 것 외에도 또 하나 난감했던 문제는 미술사가이기도 했던 이용희 이사장이 미술을 잘 안다고 디자인이나 표지까지 간섭하는 바람에 책 디자인이 결국 무미건조해졌다는 점이다. 책 디자인은 민음사가 잘할 수 있고 또 실제로 자부심을 가져 온 분야이기도 한데 그 훌륭한 책들을 그렇게 밋밋하고 딱딱한 디자인과 표지에 가둔다는 게 크게 아쉬웠다. 그 후 정병규는 이용희 이사장을 설득하여 당시 학술 서적 디자인으로서는 새롭다는 평가를 받은 심플한 포맷으로 디자인을 바꾸었다.

    사실 이런저런 애로에 대해 누구를 탓할 수도 없었던 것이, 처음부터 대우 학술 총서는 상업적 이득을 포기하고 시작했기 때문이다. 내가 출판계에 들어서면서 하고 싶었고 해야 할 일이 궁극적으로 이런 작업인데 그냥 좀 기여하자, 이런 다짐이었다. 만약 여기서 손을 털고 나간다면 고향에 아버지의 땅이 있으니, 내려가 농사라도 지으면 되지 않겠느냐고 속으로 생각하기도 했다. 하지만 말이 그렇지, 출판을 접고 아버지 곁으로 내려간다는 것은 생각하기도 싫은, 최후의

1983년 11월, 대우 학술 총서 첫 번째 책으로 출간한 김방한 교수의
『한국어의 계통』. 한국어 계통에 관한 연구서로는 국내 최초로 출간된
것이다. 오른쪽은 나중에 교체된 표지 디자인이다.

선택일 수밖에 없었다.
 나는 새로운 분야를 개척하고 남들이 가지 않은 분야에 발을 디딜 때 쾌감을 느끼곤 했다. 새로 개척한 것이 각광을 받고 세상의 시선을 끌면 무엇보다도 기뻤다. 이런 기쁨을 얻는 일이라면 돈이 들어도 문제가 될 게 없었다. 앞에서도 이미 한 이야기이지만, 나는 프랑스의 공쿠르 상보다 나은 게 오늘의 작가상이었다고 자부한다. 공쿠르 상은 그해 이미 발간된 소설 중에서 뽑지만 오늘의 작가상은 신인 작품을 발굴해서 문단의 총아로 키워 내기 때문이다. 창조하는 쾌감이야말로 민음사를 형성한 밑바탕일 것이다. 대우 학술 총서를 내면서도 나는 은근히 이런 일을 기대했고, 결국 훌륭한 필자들과 만날 수 있었다.
 출판에서 제일 중요한 건 저자의 발굴이다. 대우 학술 총서는 당시 한국 학계 전체의 역량이 집결된 자리였다. 민음사는 대우 학술 총서를 발간함으로써 그러한 역량에 접촉할 수 있는 기회를 확보할 수 있었다. 대표적인 사례 중 하나가 풍수지리학자로 성가가 높은 최창조 교수와의 만남이다. 최 교수가 쓴 첫 책인 『한국의 풍수 사상』은 1984년 3월에 대우 학술 총서로 출간된 책이다. 지금도 여전히 학계에서는 사시로 보지만, 당시에는 더더욱 풍수 사상을 학문으로 대접하지 않고 미신처럼 취급하는 것이 현실이었다. 이 책의 원고를 받아 들고 나서 나는 직감적으로 풍수학이 한국 사회에 새로운 충격을 주고 미래에 커다란 가능성이 열리리라는 사실을 깨달았다. 이 책의 뒤표지에 실린 글은 이러한 가능성을 명료하게 보여 준다.

> 삶은 시간과 공간을 떠나서 존재할 수 없다. 역사 지리학의 출발 역시 시공상의 인간 궤적을 추적하는 데서부터 시작되어야 하며, 특히 그들이 살아온 땅에 대한 그들의 사고가 어떤 것이었는지, 그리고 어떻게 변화되어 왔는지를 알 필요가 있다. 동물도 사람도 사는 자리는 가린다. 그러나 가리는 일을 그토록 엄격한 논리 체계 밑에 철저히 지켜 나온 민족은 많지 않았다. 더구나 죽은 사람의 영원한 휴식의 땅을 그리도 정성 들여 찾아 헤맨 민족은 우리들 외에는 달리 없을 것이다. 오랜 세월 수많은 사람들에 의하여 만들어지고 발전되고 정리되어 온 풍수 사상을 지관들의 미신만으로 방치해 둘 수는 없다. 가려진 풍수 사상의 신비, 숨겨진 합리성과 지혜, 독특한 풍토 해석 방법, 심오한 주역, 음양오행의 논리가 어떻게 땅에 투영되어 있는가를 밝히는 작업은 재미있을 뿐 아니라 유익하리라 믿는다.

학술 총서로 나오긴 했지만 나는 이 책의 홍보에 총력을 기울였다. 그 결과 예측대로 책이 화제가 되면서 최창조 교수도 인기 필자로 각광을 받으며 독서계에 떠올랐다. 나는 직접 전북대까지 내려가서 그를 만나 후속 기획들을 논의하면서 격려를 아끼지 않았고, 이후 『땅의 논리 인간의 논리』, 『터 잡기의 예술』 등 최 교수의 다른 책들도 민음사에서 계속 출간했다. 서두에 언급했지만 그때 맺은 인연으로 최 교수는 보은 비룡소의 내 고향집에서 2년 동안 머물며 제자들과 풍수를 연구하기도 했다. 맏딸 상희가 전해 준 바에 따르면 내가 자서전을 집필한다는 이야기를 듣고 최 교수가 꼭 기록해 달라고 부탁했다는 말이 있다. "서울대 교수를 그만두고 학자가 될 생각도 없었는데 민음사 박맹호 회장께서 내 책 『한국의 자생 풍수』를 완성도가 높다고 치켜세우면서 자신감을 가지고 밀어붙이라고 격려하지 않았더라면 풍수학자로 입신하기 어려웠을 것"이라는 내용이었다. 사람 좋은 이의 고마운 마음이다.

『한국의 풍수 사상』을 대우 학술 총서로 출간할 당시 최창조 교수는 서울대 문리대 지리학과와 동 대학원을 졸업하고 전북대 사대 지리학과 교수로 재직 중이었다. 이 책을 낸 뒤 그는 서울대 지리학과로 자리를 옮겼는데, 짐작하건대 풍수학을 지리학과 접목하려는 시도가 서울대학교의 엄격한 학문적 분위기에서 썩 탐탁하게 받아들여지지 않았던 것 같다. 그는 1992년 민음사에서 『땅의 논리 인간의 논리』라는 풍수 관련 에세이집을 내면서 머리말에 그 소회의 일단을 내비쳤다.

> 서울대학교에 사표를 내고 여주에 모신 아버님 산소를 찾아뵈었을 때의 감회는 그저 죄스러울 뿐이었다. 산소를 바라고 들판을 가로지르던 새벽, 세찬 강풍 속에 휘젓는 바람 소리는 그것이 아버님

의 꾸중인지 격려인지를 분간할 수 없을 만큼 가슴속에서 소용돌이쳤다. 꽁꽁 얼어붙은 논둑길을 따라 아들 녀석을 앞세우고 희끄무레한 동녘 하늘을 바라보며 돌아가신 아버님으로부터 위안을 얻기 위하여 걷는 심정은 참담한 바가 있었다. 이제 영속되는 평안의 휴식 속에 계서야 할 아버님을 번거롭게 해 드릴 수는 없다고 다짐을 했지만 그것이 쉽지는 않았다. 그러면서 수없이 많은 자문을 했다. 여러 가지 어려움을 무릅쓰고 풍수 사상을 오늘의 우리 지리학이 지향해야 할 하나의 대안으로 계속해 나가야 하는 것인지를.

대우 학술 총서는 민음사에서 1983년부터 1999년까지 16년 동안 모두 424권을 간행했다. 대우 그룹이 1998년 와해되면서 수백 권씩 사 주던 지원마저 여의치 않아 재단에서 받지 못한 제작비가 수천만 원에 이르렀다. 재단은 돈이 없으니 대우자동차에서 생산한 리무진 '체어맨'을 책값 대신 가져가라고 했다. 나는 다소 모욕감을 느낀 데다 이런 상황에서 대우 학술 총서를 계속 출간하는 건 더 이상 힘들다고 생각해서 결국 손을 들고 말았다. 나는 그때까지만 해도 국산 중형 승용차를 고집했는데, 이 과정에서 생전 처음으로 본의 아니게 커다란 자동차를 타는 호사를 누려야 했다.

이후 대우 학술 총서는 재단에서 따로 '아카넷'이라는 출판사를 차려 꾸준히 출간을 이어 나가 2011년 1월에 600권을 돌파했다. 수많은 곡절에도 대우 학술 총서가 세계적으로도 유례가 없는 학술 문화 사업의 결실이라는 사실은 누구도 부인하기 힘들 것이다.

유럽 여행의 충격

1980년대는 암울한 시대의 굽잇길을 걸어야 했지만 출판인들의 기개는 과거 어느 때보다 높았고, 또 어느 때보다도 많은 성과를 거두었다. 민음사도 역경 속에서 희망을 마련한 시기였다. 나는 내가 필요하다고 판단한 출판의 길을 과감히 선택했고, 예기치 않은 어려움 속에서도 흔들리지 않는 길을 걸었다고 자부한다. 이 시기의 책들에 관한 이야기는 잠시 뒤로 미루고, 신선한 문화적 충격을 받았던 유럽 여행과 그 과정에서 거둔 소중한 과실에 대해 우선 언급하려고 한다.

나는 1976년 일본 교토에서 열린 국제출판협회 총회에 참석하기 위해 평생 처음으로 해외에 나갔다. 한때 해외에 자유롭게 나다닐 수 있는 항공사 승무원이 여성들이 되고 싶어 하는 최고의 직업 중 하나로 인식된 것에서 보이듯이, 1993년 해외여행 자유화 조치가 시행되기 이전에는 여권이 쉽게 발급되지 않아 해외에 나가는 것 자체가 특권처럼 여겨졌다. 일본에 갈 때에는 출협 회원 자격으로 20여 명의 출판인이 함께 나갈 수 있었다. 당시만 해도 나는 일본 출판인들에게 열등감을 품고 있었다. 저작권 조약에도 가입되지 않은 상태인데다, 예전에 리프린트하던 시절이 떠올라 총회 내내 마음이 편치 않았다. 이러한 콤플렉스와 불편한 감정은 그로부터 30여 년이 흐른 뒤 내가 출판협회 회장 자격으로 다시 일본을 방문할 때가 되어서야 어느 정도 해소됐다. 한국이 일본의 영향을 받는 출판에서 벗어나 독자적인 출판의 길을 훌륭하게 걷고 있을 뿐 아니라 저작권 조약에도 떳떳하게 가입한 상태였으니, 예전의 감정은 털어 버릴 만했다. 일본 서적 협회 회원 500명 앞에서 회장 자격으로 축사를 하고 내려올 때 비로소 가슴 한구석에 남아 있던 응어리가 후련하게 녹아 없어지는 것 같았다.

　　일본에 이어서 다시 해외에 나가 본격적으로 여행을 한 건 앞에서도 말했듯 1980년 스웨덴 스톡홀름에서 개최된 국제출판협회 총회 참석을 위해서였다. 국제출판협회 총회는 올림픽처럼 4년마다 열리는 행사로 세계 여러 나라 출판인들이 모여 교류하면서 주로 저작권 문제를 토의하는 자리였다. 우리나라는 그때까지도 아직 국제 저작권 조약에 가입하지 못한 처지였는데, 우리를 보고 외국의 출판인들이 '바이킹이 왔다'고 조크를 날리던 기억이 난다.

　　그때 나는 출판협회 부회장 자격으로 스톡홀름 총회에 참석한 뒤 미국까지 들러서 돌아오는 40여 일에 이르는 긴 여행을 했다. 대통령 시해 이후 민주화의 봄이 좌절되고 나라 사정이 극도로 어수선해 마음이 어지러웠지만 협회에서 짜 놓은 대로 기나긴 일정을 모두 수행했다. 그러나 이 여행은 원로급인 한만년 일조각 사장을 비롯해 20여 명의 출판인이 한꺼번에 우르르 몰려다닌 기억만 나고 특별한 감회를 느끼진 못했다. 게다가 스톡홀름의 호텔에서 텔레비전으로 본 광주의 참극 탓에 부끄럽고 참담했던 느낌이 여행 내내 떠나지 않았다. 그때 서울에 있었다면 보도 통제 때문에 오히려 그 상황을 제대로 몰랐을지도 모른다는 생각까지 들자 나라의 앞날이 걱정되어 마음이 계속 우울했다.

　　예술에 대한 새로운 충격을 주고 출판 행로에도 적잖은 영감을 주었던 해외여행은 그로부터 6년이 지난 뒤 떠날 수 있었다. 1986년 4월 11일, 열화당 이기웅 사장, 한국프뢰벨 정인철 사장과 의기투합해서 유레일패스를 끊고 45일 일정으로 유럽으로 출발했다. 일행은 가이드 역할을 겸해서 합류한 수학자 서진근 사장까지 포함해 단출한 네 명뿐이었다.

1976년 일본 도쿄에서 열린 국제출판협회 총회에 참석하기 위해 평생 처음으로 해외에 나갔다. 당시 한국은 저작권 조약에도 가입되어 있지 않아 이때만 해도 나는 일본 출판인들에게 열등감을 품고 있었다.

긴 유럽 여행에서 가장 큰 예술적 충격과 감흥을 느낀 곳은 스페인이었다. 전설적인 건축가 가우디가 1882년부터 짓기 시작해 1926년에 그가 죽고 난 뒤로도 공사가 계속되어 아직까지도 짓고 있는 바르셀로나의 '사그라다 파밀리아' 성당 앞에서 나는 큰 충격을 받았다. 한국인은 건물을 지을 때 빨리 짓는 데만 열중하는데, 스페인 사람들은 성당 하나를 100년이 넘도록 서두르지 않고 천천히 건축하고 있다는 사실에 감동했다. 문화나 예술에 대한 접근이 한국과는 전혀 다른 방식으로 전개되는 현실 앞에서 망연해졌다. 명품을 만드는 데에는 단지 아이디어만이 아니라 오랜 시간과 노력이 들어간다는 것을 새삼 깨달았다.

바르셀로나의 프라도 미술관에서 접한 고야의 그림 앞에서도 깜짝 놀랐다. 화집에서 본 것과는 차원이 달랐다. 그림 속 인물들의 눈빛이 모두 형형하게 살아 있었다. 예술이 이런 것이로구나, 하는 찬탄이 절로 솟았다. 바르셀로나에서 한 시간가량 떨어진 외곽에 몬세라트라는 산이 있는데, 서울의 도봉산 만장봉 같은 봉우리들이 굵은 페니스처럼 울창하게 하늘로 치솟아 있는 산이다. 나는 그곳에 가서 피카소, 호안 미로, 고야와 같은 예술가들의 정기를 느꼈다. 지중해 연안의 쪽빛 바다가 만들어 낸 도시 바르셀로나와 기묘한 모양으로 우뚝 솟아 보는 이의 가슴을 설레게 하는 몬세라트 산을 보고 자란 감성 풍부한 사람이 어찌 예술가가 되지 않을 수 있으랴.

당시 중학생이던 막내 상준에게 여행에서 돌아와 스페인 예술에서 받은 충격을 이야기해 준 기억이 있다. 세월이 흘러서 그 아이가 뉴욕대 대학원에서 미디어 아트를 전공할 때 스페인에 다녀왔던 모양이다. 그 애 역시 그곳에서 큰 감흥을 얻은 듯싶다. 상준의 졸업 작품전이 스페인을 포함한 유럽 견문기 같은 것이었다. 지금 사이언스북스를 맡아서 경영하는 상준이가 따로 세미콜론이라는 브랜드를 내서 미술 관련 책을 출간하는 것도 어쩌면 이런 경험과 연관 있을지도 모른다.

어쨌든 우리 네 사람은 그때 스페인을 비롯해 프랑스, 이탈리아, 그리스를 거치는 긴 여행을 했다. 중간에 나는 감기에 몸살까지 들었지만 맏형으로서, 혹은 가이드로서 책임을 다해야 한다는 강박을 품었던 것 같다. 가이드 격으로 우리와 한국에서부터 동행한 수학자는 알고 보니 실전 경험은 별로 없고, 외국에서 나온 책자만 보고 유럽 여행 가이드북을 펴낸 전문가였다. 결국 조금이나마 나이가 많은 내가 사공 역할을 떠안을 수밖에 없었다. 얼마 전 만난 이기웅 사장은 "그때 형님은 유익과 안전과 재미를 중심에 두고 우리 여행이

1980년 국제출판협회 총회 참석을 위해 스웨덴 스톡홀름을 방문했다. 외국 출판인들이 우리를 보고 '바이킹'이라 불러 속상했던 기억이 난다.

1986년, 스페인 바르셀로나의 사그라다 파밀리아 성당 앞에서. 성당 하나를 100년이 넘도록 서두르지 않고 짓고 있다는 사실에 큰 충격과 감명을 받았다.

영욕의 세월　167

스페인을 돌아본 후 파리에 들러 당시 그곳에 거주하고 있던 정진국 미술 평론가(왼쪽 끝)와 최민 시인(오른쪽에서 두 번째)을 만났다. 최민 시인은 1975년 민음사에서『상실』이라는 시집을 출간했다. 오른쪽 맨끝은 열화당 이기웅 사장.

1980년대에 보스턴에서 열린 도서전에 참석하기 위해 미국을 방문했다가 그곳에 거주하는 박이문 시인 내외를 만났다. 왼쪽 끝에는 문학 평론가 김병익이 서 있다. 보스턴을 가로지르는 찰스 강변에서.

출판에 어떤 도움이 될지 늘 창의적으로 고민하면서 후배들을 데리고 다녔다."라고 쑥스럽게 공치사를 했다. 그때의 내 모습을 두고는 "형님은 한마디로 『톰 소여의 모험』에 나오는 대장이었어, 허클베리 핀!"이라고 다시 비행기를 태워 우리는 모처럼 즐겁게 웃었다.

　　이 여행이 향후 나의 출판 인생에 직접적으로 어떤 영향을 끼쳤다고 구체적으로 말하기는 어렵다. 하지만 알게 모르게 여행에서 받은 문화적 충격의 여파가 잠재의식에 상당히 축적됐던 것 같다. 무엇보다도 날림으로 문화를 구축해 가는 한국에 비해 100년이 넘도록 집을 지어 나가는 스페인 사람들의 건축에서, 그리고 수천 년이 흐른 뒤에도 여전히 그 위용을 흐트러뜨리지 않은 그리스의 파르테논 신전을 보면서 내심 반성을 많이 했던 것 같다. 우리 삶이 비록 유한하긴 하지만, 당대에 반드시 끝장을 보려고 매사를 너무나 조급하게 생각하면서 살았다는 생각이 뼈저리게 들었다. 이런 생각이 쌓이고 쌓인 끝에 그로부터 10년 후 대학 시절부터 오랫동안 꿈꾸었던 '세계 문학 전집'을 마침내 시작하게 되었을 때 서두르지 않고 꼼꼼하게 작품을 고르고 번역의 질을 담보해 가면서 지금까지 꾸준하게 '건축'할 수 있게 되었을 것이다. 가우디의 사그라다 파밀리아 성당처럼, 민음사의 세계 문학 전집 역시 아마 내 사후에도 꾸준히 구축되어 한국 출판 사상 불멸의 금자탑을 이루리라고 믿는다.

신사동 시대

이 유럽 여행은 현재 민음사가 입주해 있는 강남출판문화센터 건물의 산파 역할도 해냈다. 물론 그전부터 이야기가 조금씩 나오긴 했지만 이기웅, 정인철 등과 함께 신사동 연립 주택 부지에 공동 사옥을 짓자는 제안이 구체화된 것은 그 여행에서였다. 여행에서 돌아와 김언호 한길사 사장을 이 구상에 참여시켰다. 이때부터 이기웅, 정인철, 김언호와 함께 네 사람이 강남구 신사동에 출판문화센터라는 이름의 빌딩을 세우기 위한 구체적인 기획에 들어갔다. 수요회 시절부터 동고동락해 온 김언호 한길사 사장은 아주 정력적이고 역동적으로 일을 추진해 나가는 장사 같은 사람이었다. 이기웅 열화당 사장은 냉철한 기획력이 특히 돋보였고, 정인철 프뢰벨 사장은 사업을 충실히 이끌어 유아 출판계의 정상으로 자리 잡았다. 우리가 염두에 두었던 건물 부지에는 이미 연립 주택들이 들어서 있었는데, 우리는 인내심을 가지고 사람들이 집을 내놓을 때마다 매입하는 방식으로 부지를 확보했다. 이기웅 사장은 "이를 통해 우리는 재산까지 서로 공유하는 출판 공동체 실험을 한 것이고, 이 작업이야말로 오늘날 파주 출판 도시와 헤이리 아트 밸리의 모태가 됐다."라고 의미를 부여했다.

강남출판문화센터는 1990년 7월 완공되었다. 그로써 오랜 관철동 시대를 접고 민음사는 새로 신사동 시대를 열게 되었다. 나는 이곳 강남출판문화센터에서 10여 년 동안 그들과 함께 꿈을 꾸면서 출판의 미래를 설계했다. 이후 이기웅 사장은 파주 출판 단지로, 김언호 사장은 임진강 근처에 헤이리 아트 밸리로, 정인철 사장은 따로 사옥을 마련해 신사동을 떠났다.

최근 완공된 강남출판문화센터는 신사동 리버사이드 호텔 건너편에 지하 3층, 지상 6층 건물(총 2000여 평 규모)로 들어섰는데 민음사, 한길사, 열화당, 한국프뢰벨 등 4개 출판사가 공동 출자해 설립했다. 이 강남출판문화센터는 각 층마다 200여 평인 초현대식 건물로 3층에는 도서출판 열화당과 사진 스튜디오가, 4층에는 월간《한길문학》과 한길문학교실의 강의실 등이 마련돼 있다. 또 5층에는 민음사와 계간《세계의 문학》이, 6층에는 한국프뢰벨과 유아 교육 연구소가 각각 들어선다. 1, 2층에는 행사용 이벤트 홀과 교육용 프로그램 전시실, 사무용품 판매소 등이 자리 잡고 있으며 지하에는 연극 무대, 영화관 등이 들어설 예정이다. 한편 출판문화센터의 건립에 대해 출판 평론가 이중한 씨는 "선진국에서는 시민들이 복합적이고 다양한 문화 향유를 도서관이나 박물관의 문화 센터를 통해 하고 있으나 우리나라에서는 이런 시설이 전무한 실정"이라며 "강남 출판문화센터 내에 예술 영화 연극관을 비롯해 문학 교실, 교육 연구소 등 여러 가지 시설이 들어선다는 점에서 바로 문화 발전의 선도적 역할이 기대된다."라고 밝히고 있다. 또 "오랫동안 일했던 종로통에서 빠져나온 점은 섭섭하다."라고 전제한 민음사 주간 최승호 씨는 강남에 출판사가 몰리는 현상에 대해 "우선 교통이 편리하고 새로운 신축이 용이하다는 점 등이 중요 이유"라며 "종로 등 강북 지역의 중심가 건물은 오래된 데다가 구조가 너무 좁아 컴퓨터 등 최신 설비를 할 수 없다는 결함을 가지고 있다."라고 설명했다.

《세계일보》1990. 7. 10.

민음사에서 1989년 소설집 『태양은 묘지 위에 붉게 타오르고』를 펴냈던 소설가이자 기자인 양헌석 씨가 「출판계에도 강남 이전 열풍」이라는 제하로 쓴 기획 기사의 일부이다. 이 기사에서 언급한 것처럼 당시는 현대문학, 한국문학, 세계사 같은 출판사들도 이미 강남으로 이전해 출판사들의 오랜 종로통 시대가 저물어 가는 시점이었다.

신사동으로 옮겨 온 뒤로는 문인이나 기자들이 이전처럼 제 집 드나들 듯 민음사 편집부를 사랑방으로 활용하지 못해 이들과 접촉 빈도가 줄어든 점은 아쉬웠다. 하지만 테크놀로지의 발달은 이미 새로운 시대를 예고하고 있었다. 민음사가 강남 시대로 접어들면서 본격적으로 팩시밀리가 각광받기 시작했다. 원고나 자료를 주고받는 방식이 우편에서 전화로 급속히 바뀌어 갔다. 곧 PC 통신에 이어 인터넷이 출현했다. 지금은 이메일이나 소셜네트워크시스템(SNS)에 힘입어 예전에 비하면 거의 '빛의 속도'로 서로 소통하는 형국이니, 사람이 얼굴을 맞대고 서로 이야기하면서 나누어야 할 일이 전혀 사라질 수는 없겠으나, 출판사가 어느 곳에 있든 필자와 원고를 주고받거나 의견을 교환하는 일은 크게 어렵지 않게 되었다. 나중에 다시 이야기하겠지만, 신사동 시대의 개막은 달라진 출판 환경에 맞춰 민음사도 변신해야 하는 분기점이었다.

김수영 문학상

1970년대가 소설의 시대였다면 1980년대는 시의 연대였다. 김수영 시인의 유족의 뜻을 이어받아 1970년대 말부터 민음사에서 운영하기 시작한 '김수영 문학상'은 시의 시대를 연 상징적인 문학상이다. 민음사는 1970년대 초에는 오늘의 시인 총서로 시와 대중 사이에 다리를 놓았고, 김수영 문학상을 통해 본격적으로 시의 시대를 열었다. 내가 지금껏 출판을 해 오면서 각별히 보람을 느끼고 자랑스럽게 생각하는 대목이다.

　　오늘의 시인 총서 첫 책으로 김수영 시집 『거대한 뿌리』를 출

관철동 시절, 김수영 문학상 시상식 후 열린 뒤풀이에 참석한 김수명 씨.(왼쪽 끝) 김수영 시인의 사후 김수명 씨가 직접 유고를 정리했다. 내 오른쪽에서 손을 내밀고 있는 이는 심사를 맡았던 김우창 교수이다.

판한 이후, 김수영은 1970년대 내내 최고의 스타 시인이었다. 1968년 안타깝게도 교통사고로 세상을 떠났지만 그는 생전보다 죽어서 오히려 내내 독자들과 살아 있었던 셈이다. 오늘의 산문선 첫 권으로 펴낸 김수영 산문집 『시여, 침을 뱉어라』도 일반 독자는 물론 시인들에게도 시에 대한 생각을 바꾸는 데 큰 영향을 준 책이다.

　　　김수영 시인을 살뜰하게 뒷바라지한 이가 바로 시인의 누이 김수명 씨였다. 시인도 누이를 끔찍이 아꼈고, 누이도 오빠를 각별하게 대했다. 시인의 생전에도 그러했지만 사후에도 김수명 씨가 철저하게 유고를 정리하고 교정까지 직접 보았다. 김수명 씨는 한동안 국내 유일의 순수 문예지였던 월간 《현대문학》 편집장을 오래 했던 인연으로 문단과 문인들에 대해 누구보다 잘 아는 처지였다. 시인의 매

니저로 손색없는 경력인 셈이다.

　　김수영 문학상은 유족 측이 먼저 제안해 탄생한 상이다. 김수영 시집과 산문집이 꾸준히 팔려 나가면서 인세가 어느 정도 축적되자 김수명 씨가 그 인세로 김수영 문학상을 만들자고 제안했다. 죽은 시인의 인세로 살아 있는 젊은 시인을 격발시켰다고 할까. 그렇게 해서 당대 최고의 시 문학상이 생겨난 것이다. 그 시절 김수영 문학상의 명예를 원하지 않는 시인은 없었다. 처음에 상금은 수백만 원 정도였는데 이후 1000만 원까지 늘어났다. 김수명 씨는 김수영 시인의 책들로부터 나오는 인세를 단 한 푼도 쓰지 않고 모아서 모두 상금으로 내놓았으며, 부족한 상금과 심사비 및 운영비는 민음사에서 대었다. 민음사도 빠듯한 살림이었지만 새롭고 실험적인 시의 기풍을 한국에서 창달하는 데 기여한다는 자부심으로 이 상을 운영해 왔다.

　　이 상은 민음사가 주관하지만, 민음사를 넘어서 운영된 문학상이었다. 문지와 창비 진영도 참여해 범문단적으로 같이 심사를 했다. 초기 심사 위원은 김우창, 김현, 백낙청, 유종호, 황동규 씨가 맡았다. 계간지를 통해 주로 시를 발표해 온 일련의 '계간지 세대' 젊은 시인들이 이 상의 수혜자가 되었다. 문단 내 세대교체의 의미도 부여할 수 있다. 1회 수상의 영예는 창비에서 『저문 강에 삽을 씻고』를 펴낸 정희성 시인에게 돌아갔다. 이후 내리 4년은 문학과지성사에서 시집을 펴낸 이성복(『뒹구는 돌은 언제 잠 깨는가』), 황지우(『새들도 세상을 뜨는구나』), 김광규(『아니다 그렇지 않다』), 최승호(『고슴도치의 마을』)가 수상했고 그다음 해에는 창비에서 시집을 낸 김용택(『맑은 날』)이 받았다. 제7회 김수영 문학상에 이르러서야 처음으로 민음사에서 시집을 낸 장정일이 수상의 영광을 안았다.

　　장정일의 수상은 파격이었다. 불과 스물다섯 살의 무명에 가

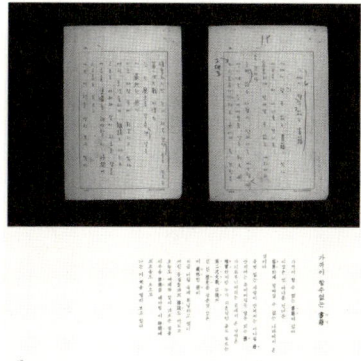

김수영 시인의 육필 원고를 영인한 『김수영 육필시고 전집』이 2009년에 출간되었다. 기존의 원고뿐 아니라 초고에서 시상 메모까지 현존하는 354편의 육필 시 원고가 모두 담겼다. 편집은 민음사 주간이었던 이영준이 맡았다.

까운 젊은이인 데다 수상 시집 『햄버거에 대한 명상』도 기존의 목소리와는 다른 패기로 가득 차 있었다. 경북 달성에서 태어나 중학교만 졸업하고 백화점 점원, 음악 다방 디제이, 소년원 등 여러 세계를 체험한 이력도 눈길을 끌었다. 『햄버거에 대한 명상』에 수록된 「지하 인간」이라는 시처럼 그는 질풍노도의 성장기를 보냈다.

> 내 이름은 스물두 살
> 한 이십 년쯤 부질없이 보냈네.
> 무덤이 둥근 것은
> 성실한 자들의 자랑스런 면류관 때문인데
> 이대로 땅 밑에 발목 꽂히면
> 나는 그곳에서 얼마나 부끄러우랴?
> (중략)
> 쓸쓸하여도 오늘은 죽지 말자

앞으로 살아야 할 많은 날들은

지금껏 살았던 날에 대한 말없는 찬사이므로

유종호 씨 등 심사 위원들은 장정일이 너무 나이가 어려 망설이기도 했지만, 다른 이들과 차별화되는 독특한 세계를 인정해 결국 최종 수상자로 결정했다. 심사 위원들은 그의 시에 대해 "엇비슷한 시의 목소리에서 벗어나 있는 어떤 특이한 면모―발랄한 상상력, 현실에 대한 개성적인 접근, 대담함―와 같은 시인다운 패기를 높이 산다."라고 평가했다. 문단에서는 1980년대 벽두에 이성복, 황지우 등 젊은 시인들이 김수영 문학상을 통해 시단에 신선함을 던져 준 것을 기억하면서 '60년대산 세대'의 새 주자로 부각된 장정일을 주목했다. 출판인은 새로운 인물을 발굴해 세상에 내놓을 때 가장 큰 기쁨을 느끼는데, 내 출판 인생에서 장정일은 그 가운데 손가락으로 꼽는 인물 중 하나다.

장정일의 『햄버거에 대한 명상』은 민음사에서 새롭게 시작한 시집 시리즈 '민음의 시' 일곱 번째 시집이었다. 1986년 2월에 첫 선을 보인 민음의 시는 이남호 고려대 교수가 편집 위원으로 참여하면서 그가 주도적으로 펴내기 시작한 시집들이다. 오늘의 시인 총서가 당대에 이미 이름을 떨친 시인들의 시 선집이었다면, 지금까지 200권 가까이 이어지는 민음의 시는 신인들도 수용할 수 있는 신작 시집 시리즈였다.

이남호 교수는 똑똑하고 명료한 신사였다. 강석경의 소설 『숲속의 방』을 발굴하는 성과를 거두기도 했지만 그는 특히 시를 보는 안목이 뛰어났다. 그가 발굴해 펴낸 민음의 시 여섯 번째 시집 김영승의 『반성』은 발간 당시 큰 파문을 일으키기도 했다. 문공부에서 음란 서적이라는 딱지를 붙이는 해프닝도 있었지만 해학적인 차원에서 풍자시의 진경을 보여 준다는 평가를 받으며 집중 조명을 받았다. 송찬호, 이문재, 남진우 등 현재 한국 시단을 이끌어 가는 중견들이 그의 감식안에 따라 민음의 시에 첫 시집을 올려 문단의 주목을 끌기도 했다.

도올 김용옥을 세상에 알리다

사통팔달의 박학다식과 박람강기로 한국 지성사에 독특한 획을 그은 도올 김용옥. 그가 하버드대 대학원에서 철학박사 학위를 받고 귀국해 고려대 문과대학 철학과 부교수로 임용된 해는 1982년이다. 그 후 보여 준 종횡무진의 활약과 화려한 이력에도 아직 한국 사회에서는 존재가 부각되지 않은 때였다. 1983년 김우창 교수가 그를 민음사에 처음 데리고 왔다. 이제 갓 30대 중반의 '도리우치' 모자를 쓴 작은 사람이 상당히 도도해 보였다.

500매에 이르는 그의 논문을 그해 《세계의 문학》 봄호에 전재했다. 그가 가지고 온 논문의 제목은 '우리는 동양학을 어떻게 할 것인가'였는데 내가 계간지에 수록하면서 '동양학 어떻게 할 것인가'로 바꿨다. 저자의 문제 제기는 없었고, 나중에 단행본으로 낼 때도 이 제목으로 갔다. 몇 달에 걸친 작업 끝에 1985년 1월, 민음사에서 김용옥의 첫 책 『동양학 어떻게 할 것인가』가 출간됐다. 이 책은 김용옥이라는 존재를 한국 사회에 본격적으로 알리는 계기가 되었다. 번역 경시가 동양학의 정체를 가져왔고, 이로 인해 방대한 고전이 제대로 전승되지 못하고 사장되는 현실을 직격하는 내용이었다. 반응은 폭발적이었다. 그가 정리한 이 책의 성격과 효용은 이렇다.

오늘 나의 생각의 뿌리를 찾고자 하는 이들에게 지식 고고학적 메스의 날카로움으로 뿌리를 파헤치는 방법과 방향을 제시한다. 동과 서, 예와 오늘을 자유롭게 소요하는 대붕의 날개를 타고 독자들은 저자의 세계에 몸소 참여하여 웃고 또 울 수 있을 것이다. 동양학은 이미 '공자 왈'이 아니다. 나의 살아 움직이는 실존적 삶의 영원한 현재적 기록일 뿐이다.

이미 젊은 시절부터 기개가 넘쳤던 것 같다. 그가 서두에 올려놓은 지은이의 말도 흥미롭다.

그리고 마지막으로 설날의 꼬까옷을 기다리는 아이와 같은 심정으로 순수하고 또 열정적으로 나의 책의 출판을 고대하며 모든 주선에 심혈을 기울여 주셨던 민음사 박맹호 사장님께 감사드리며, 나의 괴팍하고 한없이 꼼꼼한 성격에 슬기롭고 여유 있게 대처해 준 민음사 편집실의 이동숙 양과 실원들에게 감사한다. '미쓰 리'의 천둥과 같이 느껴지는 독촉 전화가 없었던들 이 책이 이렇게 빨리 장안의 서사가(書肆街)에 오를 수 없었을 것이다. 다음과 같은 중국인의 명구가 생각난다. 천하무불핍출래적문장(天下無不逼出來的文章, 하늘 아래 쫓기어 나오지 않은 명문이라곤 없다).

1984년 12월 9일 봉원재(奉元齋)에서 지은이 씀

이 서문에 나오는 '미쓰 리' 이동숙은 1980년대 민음사 편집실의 터줏대감 중 한 사람이었다. 문학 평론가 한형구 교수와 편집실에서 일로 만나 연을 맺고 결혼하기도 했다. 나중에 한국프뢰벨 편집부로 옮겨서 아동 출판의 수준을 끌어올리는 데 기여한 기예의 편집자였다.

도올 김용옥은 달변에다 순발력이 뛰어난 사람이었다. 민음사에서 첫 책을 낸 뒤로는 자신이 직접 통나무라는 출판사를 차려 이후의 저작물들을 모두 그곳에서 출간했다. 저술에만 신경을 쓰고 출판은 민음사에서 계속했더라면 그에게 훨씬 도움이 되었을 텐데 하는 마음이 들어 늘 안타까웠다. 어쨌든 한국 학계의 걸물 하나를 민음사를 통해서 처음 세상에 알렸다는 사실도 상기할 만한 기억 중 하나다.

『숲속의 방』이 일으킨 파장

1980년대 중반에 이르자 대형 신인을 발굴하며 승승장구하던 오늘의 작가상이 10년 가까이 이어져 오면서 소강상태에 접어든 느낌을 받았다. 1984년에는 서울 법대 출신으로 신학 공부를 하던 조성기 씨가 등단 14년 만에 고시원에서 한 달 밤낮을 새워 써서 화제를 불렀던 종교 소설 『라하트 하헤렙』이 세상에 나왔다. '라하트 하헤렙'은 「창세기」에 나오는 말로, 신이 직접 둘러 세워 인간과 에덴동산을 영원히 단절시킨 '화염검'을 뜻한다. "군대 생활을 통해 한 젊은이가 겪는 종교적 갈등과 자기 인식의 고통"(《동아일보》1985. 9. 24.)을 형상화한 이 작품은 단숨에 베스트셀러에 오르면서 화제를 모았으며, 이후 한국 종교 소설의 최고 걸작 중 하나로 자리 잡았다.

그즈음 나는 폭력과 억압의 시대를 문학적으로 형상화한, 한 시대 전체에 충격을 주는 작품을 찾고 있었다. 《세계의 문학》 편집 위원으로 참여하던 문학 평론가 이남호 고려대 국문과 교수에게 "우리가 이렇게 독자 투고만 기다릴 게 아니라 적극적으로 작가들에게 원고 청탁을 해서 거기서 우수한 작품이 나오면 발굴해 보는 게 어떻겠느냐?"하고 제안했다. 그 결실이 강석경에게 청탁해서 받은 중편 『숲속의 방』이었다. 강석경은 이화여대 미대 조소과를 졸업하고, 1974년 《문학사상》 신인상으로 등단한 지 이미 10년을 넘긴 작가였다. 그즈음까지 특별히 눈에 띄는 작품을 생산하지는 못한 상태였다. 나는 《문학사상》 주간을 하던 오랜 친구 이어령을 통해 강석경을 처음 소개받았다. 『숲속의 방』은 500매 분량의 중편으로 1985년 《세계의 문학》 가을호에 전재했고, 작가가 이를 개고해 응모하면서 이듬해 제10회 오늘의 작가상 수상작으로 결정됐다. 1986년 3월, 단행본으로 출간될 당시만 해도 이 작품에 대한 커다란 반향은 없었다.

여기는 꿈이 아니야
날개는 없고 몸뚱이만 있는 척박한 땅이야
새가 아니고 나비가 아니고 땅을 전신으로 문지르고 다니는 뱀이
야 날개는 환각이야
깨어지면 아프고 괴롭고 추한 몸뚱이야

생업을 위해 싸우는 이 세계가
진공 속의 풍경처럼 소원하다
구호는 눈부시지만 나를 거부해
나는 섬이야 어디와도 닿지 않는 함정 같은 섬이야

어디에서도 안주할 '방'을 찾지 못한 소설 속 주인공 '소양'이 자살하기 직전 일기장에 남겨 놓은 독백이다. '소양'은 자신이 어디에도 닿지 못하는 섬이라고 절규하면서 스스로 동맥을 그어 피바다 위에서 창백하게 죽음을 맞는다. 그런데 이 작품은 기묘한 인연으로 세상의

제10회 오늘의 작가상 수상작인 강석경의 『숲속의 방』은 1986년에 단행본으로 출간되었다. 당시 사회적 문제와 맞물려 문제작으로 부각되면서 연극, 영화, 무용 공연 등으로 만들어졌다.

중심에 서게 됐다. 『숲속의 방』이 출간된 지 두 달 정도 지난 시점에 서울대 국문과 여학생이 소설 속의 주인공과 비슷한 상황에서 자살한 사건이 일어난 것이다. '회색인'에 대한 사회적 관심이 커지면서 『숲속의 방』이 급격히 문제작으로 부각됐다.

> 지난달 22일 동작대교 부근 한강에서 투신자살한 시체로 발견된 박혜정 양(서울대 국문과 4). 박 양은 잇단 서울대생의 분신자살을 지켜보며 "5월은 회색인으로 살아가기는 어려운 달"이란 말을 남긴 채 친구들과 헤어진 뒤 이틀 후 시체로 발견됨으로써 대학 사회에서 '회색인'의 존재와 아픔을 극명하게 노출시켜 사회에 깊은 충격을 주었다. 그런데 지난 3월 초에 나온 강석경 씨의 소설 『숲속의 방』의 여주인공 '소양'이 죽음에 이르는 과정 역시 '회색인'을 용납지 않는 현실에 저항하는 것으로 묘사돼 있어 문단에서 화제가 되고 있다.
>
> 《동아일보》 1986. 6. 3.

당시 정황을 설명해 주는 이 기사처럼, 순식간에 『숲속의 방』은 문단을 넘어서 사회적 관심사로 떠올랐다. 대학생층은 물론 청소년 자녀를 둔 부모들 사이에서도 화제가 되면서 『숲속의 방』은 지속적으로 팔려 나갔다. 『숲속의 방』 선풍은 연극, 영화, 무용 등 공연계로까지 확대됐다. 원작 소설의 영화화나 연극화, 희곡의 영화화는 그전에도 흔히 있는 일이고 또 큰 경합 없이 이루어져 왔지만 소설 한 편을 놓고 대여섯 개 공연사가 줄다리기를 한 것은 보기 드문 경우였다. 1970년대 중반 조세희의 『난장이가 쏘아 올린 작은 공』 이후 순수 창작 소설로서는 10여 년 만에 처음으로 종합 베스트셀러 1위에 올랐다. 불과 원고지 500장 분량의 중편 『숲속의 방』이 이처럼 시선을 끄는 이유에 대해 매체들이 다투어 분석 기사를 내놓았다. 일약 스타 작가 반열에 올라선 강석경은 이 소설을 집필한 배경에 대해 이렇게 밝혔다.

이 시대에는 진정한 자기 방을 갖지 못한 사람들이 얼마나 많은가. 사회와 가족에게 소외되어 지푸라기 같은 환락을 뒤쫓는 기성세대들, 최저의 생존도 해결할 수 없어서 분신자살로 저항하는 근로자들, 이데올로기에도 투신하지 못하고 종로에서 두더지잡기를 하는 젊은이들. 우리 시대의 왜곡된 모습들을 보며 나는 동병상련을 느낀다. 방황하는 이들에게 한 칸 방이 되어 줄 수 없다 하더라도 작가는 문학의 힘을 회의하지 않고 끊임없이 진실을 찾아 나서야 한다.

이문열의 『평역 삼국지』

학창 시절의 독서 편력을 소개하면서 얘기했지만 『삼국지』는 내 인생의 교과서 같은 것이었다. 경복중학교 다닐 때 처음 이 책을 접했고, 이후에도 여러 번 읽었다. 난세를 살아가는 수많은 이들의 지혜와 노력이 담긴 이야기가 황량한 서울살이를 견디게 해 주는 힘이었다. 이때의 독서 체험이 젊은 작가 이문열을 설득해 『삼국지』를 새로 쓰게 만든 결정적 동인이었을 것이다.

  1983년 《경향신문》 정구호 사장을 신문사로 찾아가 만났다. 조모상을 당했을 때 조전을 치고 시골까지 조화를 보내 준 것에 답례하기 위해서였다. 그 자리에서 정 사장이 "신문에 연재할 적당한 작가를 좀 찾아 달라."라고 부탁했다. 곰곰이 생각한 끝에 등단한 지 갓 3년 남짓한 신인이었던 이문열에게 『삼국지』 연재를 제안했다. 이문열은 한문 문장에 익숙하고 문체가 유려해 『삼국지』를 다시 쓴다면 그가 적격이라고 생각해 왔던 참이었다.

  해방 이후 월탄 박종화의 『삼국지』나 정비석의 『삼국지』 등 여러 작가가 『삼국지』를 다시 썼지만, 한문 투가 많이 섞인 옛날 문체로 쓰인 것들이어서, 해방 이후 학교에 다니면서 한글로 세상을 배운 독자들의 정서에는 맞지 않았다. 한글세대 독자들에게 맞는 문체와 서사를 갖춘 『삼국지』가 필요했다. 나는 이문열에게 "이 작업은 노후의 양식이 될 테니, 반드시 한번 해 보시오."라고 권유했다. 이문열은 처음에 뜨악한 반응을 보였다. 등단한 지 얼마 안 된 신인이 본격 문학이 아닌 쪽에 한눈을 판다는 건 지금도 마찬가지겠지만 당시에는 더욱이 문단으로부터 곱지 않은 시선을 받을 여지가 많았다.

  나는 이문열의 입장을 고려해 정구호 사장에게 몇 가지 파격적 요구를 했다. 그때까지만 해도 연좌제가 살아 있을 때여서 남로당 고위직으로 월북한 아버지를 둔 이문열은 해외에 나갈 수 있는 여권이 발급되지 않았다. 그래서 먼저 자료 조사를 위해 홍콩에 가야 하니 외국에 나갈 수 있도록 규제를 풀어 달라고 요청했다. 또한 문예지 고료가 원고지 장당 2000~3000원이던 시절이었는데, 젊은 작가인 이문열에게 장당 1만 원으로 최고 대접을 해 달라고 요구했다. 지금과는 달리 당시에 《경향신문》은 여당지였고, 정구호 사장은 후일 청와대 공보 수석 비서관으로 자리를 옮겼을 정도로 신군부 실세들과 가까운 실력자였다. 그가 흔쾌히 두 가지 요청을 들어주자, 이문열이 제안을 받아들여 마침내 『삼국지』 연재가 성사됐다. 한국 출판 역사상 가장 많이 팔린 책 중 하나인 이문열의 『평역 삼국지』는 이렇게 우연한 만남에서 시작된 것이다.

1983년 10월 24일자 《경향신문》에 이문열의 『평역 삼국지』 첫 회분 「서사(序辭)」가 나갔다. '평역'이라는 말을 붙인 이유는 이문열의 『삼국지』가 단지 중국 명 대의 작가 나관중의 『삼국지연의』의 번역이 아니었기 때문이다. 작가가 나름대로 『삼국지』 속 이야기를 재구성하고 사건들과 등장인물에 대한 평을 붙임으로써 여타 『삼국지』와는 다른 독특한 묘미가 있었다. 여기에 한문 문장의 무게가 살아 있으면서도 한글세대의 감성에 호소하는 유려하고 장중한 문체가 독자의 흥미를 끌었다.

『삼국지』 첫 권이 단행본으로 나온 시점은 1987년이었다. 이듬해 10권으로 완간됐고, 적극적으로 마케팅한 결과 많은 독자들이 기존에 나온 『삼국지』 대신에 이문열이 평역한 『삼국지』를 찾았다. 『삼국지』는 명나라 때 처음 나오고 조선 시대에 처음 번역된 이래 세대를 거듭해 독자들의 사랑을 받아 온 '천년의 베스트셀러'였다. 이

1987년 단행본으로 첫 선을 보인 이문열의 『평역 삼국지』. 지금까지 1800만 부가량 팔리며 건국 이래 최대 베스트셀러로 기록되었다. 표지는 정병규가 디자인했다.

거대한 흐름에 비로소 한 획을 더한 것이다.

    이 책이 결정적으로 초대형 베스트셀러가 된 것은 1994년 서울대 입시에서 전체 수석을 차지한 학생이 각종 인터뷰에서 논술 고사를 대비해 이문열의 『삼국지』를 열다섯 번이나 읽었다고 밝히면서부터였다. 이 인터뷰를 광고에 적극 활용하기로 하고, 학생과 접촉해 비용을 치른 후 과감하게 라디오 광고까지 내보냈다. 내 판단은 적중했다. 『삼국지』는 이후 신세대 독자들의 인기까지 폭넓게 끌어모았을 뿐 아니라 서울대 고전 200선에도 선정되었다. 또한 대학 입학을 위한 논술 시험에 고전 문제가 많이 출제되면서 입시생을 위한 필독서로 굳어졌다. 그 결과 지금까지 모두 합쳐서 1800만 부가량 팔리면서 슈퍼 스테디셀러로 자리를 굳혔다. 다소 그 열풍이 줄어든 요즈음에 와서도 한 해에 20~30만 부는 꾸준히 팔리고 있다. 《동아일보》 윤정국 기자는 「한글세대 맞게 다시 엮은 '동양의 지혜'」라는 분석 기사에서 『삼국지』의 성공 비결에 대해 다음과 같이 밝혔다.

작가 이문열은 나관중의 『삼국지연의』를 단순 번역하는 데 그치지 않았다. 중후하고 아름다운 우리말 문장, 역사에 대한 풍부한 지식, 인생에 대한 깊은 통찰력으로 이 책을 현대인의 삶의 길잡이로 만들어 놓았던 것이다. 그래서인지 독자들의 연령층 또한 10대에서 70대까지 폭넓게 형성돼 있고, 매년 100만 부 가까이 팔리는 스테디셀러가 되고 있다.

《동아일보》 1999. 7. 17.

이문열은 당시 어떤 생각으로 제안을 받아들였을까. 나는 그 마음이 못내 궁금했는데, 시간이 상당히 흐르고 난 뒤 어느 날 회사에 들렀을 때 직원이 그에게 묻는 걸 들으니 대략 이런 내용이었다.

"『삼국지』 연재를 제안받았을 때 나는 겨우 등단 3년차였다. 내가 언제나 베스트셀러 작가가 될 것도 아니고, 그렇다고 다시 직장을 가질 수도 없으니 뭔가 안정적인 수입이 필요하다는 데 동의할 수 있었다. '노후의 양식'이 될 거라던 박맹호 회장님의 예측은 결과적으로 정확했다. 하지만 처음에는 이걸 쓴다고 반드시 성공한다는 확신도 없었고, 한창 작품을 써야 할 젊은 나이에 『삼국지』를 붙들고 산다는 게 마음에 걸렸다. 그런데 마침 그때 일본의 뛰어난 역사 소설 작가 요시카와 에이지(吉川英治, 1892~1962)를 인터뷰한 기사를 봤다. 그는 평생 자기가 쓴 모든 문학 작품이 벌어 준 인세와 『삼국지』 하나로 얻은 수입이 같다고 했다. 그럴 수도 있겠다는 생각이 들었다. 이왕에 내가 문학적 부업을 가진다면 『삼국지』도 괜찮겠다 싶어서 《경향신문》 연재를 시작한 거다. 물리적인 시간을 빼앗기니 본격 문학 창작에 서너 해 정도 방해된 건 부인할 수 없다. 다행히 등단 전에 써 놓은 재고가 많아서 크게 문제가 되진 않았다. 『삼국지』가 얼마

만큼 팔릴 것이라고 생각했지만 이렇게까지 많이 사랑받을 거라고는 생각지 못했다. 한국 출판이 대중화되는 시기와 맞물린 행운도 있었을 거다."

그날 이문열이 나에 대해 언급한 대목이 흥미로웠다. 그는 요새 젊은이들의 표현을 빌려 나와의 관계가 '쿨한' 것이었다고 평가했다. 이문열은 "성공한 출판사와 성공한 작가가 한참 친해져 뒤엉키다 보면 오히려 탈이 생길 수도 있"다면서 "우리 관계는 여기까지다 하는 느낌은 늘 존재했지만 그러했기 때문에 오히려 긴 세월을 함께할 수 있었던 게 아닌가 싶다."라고 말했다. 사실 나는 출판을 해 오면서 늘 필자들을 격려하려고 애썼지만 필자들과 인간적으로 서로 부대끼면서 가깝게 지낸 것은 아닌 쪽에 속한다. 성공하면 성공한 대로 실패하면 실패한 대로 작가들을 최대한 존중하면서 한 발짝 뒤로 물러서서 객관적 거리를 두면서 살아왔다. 그러기에 작가들로부터 섭섭한 일을 당해도 곧 극복할 수 있었는지도 모르고, 문지나 창비와는 달리 민음사를 중심으로 어떤 문학적 에콜이 형성되지 못했는지도 모른다. 이런 태도는 특별히 계산된 것이라기보다는 내 성격 탓이 크다. 대신에 나는 뛰어난 직원들한테는 각별히 대하는 편이었다. 나중에 그 덕분에 대중 출판 시대에 접어들어 민음사가 직원들이 제안하는 새로운 출판 영역을 과감하게 수용하면서 대형 출판사로 자라날 수 있는 기회를 얻었다고도 할 수 있다.

밀란 쿤데라 열풍

1988년 서울 올림픽을 전후로 두 번에 걸쳐 사회주의권을 여행할 기회가 있었다. 서울 올림픽 직전인 1987년, 아직 대한민국과는 미수교 상태였던 중국에 먼저 갔다. 민간인으로서는 처음으로 중국 정부의 초청을 받고 간 경우였다. 그 여행에서 중국에 대해 많이 실망했다. 북경행 직항이 없던 때여서 홍콩을 경유해서 갔는데, 홍콩 공항에서 예정된 시간보다 비행기가 10시간이나 연착하면서도 무슨 일인지 설명조차 해 주지 않았다. 나중에 알고 보니 비행기가 활주로를 달리다 바다에 빠지는 사고가 나는 바람에 우리를 실어 갈 비행기가 북경에서 올 때까지 기다려야 했던 모양이다. 우여곡절 끝에 비행기를 탔는데 스튜어디스들이 너무 불친절해서 다시 기분을 망쳤다. 북경 공항 역시 우리 김포 공항 수준에 비할 바도 아니었다. 입국 수속도 컴퓨터가 아니라 일일이 수기로 이루어지고 있었다. 호텔이나 식당 등의 서비스도 형편없고 거리의 더러운 외관을 보면서 과연 이런 상태로 국제 사회에서 경쟁할 수 있을지 회의가 들었다. 자본주의 시스템을 받아들여 현기증 날 정도로 달라진 지금의 중국과는 비교도 할 수 없는 상태였다.

  다시 사회주의권을 방문했던 건 서울 올림픽이 끝난 직후였다. 1988년 모스크바를 거쳐 동구권을 돌아볼 기회가 있었다. 모스크바 호텔에서는 준감금 상태로 지냈다. 호텔 입구에 보초병이 있어서 출입증을 꺼내 검사를 받은 연후에야 들어갈 수 있었다. 사람들을 마음대로 만나지 못하는 상황이었다. 그런데도 밤이면 20대 초반의 여성들이 호텔로 몸을 팔러 들어오는 건 어렵지 않았다. 사회주의의 몰락을 강하게 예감한 것도 그 여행에서였다. 모스크바를 떠나 체코슬로바키아를 거쳐 파리로 갔다가 귀국하는 여정이었다. 프라하의 환상적인 야경과 아름다운 도나우 강이 인상적이었다. 그때 체코를 가지 않았다면 밀란 쿤데라의 작품 출판을 망설였을지도 모른다.

1988년 모스크바를 거쳐 체코와 프랑스를 돌아보는 여행을 떠났다. 도나우 강이 잔잔히 흐르는 프라하의 풍광을 직접 보지 못했더라면 밀란 쿤데라의 작품은 출간되지 않았을지도 모른다.

    송동준 서울대 독문과 교수가 입시 출제 위원으로 차출되어 한 달 동안 감금 상태에서 합숙하는 처지에 놓였을 때, 독일에서 베스트셀러였던 밀란 쿤데라의 『참을 수 없는 존재의 가벼움』을 들고 들어가서 내내 번역에 매달렸다. 합숙에서 나온 송 교수가 민음사에 들러서는 "한 달 동안 이 긴 장편 소설을 시간 가는 줄 모르고 재미있게 번역했다."면서 "내려면 내고 아니면 말라."라고 호기롭게 원고 뭉치를 던져 놓고 갔다. 그때만 해도 밀란 쿤데라는 국내에는 알려지지 않은 생소한 작가였다. 편집부 직원들에게 읽혔더니 대부분의 반응은 "작품이 뭐 이래요?"였다. 그런데 프라하가 남긴 깊은 인상도 어느 정도 작용한 덕분인지 내가 읽어 본 바로는 그리 간단치 않은 작품이라는 느낌이 있었다. 편집부에서 부정적일 경우 웬만하면 포기하고 마는데, 그때에는 혹시나 해서 여러 사람에게 돌려 읽혔다.

당시 민음사에는 명문대 학생들이 잠시 아르바이트하거나 한두 해씩 근무하는 경우가 많았다. 이상문학상 수상 작가인 소설가 권지예, 건국대 국문과 신동흔 교수, 한신대 문창과 서영채 교수 등이 그렇게 민음사를 거쳐 갔다. 또한 출판계 편집자로 자리 잡은 정홍수, 김철호 등도 있었다. 그중 국문과 출신 편집자 한 사람에게 원고를 한번 읽어 보라고 했더니 "아, 이거 걸작인데요, 출판하세요!"라고 강력하게 추천했다. 그 직원이 후일 문학 평론가로도 활약했던 강상희 경기대 교수다. 그제야 나는 확신을 가지고 이 원고를 《세계의 문학》에 전재하자고 밀어붙였다. 1988년 《세계의 문학》 가을호에 『참을 수 없는 존재의 가벼움』이 통째로 실렸다. 단행본은 그해 말 출간됐다. 이것이 한국은 물론 동양권에서도 생소했던 체코 출신의 프랑스 망명 소설가 밀란 쿤데라의 작품을 본격 소개한 내막이다.

번역본의 애초 제목은 '견딜 수 없는 존재의 가벼움'이었는데 내가 제목을 '참을 수 없는 존재의 가벼움'으로 바꾸었다. 이후 한동안 국내 출판계에 '참을 수 없는……' 시리즈가 유행했다. 당시 《한국일보》에서 문학을 담당하던 김훈 기자가 소설을 읽고 나서 찾아와서는 여주인공 테레자를 두고 "야, 이렇게 사랑스러운 여자가 있느냐?" 하면서 감동하던 기억이 난다. 짧은 기간에 무려 30만 부 가까이 팔려 나갈 정도로 반응은 폭발적이었다.

동구권이 몰락해 가는 분위기에서 이데올로기에 환멸을 느끼던 한국 젊은이들의 세태가 이 작품을 자연스레 자신들 이야기로 받아들이게 했던 것 같다. 바람둥이 외과 의사 토마시, 그가 사랑한 시골 여자 테레자, 그리고 토마시의 정부이자 화가인 사비나, 사비나의 유부남 애인 프란츠. 이들 네 사람이 펼치는 사랑 이야기가 러시아의 프라하 침공을 배경으로 몽환적으로 펼쳐지는 이야기다. 짧은 생을

밀란 쿤데라의 『참을 수 없는 존재의 가벼움』 1988년 초판본은 정병규의 디자인이다.
2011년부터는 세계 최초로 밀란 쿤데라 전집(전 15권)을 출간하기 시작했다.

살다 가는 일회성 스케치 같은 가벼운 존재들, 그 가벼움에 대한 환멸과 슬픔을 분방한 불륜을 매개로 전달해 가독성을 높였다.

체코의 반체제 작가 밀란 쿤데라의 작품들이 국내 문학 애호가들에게 폭넓게 읽히며 인기를 더해 가고 있다. 밀란 쿤데라는 지난 88년 말 『참을 수 없는 존재의 가벼움』(민음사 펴냄)이란 이색적인 제목의 소설로 한국에 처음 소개된 체코의 망명 작가. 80년대에 당대 석학이라 일컬어져 온 철학 부문의 미셸 푸코와 함께 문학 분야 최고의 세계적 작가라는 평을 받으며 유럽 미국 등지에서 선풍적인 인기를 일으킨 밀란 쿤데라의 작품들이 뒤늦게 한국에 상륙한 뒤 불과 2년 사이 거의 모든 작품들이 번역 소개될 만큼 폭발적인 인기를 끌고 있는 것이다. 지금까지 번역 출판된 그의 작품들은 『참을 수 없는 존재의 가벼움』 외에도 『생은 다른 곳에』(까치), 『농담』

영욕의 세월 191

(지학사),『이별의 왈츠』(중앙일보사),『웃음과 망각의 책』(예전사),『우스꽝스런 사랑 이야기』(친우) 등. 또 그의 소설론인『소설의 기법』(책세상)도 곧 출간될 예정이다. 이처럼 단기간 내에 외국 작가의 전 작품집이 집중 소개되기는 흔치 않은 일이다. 그의 작품들이 단번에 높은 인기를 끌게 된 까닭은 '참을 수 없는 존재의 가벼움'이라는 제목이 독특한 데다 때마침 불어온 동구권의 개방화 바람과 관련, 그쪽에선 금기시돼 온 성과 정치를 본격적으로 다루었기 때문인 것으로 풀이된다. 이와 함께 묵직한 주제를 다루면서도 가볍게 전달하는 그의 소설 기법이 문학 지망생들을 포함한 국내 독자들에게 호감을 준 것도 또 다른 이유로 보인다.

시인이었던 고(故) 박찬 기자가 1990년 3월 23일자《스포츠서울》에「밀란 쿤데라, 독서계 강타」라는 제목으로 썼던 기사의 일부다. 이 기사에서 언급한 것처럼 쿤데라의 작품들은 다른 출판사에서도 속속 간행돼 1990년대 벽두 한국에는 '쿤데라 붐'이 불었다. 할리우드에서 이 소설을 토대로 만든 영화도 국내에 개봉돼 분위기를 돋우었다. 한 가지 아쉬운 건 영화 제목이 '프라하의 봄'으로 나간 것이었다. 내가 제목을 책과 통일하자고 제안했지만 난해하다는 이유로 그렇게 개봉했다. '프라하의 봄'으로 제목을 달면 이데올로기 영화처럼 오해받을 소지가 다분했는데, 그 탓인지 흥행에 크게 성공하지는 못한 것 같다. 이후 한국 작가들이 이데올로기의 그늘에서 벗어나면서 그의 영향이 꾸준히 나타나는 것으로 보아 밀란 쿤데라를 국내에 소개한 것은 이문열을『사람의 아들』로 부각시킨 것만큼이나 의미 있는 작업이었다.

90년대에는 '경마장'이 있다

1990년대 초입 한국 문단의 뜨거운 화제작이었던 하일지의 『경마장 가는 길』은 주간으로 있던 이영준이 아니었다면 빛을 보지 못했을 작품이다. 연세대 국문과 교수로 있던 정현종 시인이 어느 날 믿을 만한 제자가 있다고 데려다 일해 보라고 사람을 추천했는데, 그가 막 군에서 제대한 이영준이었다. 정 시인을 신뢰했기 때문에 그 또한 두말없이 받아들였다. 함께 일해 보니 문학과 인문학에 대한 소양이 깊고 성품이 넉넉해 작가들과 잘 어울리는 천생 편집자였다.

    1987년에 입사해서 갓 4년차에 접어든 그를 1991년 민음사 주간으로 전격 발탁했다. 그전까지 민음사의 주간은 시인 황지우, 소설가 김원우, 시인 최승호 등 필자 섭외에 유리한 문인 출신들이 맡아 왔고, 문지나 창비 같은 회사 역시 그런 관행이 굳어져 주로 대학 교수인 편집 동인들이 돌아가면서 임무를 치르는 방식으로 운영되었다. 그러나 한국 출판이 유년기에서 벗어나 청년기에 접어듦에 따라서 출판사가 더 이상 사장이나 주간의 친소 관계를 근간으로 한 운영으로 버틸 수는 없었다. 좋은 책을 골라서 잘 만들기만 하면 되는 시대를 지나서 어느새 독서 대중의 숨은 욕구를 제대로 파악하고 이를 책으로 실현하는 기획 출판의 시대를 예비하고 있었던 것이다. 나는 출판 관행을 깨고 편집부 직원이었던 이영준을 회사의 얼굴로 선택하는 파격을 통해 나도 모르게 그 시대에 한발 다가갔다.

    이영준 주간은 1990년대 후반까지 민음사의 폭발적 성장 과정에서 중요한 역할을 했던 인물이다. 그는 편집에서는 탁월한 감각과 세련된 논리로 하일지, 성석제 등 많은 문인들을 발굴해 세상의 주목을 받게 만들었고, 사내에서는 맏형 같은 품성으로 자존심 세고 개성 강한 편집부 직원들을 아울러 책 만드는 일에 헌신하도록 했다. 1997년 그는 민음사를 그만둔 후 하버드 대학교로 유학을 떠나 김수영으로 박사 학위를 받았다. 최근 경희대 후마니타스 교수로 임용되어 바쁜 나날을 보내는 그를 특별히 점심 자리에 청해서 이야기를 나누었다. 그는 민음사 생활 10년 동안의 소회와 나에 대한 인상을 퇴직한 후 만난 직원들한테 늘 이렇게 말하곤 했다고 한다.

"열린 사고, 그게 가장 놀라웠다. 하일지의 『경마장 가는 길』도 사실 사장이 받아들이지 않으면 출판이 힘들었던 작품이다. 그러한 열린 태도는 아마 오랫동안 몸에 배어 온 문학청년 기질 때문이 아닐까 하고 생각한다. 주변에서 흔히 보아 왔듯이, 보통 사업이 궤도에 오르면 자기만의 관점이나 고집이 생겨 사고가 열려 있기 힘든데, 박맹호 회장은 나이에 비해 시대 변화나 새로운 문학적 경향들을 거부하지 않고 받아들였다. 자기 관점을 강하게 주장하지 않고 '자네는 어찌 생각하느냐?' 하며 신입 사원에게도 묻고 끊임없이 듣는 자세를 견지했다. 심지어 동년배 문학 평론가들보다 훨씬 젊어 보일 때조차 있었다. 평론가는 나름의 논리에 사로잡히기 쉬운데, 회장은 전혀 그렇지 않았다."

나는 출판해 오는 내내 특정 이데올로기를 고집하거나 편 가름에 편승한 적이 없는 편이다. 대신에 가능한 한 많은 사람들의 이야기를 들으려고 귀를 세웠다. 어느 날 이영준 주간이 작품 하나를 들고 왔다. 프랑스 유학에서 돌아와 여러 군데 공모전에 응모했지만 번번이 떨어졌던 『경마장 가는 길』이었다. 오늘의 작가상 심사에서 떨어진 작품을 건져 올렸다. 신춘문예나 문예지 추천을 거치지 않은 신인을 출판사가 직접 발굴해서 단행본 출판까지 한 것은 그때까지 복거일의 『비명을 찾아서』가 유일했다. 『경마장 가는 길』은 출간되자마자

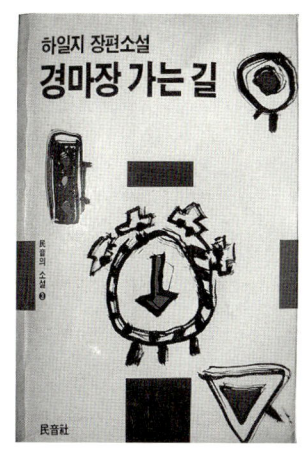

1990년 출간되어 당시 한국 문단을 뒤흔든 하일지의 『경마장 가는 길』. 본래 오늘의 작가상 심사에서 떨어졌던 이 작품은 당시 민음사에 근무했던 이영준 주간이 아니었으면 빛을 보지 못했을 것이다.

어마어마한 논란에 휩싸였다. '도덕'이나 '사랑'으로 맺어진 것처럼 위장된 인간관계의 절망적인 모습을 있는 그대로 보여 준 작품이라는 찬사와 함께 리얼한 성행위가 질리도록 오래 묘사되는 내용과 사실적인 표현 때문에 선정주의라는 오해도 많이 받았다.

이 소설의 주인공 R는 5년 반에 걸친 프랑스 유학을 마치고 귀국한다. 3년 반 동안 프랑스에서 동거하고 박사 논문까지 대신 써 주었던 J는 귀국한 그를 유부남이라는 이유로 냉대하다가 결별을 선언한다. 그는 부모님이 사는 대구로 가지만 늙은 부모는 절망적으로 가난하다. 한편 그와 전혀 맞지 않는 아내와 이혼하려고 하지만 그녀는 고집스럽기만 하다. 그런가 하면 박사 학위를 받아 왔지만 고국은 그에게 시간 강사밖에는 일자리를 주지 않는다. 지쳐 가던 그는 '경마장 가는 길'이란 제목으로 글을 쓰기 시작한다. 이런 줄거리 안에 R와 J가 나누는 성행위가 기계적이고 적나라하게 반복된다. 이 작품을 두고 모처럼 한국 문단에 열띤 논쟁이 펼쳐졌다.

프랑스 리모주 대학에서 누보로망 작가 알랭 로브그리예 연구로 박사 학위를 받은 작가의 작품답게 감정이 전혀 깃들지 않은 정밀하고 낯선 묘사로 가득한 『경마장 가는 길』을 두고 평론가 한기, 우찬제, 임혜경 등이 "문학적인 사건" 또는 "놀라운 소설"이라는 평가를 내린 반면 평론가 전영태 씨는 "외래종 소설"이라는 혹평을 했다. 이에 대해 하일지가 직접 나서서 "전씨가 '한국', '한국적 사고'를 강조하며 하나의 작품을 무참히 짓밟는 것은 말끝마다 '국민'을 들먹였던 우리 역대 독재자들에게서 배운 '우리 시대의 지배 논리'"라고 강력하게 반발했다. 하일지는 후일 자신의 주인공에게 이렇게 공개편지를 썼다.

> 당신은 모르고 있겠지만 그 작품이 발표되자 우리 사회에서는 일대 센세이션이 일어났답니다. 찬사를 보내는 사람도 있었지만 몸부림치며 비난하는 사람도 많았답니다. (중략) 비평가 중에는 나의 사생활까지 운운하며 비난하는 사람도 있었답니다. 저는 아주 슬펐고 답답했고 고독했답니다. (중략) 사실 따지고 보면 한국과 같은 극단적 자본주의 사회에서는 당신처럼 파리하게 지쳐 가는 젊은 지식인들이 얼마나 많겠습니까. 그들에게는 신념이 있고 이상이 있지만 그것을 실현하기에는 현실이 너무 가혹하기만 할 때도 있습니다. (중략) 그리하여 그것이 당신의 명예를 다시 한번 실추시킨다 하더라도, 그리고 나 자신을 수많은 비난 속에 유폐시키는 일이 있다 할지라도 나는 한 줄도 달리 쓰고 싶지가 않습니다.
> 《동아일보》 1996. 3. 12.

어쨌든 이영준이 발굴해 세상에 내보낸 『경마장 가는 길』은 이데올로기 중심의 거대 담론이 소설을 지배하던 시대가 무너지고 개인의 내면과 감성이 작품의 중심을 이루는 사소설 국면으로 한국 소설의 흐름이 넘어가는 분기점에 태어난 상징적인 소설이었다. 이 작품의 의의에 대해 김윤식 서울대 교수는 "한국 문학에 60년대에는 '무진', 70년대에는 '삼포', 90년대에는 '경마장'이 있다."라고 말했다. 이 작품은 또한 1991년 장선우 감독이 문성근, 강수연, 김보연을 캐스팅해 영화로도 만들어져 30만 명이 넘는 관객이 드는 등 인기를 끌었으며, 작품과 영화 속의 대사 한 줄인 "그렇게 말하는 너의 이데올로기는 뭐냐?"는 유행어가 되기도 했다.

이강숙과 예술종합학교

한국 예술 교육의 수준을 새로운 단계로 끌어올린 이강숙 초대 한국예술종합학교 총장과는 필자로 만나 지난 30여 년 동안 각별한 인연을 맺어 왔다. 경복중학교 후배여서 잘 알고 지내던 김영태 시인이 이강숙 씨를 좋아했는데, 그는 가끔씩 만날 때마다 나에게 훌륭한 음악학자가 있다고 이야기하곤 했다. 이강숙 씨는 미국 미시간 대학교에서 음악 교육학 박사를 끝내고 버지니아 커먼웰스 음대에서 교수로 재직하다가 초청되어 와서 1977년부터 서울대 음대 교수로 재직 중이었다. 미국 유학을 떠나기 전부터 음악 평론 활동을 했고 문학에도 깊은 애정을 품고 있던 그는 국내에 정착하면서부터 다시 활발한 저술 활동을 펼치기 시작했다. 1981년부터 2년간은 KBS 교향악단 초대 총감독까지 맡을 정도로 성가가 높았다. 이강숙 씨가 민음사에서 출간한 첫 책은 1982년에 선보인 『음악의 방법』이다.

『음악의 방법』은 한국 악단을 상대로 한 고발장이다. 음악 교육, 음악 연주, 음악 창작, 전 분야를 피고로 한 고발장이다. 고발장의 요지는 음악도 예술이기 이전에 하나의 학문인데 학문하는 사람들(한국의 음악인들)이 자기들의 예술 행위 목적 설정에 있어 정확한 가치관의 결핍은 물론 이에서 파생되는 길이 없는 '느낌'만으로 음악 행위를 하고 있다는 것이다. 한국의 사회는 음악인을 기능인으로 인식하고 있는데 (소위 지식인을 자처하고 있는 대학 교수들도 그렇게 생각하고 있으니) 이러한 인식을 심어 준 그 일차적 책임은 우리나라 음악인 모두에게 있다.

《경향신문》1982. 10. 5.

하재은 연세대 음대 교수가 기고한 서평의 일부다. 이 서평이 지적한 것처럼 이강숙 씨의 한국 사회 음악 풍토에 대한 시각은 날카롭고 적확했다. 이후 후속 저서로 민음사에서 출간된 『음악의 이해』(1985)와 『한국 음악학』(1990)도 한국 음악 연구에 크게 기여한 책이다. 나중에 비룡소에서는 음악 이해의 원리를 깨우치는 그림 동화 『음악 천사의 사랑』(1995)도 펴냈다. 2006년에는 느지막한 나이로 소설가로 데뷔해 그의 오랜 꿈이었던 첫 소설집 『빈병 교향곡』도 민음사에서 출간했다. 이 모든 과정에서 나는 늘 예술가로서 열정이 넘치는 그와 즐겁고 깊은 인연을 유지해 왔다.

이강숙 씨는 피아니스트이자 뛰어난 음악 이론가요 교육자로 각광받았지만, 무엇보다 한국예술종합학교(이하, 한예종)를 만들고 반석 위에 올려놓은 일이야말로 그의 가장 큰 업적일 것이다. 언젠가 그에게 "나도 한예종을 만드는 데 옆에서 약간 기여했다고 생각하는데 동의하느냐?" 하고 농담 삼아 물었다. 그러자 그는 특유의 사람 좋은 미소를 지으며 이내 빠르고 격정적인 목소리로 "100퍼센트 동의한다"면서 "당시 이수정 문화부 장관이 서울대에 사표를 내고 한예종을 맡으라고 했을 때 처음에는 거부했는데 회장님 충고를 듣고 미련 없이 사표를 던졌다."라고 말했다.

  당시 이수정 문화부 장관은 서울대 음대 교수로 잘나가는 이강숙 교수를 불러서 한국예술종합학교 초대 교장을 맡아 달라고 부탁했다. 튼튼한 입지가 보장되는 국립 대학교 교수직을 사퇴하고 미래가 불투명한 신설 학교를 선택하는 일은 쉬운 결정이 아니었다. 그러나 내가 이강숙 씨한테 서울대 교수를 그만두고 한예종으로 가라고 말한 이유는 무엇보다도 그에 대한 '신뢰' 때문이었다. 내가 음악 전문가도 아닌 마당에 미래를 예견하고 권유할 능력은 없었지만, 그의 가슴속에 끓는 예술에 대한 한없는 열정을 알기에 그 뜨거움을 현장에서 폭발시킬 수 있도록 곁에서 약간 조언을 한 것뿐이다.

> 10년간의 미국 생활을 마치고 1977년에 서울대 음대 교수로 정착했다. 1981년에 서울대 교수와 KBS 교향악단 초대 총감독직을 겸했다. 그러다가 꿈에도 상상하지 못한 일이지만 서울대를 그만두고 '예술종합학교'로 자리를 옮겼다. 나는 지금 정신없이 일하고 있다. '세계적 학교로 만들어야 한다'는 다짐을 단 하루도 빼놓지 않고 한다. 쉽게 버리지 못할 서울대 교수직을 마다하고 자리를 옮긴 바에야 더 이상 무엇을 바라겠는가. 한국예술종합학교를 본궤도에 올라가게 하는 일 이외의 그 무엇에 관심이 있겠는가. 주위에서 칭찬도 있고 비난도 있다. 나는 그 말들을 모두 고맙게 생각한다. 모두가 학교 잘되라고 하는 소리가 아닌가.
>
>   《경향신문》1993. 8. 4.

이강숙 씨가 기고한 「나의 삶, 나의 생각」의 일부다. 그는 이 칼럼에서 "쉽게 버리지 못할 서울대 교수직을 마다하고 자리를 옮긴 바에야 더 이상 무엇을 바라겠는가."라고 반문했는데, 결과적으로 그 선택은 잘한 것이었다. 오늘날 한예종 음악 분야의 눈부신 성장은 모두 그때 쌓아 놓은 초석의 결과라는 사실을 부인할 사람은 많지 않을 것이다. 나는 한예종 후원금 모금에도 두어 차례 참여해 기금을 보냈다. 모두 이강숙 총장에 대한 믿음 때문이었다. 그런데 한예종 운영에는 예술적 자질보다는 행정가의 능력이 더 필요했다. 이강숙 씨는 교육 행정가보다는 예술가에 가까운 편이었다. 이 때문에 그가 나에게 이런저런 일로 자문하는 경우가 많았는데 우리는 자주 골프를 치면서 대화를 나누곤 했다. 나는 옆에서 주로 '방자' 노릇을 했을 뿐이지만, 한 시절 세계 수준의 예술 학교로 도약하는 한예종을 만들어 가는 일에 간접적으로나마 도움을 줄 수 있다는 사실이 뿌듯했다.

  이강숙 씨는 문화 전반에 걸쳐 확고한 철학과 안목을 겸비했으며, 예술가로서도 아주 뛰어난 자질을 가진 사람이었다. 한때 그가 옆에 있다는 사실만으로도 나는 마음이 든든했다. 이런 믿음 때문에 후일 문화부에서 프랑크푸르트 도서전 한국 주빈국 준비 조직 위원장을 추천하라고 했을 때 두말할 것도 없이 한예종 임기를 끝낸 그를 추천했던 것이다.

  나의 문학에 대한 열망은 출판사를 만들어 다른 이들이 대신 뛰어난 작품을 생산하도록 마당을 만든 셈이고, 음악에 대한 애정은 이강숙 총장을 통해 드러낸 것 아니냐고 누군가 그럴듯하게 정리한 적이 있다. 그럴지도 모르겠다. 내 황량한 청춘기를 책 다음으로 채운 것은 클래식이었다. 대학 시절 이래 명동의 클래식 다방들이야말로 우리네 청춘의 고향이었다.

6. 새로운 출판의 패러다임

1994~현재

전문 편집자 시대

1990년대 접어들면서 출판 환경은 급변했다. 1989년 베를린 장벽이 붕괴되고 동구권이 무너진 후 한국 사회도 이데올로기의 주박에서 서서히 풀려나기 시작했다. 독서 대중의 욕구가 폭발하면서 출판은 점차 다양성을 추구하는 백화제방의 시대로 넘어가고 있었다. 매주 수백 권의 책이 쏟아졌고, 독자들도 문학, 인문학 쪽에서 점차 세분화되어 그림책이나 만화에서 과학서나 실용서에 이르기까지 영역별로 흩어졌다. 이런 상황에서 출판사가 오랜 생명력을 갖고 살아남으려면 사장의 관심에 따라서 출판이 좌지우지되는 종래의 출판 구조보다는 사장은 관리와 경영만 전담하고 편집이나 마케팅 등은 이를 전문으로 하는 인재를 모아 능력을 펼칠 수 있게 하는 시스템을 구축해야 한다는 절박감이 밀려왔다. 내가 이영준을 입사 4년 만에 주간으로 전격 발탁하고 그를 중심으로 편집진을 다시 짜기 시작한 것도 이런 맥락에서였다. 필자들도, 기자들도, 독자들도, 서점 관계자들도 이제 나랑은 세대가 달라져 소통이 어려웠다. 달라진 세대에 맞게 새로운 시스템을 갖출 필요가 있었다. 그 대신 나는 그들의 이야기를 잘 들어주기만 하자고 결심했다. 본래 그것은 내가 잘하는 것이었으니 말이다.

민음사가 편집자 중심의 주간 체제로 운영된 건 이때부터라고 생각한다. 내가 책 만드는 일에서 완전히 손을 뗀 것은 아니었지만, 나는 큰 흐름과 방향만 정하고 인쇄되기 전 최종으로 체크만 했을 뿐 실질적으로 일을 기획하고 진행한 건 이영준과 그 휘하의 편집진이었다. 앞에서 말한 대로 이영준 이전에도 최승호 시인 등 주간이 없었던 것은 아니지만, 그들은 문인으로 민음사와 인연을 맺어서 다른 일을 찾는 도중에 비교적 짧은 기간을 거쳐 갔다. 이영준은 민음사에 입사한 말단 편집부 직원으로 출판을 배워서 편집자의 영예인 주간으로 발탁된 경우였다. 한국 출판의 역사에서 '전문 편집자' 시대가 열린 것이다.

신입 편집자가 주간이 되는 전례를 만들고 그를 중심으로 회사를 운영해 나가자 편집 일을 평생의 업으로 삼으려는 인재가 몰려들었다. 몇몇 사람은 아직도 회사에 남았고 몇몇 사람은 다른 일로 전직했으며 몇몇 사람은 다른 출판사로 옮겨 훌륭한 책들을 펴냈다. 이영준은 동년배 편집 위원인 이남호, 우찬제, 이광호, 김성기 등과 힘을 합치고 편집부를 잘 리드해 좋은 기획을 많이 해냈다. 필생의 숙원이었던 '세계 문학 전집'을 기획하고 진행하는 데에도 그가 큰 역할을 했다. 이영준 주간이 그만둔 뒤로는 이갑수, 박상순, 장은수가 그 체제를 이어받았다. 현재 민음사 대표로 일하는 장은수는 이영준이 주간으로 있을 때 신입 사원으로 입사했다. 입사 당시부터 재목감이라고 생각해 맏아들 근섭에게 잘 지켜보라고 얘기했던 기억이 난다. 기획력과 순발력, 대처 능력이 뛰어난 출판계 인재다. 장은수는 입사할 무렵의 편집부 분위기를 어느 자리에선가 이렇게 고백한 바 있다.

"박맹호 회장님과 이영준 주간을 보고 편집자가 한국의 지식 문화를 이끌어 가는 하나의 멋진 직업이 될 수 있겠구나 하고 생각했습니다. 민음사에 입사할 당시 저는 잠깐 근무한 후에 서울대 국문과 대학원으로 돌아가 공부를 계속할 생각이었습니다. 그것도 그런 대로 훌륭한 인생이었겠지만, 아마 지금보다 모험에 가득 찬 멋진 인생은 아니었을 겁니다. 주변에 지적 욕구로 충만하고 교양 수준이 높은 좋은 동료들도 계속 입사했습니다. 모두 책을 지독하게도 사랑한 광적인 독서가들이었고, 또한 이영준 주간이 평직원에서 주간이 되었다는 이야기를 듣고 편집자가 평생을 걸 만한 직업이라는 생각으로 이 일에 달려들었습니다. 그 결과 한때 민음사 편집부는 웬만한 대학의 연구소 같은 분위기였습니다. 세계의 최신 지적 조류에 관한 수준 높은 대화가 오갔고 문학의 새로운 질서에 대한 열정 어린 토론이 이어졌습니다. 말단 편집자라도 그가 제안하는 책이 괜찮은 기획이면 쉽게 통과되는 분위기였습니다. 편집자들은 매일 새로운 기획을 내놓았고, 그 책이 몇 달 후에는 세상으로 나가서 반향을 일으켰습니다. 매출도 매년 크게 늘어서 전 직원이 네팔 여행을 다녀오고, 그게 화제가 되어 직원들이 방송에 출연했던 기억도 납니다. 한마디로 신나는 시기였죠. 평생 편집자로 살겠다고 결심한 것은 이런 분위기 때문이었을 겁니다. 저뿐만 아니라 현재 출판계에 남은 선후배들 대부분이 그랬습니다."

이 시기에 민음사는 자회사를 만들어 출판 영역을 세분화, 전문화시켜 나가면서 질적 도약을 준비했다. 민음사가 출판의 본령인

문학·인문학 출판사로서 중심을 잡은 가운데 1994년 아동 청소년 서적 전문 출판사 '비룡소', 1996년 장르 문학 및 대중 교양서 전문 출판사 '황금가지', 1997년 과학책 전문 출판사 '사이언스북스'를 출범시켰다.

비룡소와 어린이 책 출판

어린이 책 출판은 비룡소 설립 이전에 1990년 최승호 시인이 주간으로 있을 때 시도했다. 최승호는 민음사와 불가분의 관계를 맺어 온 고마운 존재다. 오늘의 작가상으로 데뷔해 주간을 역임했고 지금도 비룡소 자문 위원으로 계속 출판을 도와주고 있다. 세속 도시의 사람 같지 않고 승려 같은 이미지가 느껴지는 사람이다. 그가 곁에 있다는 건 큰 행복이다. 나는 1970년대 이후 한국 사회에 소개된 현대 문화의 세련된 세례를 흠뻑 흡입했던 세대들이 결혼해 자녀를 기르는 시기가 되면 그때까지 아동물 시장을 점거했던 전집류나 만화 영화 캐릭터 중심의 책들로는 만족하지 못할 것이라고 생각했다. 문학 단행본 시대가 열렸던 것처럼 어린이 책 단행본 시대를 열고 싶었다.

당시 최승호와 상의해서 《민음 동화》라는 계간지를 발간함과 동시에 아동물 시장에 진출하기로 했다. 《민음 동화》를 통해 서정주, 박완서 같은 일급 기성 문인들에게 어린이들을 위한 문학을 창작하게 하고, 아동 문학에 대한 이론도 정립해 나가려고 했다. 그러나 아동 문학계나 독자들 반응은 싸늘했다. 괜히 기존 아동 문학가들의 반발만 산 채 한 해 정도 버티다가 폐간하고 말았다. 아이들 책을 어른들 방식으로 접근했다는 게 가장 큰 패착이었다. 아이들에겐 이론보

1990년 여름 창간한 아동 도서 전문 계간지《민음 동화》표지. 일러스트레이터 강우현, 연세대 아동심리학과 교수 김경희, 고려대 불문과 교수 김화영, 아동문학가 정채봉, 시인 정현종 등이 기획 위원으로 참여했다.

다 바로 실물을 보여 줬어야 하는데, 의욕만 앞서 이론적으로 접근했다가 낭패를 보았다. 그러나 어린이 책 문화를 일신해 보겠다는 의지는 결코 꺾이지 않았다. 일단 국내에 알려지지 않았던 해외의 명작 동화들을 골라서 번역해 소개하기 시작했고, '황금도깨비상'을 제정해 신진 작가들을 발굴해 꾸준히 책을 출판해 갔다.

　그때 만났던 사람 중 하나가 미술가 강우현 씨다. 요즘 남이섬을 국제적 관광 명소로 꾸며서 성가를 드높이는 그를 정인철 프뢰벨 사장의 소개로 처음 만났다. 충북 제천 사람으로 얌전한 캐릭터인 그이의 그림은 초기에는 소박한 편이었는데 갈수록 원숙해진 느낌이다. 1986년 일본 노마 국제 어린이 그림책 원화 콩쿠르에서 「사막의 공룡」으로 대상을 수상하면서 유명해졌고, 아시아문화교류연구소를 차려 소장으로 있으면서 국제적으로 활약해 왔다. 그는 남이섬을 '상

새로운 출판의 패러다임　207

상 나라'라고 부르는데, 본디 '상상'이라는 말을 좋아했다. 민음사에서 펴낸 그의 그림책도 부제가 '강우현의 상상 그림책'이었다. 귀여운 팬더 '싱싱', '랑랑', '장장'이 주인공으로 나오는 유아 그림책으로, 이 책에 대해 《동아일보》 고미석 기자는 이렇게 평가했다.

> 지금까지 유아용 그림책은 일본을 비롯한 외국 작품들을 번역해서 펴내는 것이 주종을 이뤄 왔는데 강 씨는 '아이들보다도 더 아이다운' 상상력으로 새로운 팬더 캐릭터를 창출해 국내 창작 그림책 분야에 신선한 충격을 던지고 있다. 그는 지난 86년 일본에서 열린 제5회 노마 콩쿠르(국제 그림책 원화전)에서 대상을 받았고 89년 일본 고단샤 출판 문화상과 체코 브라티슬라바 국제 그림책 원화전에서 금패상을 받는 등 국제적으로 알려진 그림 동화 작가다. 이번에 그가 내놓은 그림 동화책은 아동 도서에서 흔히 볼 수 있는 교훈식의 동화가 아니라 어린이들이 바로 자신들의 모습을 발견할 수 있는 편안한 책이란 점에서 눈길을 끈다. 이 그림책은 4~7세 어린이를 대상으로 하는데 책을 읽고 보는 것 자체가 즐거운 놀이가 되도록 꾸며졌다. 줄거리는 단순하지만 기상천외한 아이들의 세계가 웃음을 자아낸다.
>
> 《동아일보》 1992. 10. 29.

1994년 아동 전문 출판을 본격적으로 해 보기로 결심하고, 출판사 이름을 이리저리 궁리하다가 내가 태어난 동네 이름을 빌려서 '비룡소'라는 이름을 붙였다. 이 무렵 아들딸이 결혼해서 손주들이 태어나기 시작했는데, 나는 아이들을 각별히 사랑했다. 나는 그들을 책으로 키우고 싶었다. 책으로 다져진 삶이야말로 아이들 인생에 가장 큰 선물이라고 생각했다. 그런데 아이들한테 책을 사 주려고 해도 마땅한 것이 없었다. 구미의 명작이라고 해도 일본에서 펴낸 책을 베껴서 식자하듯 찍어 낸 게 많았다. 그래서 세계적 수준의 어린이 책을 직접 만들어서 읽혀야겠다고 작심했다. 판형도 그림과 내용에 맞추어 자유자재로 구사하고, 색채 감각을 끌어올리고 활자도 천편일률에서 벗어나고 싶었다. 이야기의 재미와 상상력 면에서 아이들을 도덕적, 교훈적으로 억압하는 게 아니라 고양할 수 있는 책들을 만들고 싶었다. 그때 민음사에 들어와서 나를 경영 면에서 돕고 있던 장남 근섭이 대표를 맡아서 두 해 동안 운영했는데, 전문가들의 평은 좋았으나 시장에서 독자를 설득하는 데에는 성공하지 못했다. 고급 아동 도서에 대한 수요가 많지 않았던 것이다. 반 발짝만 앞서가자는 게 내 지론이었는데, 시장 상황에 비해 많이 앞서가는 바람에 그랬던 것 같다.

비룡소의 책들이 독자들과 제대로 만나게 된 것은 두 해 뒤 맏딸 상희가 일본에서 돌아오면서부터였다. 서울대에서 미술을 전공하고 일본에서 도쿄 예술 대학 연구과정을 다니면서 열심히 서점을 순례했던 상희가 근섭에 이어 비룡소를 맡았다. 비룡소를 맡자마자 상희는 세계적으로 수준이 높은 아동 도서 목록을 뽑아내 망설이지 않고 저작권 계약을 맺어 나갔다. 같은 시기에 민음사에서도 '세계 문학 전집'에 들어갈 작품들을 계약해 나갔다.

1993년 한국이 세계 무역 기구(WTO)에 가입하면서 자동으로 베른 조약 회원국이 되어 그전에는 계약 없이 무단으로 펴내던 해외 작품들도 저자 사후 50년까지 보호하게 되었다. 시장의 충격을 없애기 위해 7년의 유예 기간이 주어졌지만, 2000년부터는 저작권 없이는 사업이 불가능해졌고 그 이후에는 외국 작가들도 국내 작가와 마찬가지로 저작권법의 보호를 받았다. 회사의 젊은 편집자들은 이러한 시대적 변화에 민감했고, 해외 저작권을 적극적으로 확보하자고 나섰다. 그 당시 『삼국지』가 성공하면서 회사에 여유 자금도 조금 있었기에 장기 투자 차원에서도 해 볼 만했다. 게다가 오래전부터 나는 외국 출판인과 만날 때마다 '바이킹'이라는 콤플렉스를 느껴 왔는데, 이 기회에 이를 말끔히 씻어 버리고 떳떳하게 세계로 나서고 싶었다.

주변에서 너무 욕심을 부리는 거 아니냐며 걱정도 많았다. 하지만 상희는 아랑곳하지 않고 좋은 작품이면 편집진과 상의해 과감하게 판권을 확보해 나갔다. 저작권 계약 전문가도 필요해져 에이전시에서 일하던 남유선을 영입해 편집자로 일하다 나중에 합류한 송정하와 함께 별도 부서도 하나 꾸렸다. 이런 저돌적인 추진력이 결국에는 비룡소를 성공시킨 힘이 됐다. 다행히 이른바 '386 세대'들이 아이들을 기르기 시작하면서 고급 아동서를 찾기 시작하는 등 시점도 맞아떨어져 시장에서 적극적인 호응을 얻었다. 존 버닝햄, 윌리엄 스타이그, 레이먼드 브릭스, 에즈라 잭 키츠, 토미 웅거러, 고미 타로, 앤터니 브라운 등이 '비룡소 그림 동화' 초기에 등장한 세계적 작가들이다. 이들의 등장은 국내 아동 도서의 수준과 출판 분위기를 바꾸는 계기가 됐다. 서점에서도 일반 도서 코너의 절반 이상을 아동 도서 진열 공간으로 확장해 나가기 시작했다.

엄혜숙, 서애경, 정해왕, 김소희, 서영옥, 김은하 등 편집장들이 이어 가면서 상희를 잘 보좌해 주었다. 그들이 하는 일에 나는 최대한 간섭하지 않았다. 상희 역시 "아버지가 자꾸 간섭했더라면 금방 그만두었을지 모른다."라고 말한다. 상희의 미술적 감각이 남다른 데다 직접 아이도 키우고 있어서 나보다는 아이들 세계를 잘 알았기에 신뢰하는 편이었다.

나는 신문 편집진을 설득해서 아동 도서에 본격적으로 지면을

1997년 미국 시카고 도서전에 참석한 후 뉴욕의 FSG(Farrar, Straus & Giroux) 출판사 사무실을 방문했다. 왼쪽 끝에서부터 김성곤 서울대 영문과 교수, FSG 저작권 담당자, 남유선 민음사 저작권 담당자.

할애하도록 노력했다. 비룡소가 아동물을 출판하기 시작한 1990년대 중반은 신문의 전성기이기도 했다. 경제 섹션이니 문화 섹션이니 해서 지면이 폭발적으로 늘어났고, 독자들은 아침마다 50여 면 가까이 되는 신문을 받아 들고 쏟아지는 정보를 풍족하게 누렸다. 문화 담당 기자들은 넘치는 지면을 채우려고 온갖 기삿거리를 찾아 다녔다. 인터넷이 사람들 생활 속을 충분히 파고들기 이전의 일이다. 그러나 그 넘치는 지면을 아동 도서에 따로 할애하는 신문사는 없었다. 나는 신문사 편집진을 만날 때마다 신문의 효용을 아이들과 주부들에게까지 확산시키자고 설득했다. 때마침 《조선일보》 문화부장을 맡았던 정중헌 씨가 그에 호응해 북 섹션에 아동 도서를 위한 고정 지면을 만들어 주었다. 세계 최고의 일러스트레이터가 그린 도판이 들어가자 신문 지면이 다 환해 보였다. 주부 독자들의 반응도 좋았다. 아이들이 읽을 책을 고르는 데 고충이 많았는데 상당히 도움이 되었다는 호평이 쏟아졌다. 나중에는 거의 모든 신문이 아동 도서에 지면을 할애하게 되었다. 물론 내 이야기만 듣고 이런 지면을 만든 것은 아닐 것이다. 신문 구독권을 쥔 주부들의 정보 욕구나 광고 확보 등 복합적인 고려가 있었으리라 생각한다. 신문에 아동 도서 지면이 생기자마자 수준 높은 고급 어린이 책에 대한 수요가 폭발했고, 마침내 우리도 서서히 눈높이를 높여 가서 세계적 수준의 아동 서적을 출판하게 되었다. 단지 비룡소만이 아니라 우리 아동 도서 출판 전반과 독자에게 도움이 되었다고 생각한다.

황금가지의 밀리언셀러 행진

얼마 전 모처럼 상희와 지난날을 돌이키는데, 상희가 "아버지는 우리보다 민음사를 더 좋아했던 것 같다."라고 말했다. 아무렴 그러했을까 싶지만, 순간 장남 근섭이 생각나 가슴이 아렸다. 근섭은 처음부터 출판을 하고 싶어 하지 않았다. 서울대학교 경제학과를 졸업한 후 미주리 주립대학교에서 경영학을 전공하고 돌아와서 친구들과 함께 자기 사업을 하려고 했다. 이를 말리고 호통을 쳐서 억지로 곁에 붙잡아 둔 것은 바로 나였다. 나와는 달리 계수에 밝은 근섭이 그때까지 개인 회사였던 민음사를 주식회사로 전환하고 편집진을 떠받치는 사업 시스템 전체를 현대화시켜 주기를 바랐다. 마뜩잖아 하면서도 근섭은 그 일을 훌륭하게 수행했다. 회계의 박경희, 제작의 박성래, 마케팅의 정대용, 관리의 박광용 등과 함께 주먹구구식 장부 대신에 컴퓨터 프로그램을 짜서 현대화된 출판 관리 시스템을 갖추고 제작, 재고, 출고까지 한눈에 볼 수 있도록 만들었으며, 출판 과정에서 생기는 각종 불필요한 비용을 절감해 효율을 극대화했다. 근섭의 노력이 없었다면, 현재 민음사가 연간 400종에 이르는 많은 책을 내면서도 혼란 없이 체계적으로 일하는 것은 불가능했을 것이다.

근섭은 민음사의 현대화를 이끌었을 뿐만 아니라 자회사인 황금가지를 맡아 몇 해 동안 계속해서 밀리언셀러를 쏟아 내 민음사 출판 그룹의 재정을 탄탄하게 받쳐 주었다. 황금가지는 1996년 무겁고 진지한 민음사의 이미지를 탈피해서 독서 대중과 호흡할 수 있는 쉽고 재미있는 책을 출판한다는 목표를 가지고 창립했다. 황금가지라는 이름은 조지프 프레이저의 인류학 명저 『황금가지』에서 따온 것으로 '권력의 목 베기'라는 내포가 문화적 엄숙주의를 버리고 생동하는 세계의 새로운 감각을 수용하려는 취지에 맞춤했다.

지금까지 대학에서 신입 여학생의 필독서로 꼽히는 페미니즘 소설의 고전 『이갈리아의 딸들』을 첫 책으로 낸 후, 『성공하는 여자들의 심리학』 등 주로 자기 계발 분야의 선구적 작품을 펴내서 안타를 쳤다. 그러던 황금가지가 밀리언셀러 행진을 시작한 건 1998년 이영도의 판타지 소설 『드래곤 라자』를 출간하면서부터였다. 작가 이영도는 경남대학교 국문과 시절 단편 몇 편을 습작하다가 뜻대로 풀리지 않아 집어치우고 PC 통신 '하이텔'에 평소 구상해 왔던 판타지 소설을 연재하기 시작했다. 처음에는 몇 번 글을 올려 보고 끝낼 생각이었지만 연재 첫날부터 폭발적인 조회 수를 보이는 바람에 결국 1만 3000장에 이르는 긴 소설을 쓰게 되었다. 그가 끝까지 써 본 첫 번째 소설이 한국 판타지 문학의 역사에 불을 붙인 것이다.

당시는 IMF 시대여서 회사 전체가 어려웠다. 멀쩡히 잘하고도 서점이 부도를 내서 도산하는 바람에 출판사가 같이 넘어가는 경우가 많았다. 민음사도 운영을 축소하고 긴축 경영에 들어가니 책을 꾸준히 펴내는데도 회사 전체가 움츠러든 기분이었다. 그러나 출판은 어떤 어려움도 책으로 돌파할 수밖에 없다. 출판 인생을 돌이켜보면, 어려울 때일수록 사람들은 더 책을 찾았다. 책은 위기를 맞은 인간에게 가장 값싸면서도 가장 유익한 재생의 도구요, 즐거움의 원천이다. 역사의 새로운 국면에서는 대중의 욕구를 표현할 수 있는 새로운 책이 필요했다.

나는 잘 몰랐지만 젊은이들 사이에서는 서양 판타지 세계에 기반을 둔 게임 문화가 광범위하게 퍼져서 대유행이었던 모양이다. 『반지의 제왕』이나 『바람과 불의 노래』 같은 판타지 소설 역시 널리 읽히고 있었다. 이들은 한국적 현실에 붙잡혀 있는 종래의 한국 소설 대신 좀 더 신나고 재미있으면서도 상상력의 자유를 무한히 누릴 수 있는 새로운 이야기를 열망했다. 이때에 황금가지가 그 일을 해내기 시작한 것이다. 『드래곤 라자』를 내면서 나는 독자 반응을 염려했는데, 예상외로 매일 수천 부씩 주문이 들어오는 등 기록적으로 팔려 나가기 시작해 결국 밀리언셀러에 올랐다.

20대 문학도들 사이에 '판타지(fantasy) 바람'이 불고 있다. 판타지 소설의 창작 붐을 일으킨 도화선은 최근 12권의 책으로 묶여 나온 『드래곤 라자』. 지난해 10월부터 7개월 동안 PC 통신에 연재되면서 폭발적인 조회 수를 기록했던 이 장편 소설은 이영도(26)라는 대학생에 의해 쓰였다. 인간을 비롯한 일곱 종족이 어울려 사는 환상의 세계에서 17세의 소년 '후치'가 드래곤 라자라는 구원의 존재를 찾아 떠나는 모험으로, 음모와 암투, 괴물과의 사투, 번뜩이는 유머와 위트, 독설로 젊은 독자들을 사로잡았다. 『드래곤 라자』의

상승 바람에 힘입어 현재 가상 공간에는 중·단편 소설까지 합쳐 100여 편이 연재되고 있다. (중략) 판타지 소설의 부상을 "리얼리즘과 모더니즘에서 벗어난 새로운 형식과 주제를 탐색하려는 90년대 문학 풍토의 징후"라고 보는 황병하 교수(광주여대·국문학)는 "규제와 억압에서 일탈하려는 젊은이들의 욕구를 판타지 소설이 충족시키고 있으며 쉬운 문장, 간략한 구조, 흥미진진한 줄거리 전개로 고급 문학의 배타성에 맞서고 있다."라고 말했다.

《경향신문》1998. 8. 21.

당시 황금가지 편집진은 장은수 현 민음사 대표를 비롯해 권선희, 이지연, 최준영, 김준혁 등으로 이루어져 있었다. IMF 이후 회사가 위기에 몰리자 이들은 어느 날 편집 회의를 열어 민음사나 그 계열사에서 출판을 전혀 고려하지 않았던, 그러나 대중의 독서욕을 좀 더 쉽게 자극할 수 있는 책을 내기로 결의했다. 근섭은 이들의 절대적 후원자였다. 사내의 반대를 무릅쓰고 이들이 출판하자고 하는 책은 모두 밀어주었다. 그리고 황금가지는 해마다 밀리언셀러를 기획해 냈다.

이듬해인 1999년에는 『모차르트 이펙트』로 화제의 중심에 서고, 음반까지 내서 수십만 장을 팔았다. 그다음 해인 2000년에는 『부자 아빠 가난한 아빠』로 장외 홈런을 날렸다. 미국의 투자 분석가 로버트 기요사키가 쓴 이 책은 투자와 투기에 명확한 경계선을 그으면서 한국 사회에서 돈에 대한 고정 관념과 편견을 깨뜨렸다는 평가를 받았다. 이 책 이후 한국 출판에서는 경제 경영서, 자기 계발서 붐이 본격적으로 일기 시작해 오늘에까지 이르고 있다. 『부자 아빠 가난한 아빠』는 한국 사회에 '부자 아빠' 신드롬을 불러일으킬 정도로 화제가 되었다. 증권사에서 '부자 아빠 예금'이 나올 정도였고, 거뜬히 밀리언셀러 대열에 올라 200만 부 이상 판매되었다.

2001년에는 서양 판타지 소설의 효시인 J. R. R. 톨킨의 『반지의 제왕』을 국내 처음으로 완역해 뜨거운 호응을 얻었다. 『반지의 제왕』은 "기독교인이 성서를 읽지 않는 것은 용서받을지 몰라도 판타지 독자가 이 책을 읽지 않는 것은 어불성설"이라고 할 정도로 판타지 문학의 고전으로 꼽혀 왔다. 모두 일곱 권으로 나온 이 소설은 독자들 사이에서 꾸준히 읽히다가 그해 말 영화 『반지의 제왕』 3부작의 첫 편이 개봉되면서 폭발적으로 팔려 나가기 시작했다. 영화가 잘 만들어진 탓에 감동을 받은 사람들은 후속 이야기를 궁금해했고, 이 낯선 판타지 소설에 대한 독서 열풍을 불러왔다. 『반지의 제왕』은 그 후 150만 부나 팔려서 결국 밀리언셀러에 올랐다.

여세를 몰아 2002년에는 『셜록 홈즈 전집』을 역시 국내 처음으로 완역했다. 지금은 소설 출판에서 가장 활성화되어 있지만, 당시 추리 · 스릴러 소설 시장은 완전히 침체기에 빠져 있었다. 사람들은 이 장르의 소설을 저급한 문학으로 인식해 찾지 않았다. 그때 한국 추리 소설은 추론을 이용한 사건 해결이라는 지적 재미보다는 불필요하게 야한 이야기를 덕지덕지 끼워 넣은 삼류 성인물로 전락해 있었다. 그러나 황금가지 편집진은 많은 사람들이 어린 시절 홈즈와 뤼팽을 읽고 추리적 상상력을 펼치면서 재미를 느낀다는 사실에 주목했다. 범죄는 인간의 가장 치열한 현실 중 하나이고, 이를 철저하게 파헤치는 것은 사회의 모순과 인간적 진실을 동시에 드러내야 하는 문학의 고유한 임무를 수행하는 것이라고 믿었다. 언젠가는 이 장르가 한국에서 다시 붐을 일으키리라고 확신한 끝에 먼저 추리 문학의 고전 『셜록 홈즈 전집』을 펴내기로 했다. 이 책은 오역이 많은 데다 누락도 있는 일본어 중역판으로 1970년대에 나와 인기를 끌었지

최고의 명탐정 캐릭터로 전 세계 독자들의 사랑을 받고 있는 셜록 홈즈. 2002년 국내 최초로 완역한 『셜록 홈즈 전집』은 황금가지의 대표적 밀리언셀러이다.

만 당시에는 절판되어 구할 수 없었다. 독자들 반응은 뜨거웠다. 초판 3000부가 하루 만에 매진되었고, 초기에는 인쇄소에서 양장이 마르기도 전에 실려 나가는 등 물량을 댈 수가 없을 정도였다. 이 책은 그 다음 해에 모두 9권으로 완간되었는데, 당연히 밀리언셀러가 되었다.

그 후 황금가지는 '밀리언셀러 클럽'이라는 장르 문학 시리즈를 계속 펴내면서 이 분야의 개척에 힘쓰고 있다. 황금가지의 노력은 이후에도 국내 장르 작가의 개발로도 이어져『방각본 살인 사건』,『불멸의 이순신』등을 써서 한국 역사 소설의 현대화에 앞장서고 있는 김탁환,『모녀귀』·『이프』등으로 한국 공포 소설의 새 장을 연 이종호 등이 현재 왕성하게 활약하고 있다.

이렇게 잘 해내던 근섭이 어느 날 나를 찾아와 일방적으로 출판을 그만두겠다고 통보하더니 다음 날부터 출근하지 않았다. 출판 일을 하는 게 행복하지 않고 민음사도 안정적인 궤도에 들어섰으니 이제 자기가 하고 싶은 일을 하면서 쉬겠다는 거였다. 속마음은 어떤지 모르겠으나 황금가지는 김세희(아내)에게 경영을 맡기고 지금은 산에 다니며 탈속한 사람처럼 살고 있다. 섭섭했다. 나는 큰아들이 출판사를 맡아 형제자매 뒷바라지도 해 주고 든든하게 버팀목이 되어 주기를 바랐다. 탁월한 경영 능력이 있으니 문학이나 인문학에 흥미는 덜하더라도 가업으로 맡아서 해 나갔으면 좋겠다는 생각인데 해가 갈수록 그럴 의사가 없는 것 같다. 돌아보니 내가 너무 냉혹하게 대한 게 아닌지 회한이 생긴다.

나는 황금가지가 승승장구하면서 민음사 출판 그룹의 재정을 튼튼하게 받쳐 주는데도 이를 격려하기보다는 못마땅하다는 태도를 많이 보인 편이다. 우리 세대의 혈관에 흐르는 본격 문학·인문학 순혈주의가 문제였다. 출판사 이름에 '황금'이 들어가는 것부터 불만이 있었지만 그것은 설명을 듣고는 그냥 놔두었다. 하지만 아내는 언제나 큰아들의 든든한 후원자였다. 황금가지에서 장르 소설을 펴내면 전부 가져다 읽고 아주 재미있다고 큰아들을 격려해 주곤 했다. 근섭이가 책을 낼 때마다 나도 아내처럼 적절하게 격려했더라면, 내가 가치를 인정하지 못했을지라도 장르 문학을 더 화려하게 꽃피우지 않았을까. 내가 아버지의 냉혹한 태도 때문에 평생 섭섭함을 안고 살았는데, 정작 나 또한 아들에게 같은 태도를 보여 준 게 아닌가 싶어 씁쓸하다.

사이언스북스와 과학의 대중화

황금가지를 창립하고 1997년에는 과학 전문 출판사 사이언스북스를

최재천 교수의 국내 출판 데뷔작이라 할 수 있는 『개미 제국의 발견』은 2011년 미국 존스홉킨스 대학 출판부에서 영어로 번역, 출간되었다. 2005년에 출간한 『통섭』은 한국 사회에 '지식의 대통합'이라는 화두를 던지며 사회 전반에 커다란 문화적 반향을 일으켰다.

만들었다. '대우 학술 총서'를 낼 때 과학 도서를 많이 다루었는데, 과학책은 만들기도 어렵고 판로도 마땅치 않았다. 그러나 점점 과학이 모든 것을 만들어 내고 혁신을 주도하는 시대로 접어들었다. 나는 과학이 교양이 되는 시대를 대비해 이 분야를 개척해야겠다는 생각을 오래전부터 품어 왔다.

민음사와 과학책의 인연은 서울대 물리학과 김제완 교수의 『겨우 존재하는 것들』로 시작되었다. 신문에 연재했던 글을 모은 것으로 제목의 '겨우 존재하는 것들'은 중성미자 같은 소립자를 가리키는 말이다. 우리나라 사람이 쓴 과학책이 드물었던 탓인지 독자 반응이 좋아 1993년 출간 당시 큰 화제를 모았고, 3만 부 넘게 팔려 상업적으로 성공을 거두었다. 이 책을 필두로 20세기를 대표하는 과학책으로 손꼽히는 리처드 로즈의 『원자 폭탄 만들기』, 칼 세이건의 『창백한 푸른 점』, 리처드 도킨스의 『눈먼 시계공』 등을 '민음의 과학'이라는 시리즈로 펴내, 과학 출판의 물꼬를 텄다.

과학 출판을 본격적으로 해 보겠다고 생각한 것은 1990년대 초 이갑수 시인이 민음사에 입사하면서부터이다. 이갑수는 서울대 식물학과를 나왔는데, 제약 회사에 다니면서 『신은 망했다』 연작으로 '오늘의 작가상'을 수상한 흔치 않은 이력의 소유자였다. 그는 대기업 계열의 제약 회사에 다니는 것에 싫증을 내고 문학과 관련한 일을 하고 싶어 했는데, 내가 과감히 그에게 편집국장 자리를 제안해서 회사로 끌어들였다. 지금도 그렇지만 자연 과학을 전공했으면서도 문학적 감성을 갖춘 사람은 드물었다.

이갑수의 도움을 받아 사이언스북스를 만든 뒤에는 '민음의 과학' 시리즈를 밑받침으로 하고 국내 과학자와 연구자 들을 필자로 적극 발굴하도록 채근했다. 그 과정에서 사회 생물학을 창시한 세계적인 석학인 에드워드 윌슨 하버드대 교수의 제자이자 개미 등 곤충 연구로 세계 학계의 주목을 받고 있던 최재천 서울대 동물학과 교수(현재 이화여대 석좌 교수)와 인연을 맺게 됐고, 그의 출판 데뷔작이라고 할 『개미 제국의 발견』을 출간했다. 하버드 대학에서 곤충 연구로 박사 학위를 받은 신진 과학자인 그는 학문적 업적도 업적이지만 무엇보다 글솜씨가 좋았다. 젊은 시절 소설가를 꿈꾸기도 했던 최재천의 『개미 제국의 발견』은 개미와 사회성 곤충 세계의 매력을 소개해 독서계에서 개미 붐을 일으켰고, 한국 과학 출판을 한 단계 업그레이드했다.

최 교수는 몇 년 뒤 사이언스북스에서 스승인 에드워드 윌슨의 문제작 『통섭』을 번역 출간했다. 이 책은 한국 사회에 '통섭, 지식의 대통합'이라는 거대한 화두를 던져 학계와 교육계는 물론 정계와 재계 같은 사회 전반에 커다란 문화적 반향을 일으켰다. 에드워드 윌

슨이 쓰고, 최재천이 번역해 사이언스북스에서 펴낸 『통섭』은 지금 각 분야에서 진행되고 있는 융복합 프로젝트의 출발점이라고 할 만 하다. 그 외에도 사이언스북스는 한국 과학 사학계의 원로인 전상운 전 성신여대 총장의 『한국 과학사』를 펴내 한국 과학 문화의 깊이를 드러내 보였고, 오래전에 출간되었다 절판된 칼 세이건의 대작 『코스모스』를 홍승수 서울대 천문학과 교수의 번역으로 새로 펴내는 등 독서 시장에서 제 역할을 감당하고 있다. 당연증, 황현숙, 이충미, 권기호, 노의성 등 과학 전문 편집진이 상대적으로 성장도 더디고 조명도 덜 받는 분야에서 애써 일군 성과일 것이다.

지금 사이언스북스는 서울대 산업공학과를 졸업하고 미국 뉴욕대 대학원에서 미디어아트를 공부한 막내 상준이 맡아서 의욕적으로 일들을 벌여 나가고 있다. 그리고 2010년부터는 민음사 총괄 사장으로 임명되어 민음사 사업도 함께 돌보고 있다. 지금 생각하면 처음부터 인문학 쪽이 상준이의 적성에 더 맞았을 것 같다. 유학 가서 미디어아트를 전공하리라곤 전혀 생각하지 못했다. 결과적으로 미래의 출판을 대비하는 차원에서 훌륭한 선택을 한 셈이다.

'이데아 총서'에서 '현대 사상의 모험'까지

1990년대 이후 민음사보다 비룡소나 황금가지의 활약이 상대적으로 돋보인 건 사실이다. 하지만 민음사도 멀리 내다보면서 차분하게 미래의 도약을 준비하고 있었다. 2000년대 중반 이후, 독서계의 기적으로까지 불리면서 고전 열풍을 불러일으킨 '세계 문학 전집' 프로젝트를 시작한 것이다. 지금 민음사의 얼굴로 내세우는 세계 문학 전집을 이야기하려면 다시 세월을 한참 거슬러 올라가야 한다. 세계 문학 전집은 1976년《세계의 문학》을 창간하면서 편집 위원들과 함께 기획했던 '이데아 총서'가 그 전신이기 때문이다.

> 이제 우리가 내고자 하는 '이데아 총서'는 시대와 장소를 가리지 않고 우리의 생각과 느낌을 바르고 깊고 풍부하게 하는 책들을 한 자리에 모으고자 한다.

간명하게 내세운 발간사처럼 이데아 총서는 제목도 신선하고 내용도 가장 첨단을 달리는 세계 지성의 현주소를 담아냈다. 이 총서는 한 인간이 필연적으로 갖추어야 할 교양 지식을 모두 담은 총체성을 책으로 표현하고자 했다. 제대로 된 인간이라면 문학뿐만이 아니라 철학, 역사, 자연, 사회에 대한 지식을 골고루 갖추어 어느 한쪽으로 기울지 않은 총체적 균형을 보여 주어야 한다고 생각했다. 이는 총서를 주도한 김우창 교수의 지론이기도 했다. 그래서 이데아 총서는 소설이나 시 같은 문학은 물론 문예 이론이나 철학 등의 인문학, 정치학이나 경제학 같은 사회 과학, 물리학이나 생물학 같은 자연 과학까지 폭넓게 포괄해서 하나의 총서로 묶어서 출판했다. 1700년대부터 나와서 독일의 모든 인문 지식을 모은 '레클람 문고'와 같은 책이 되기를 바란 것이다.

　　세계 문학의 최신 흐름을 서구와 거의 동시에 소개하는 선구자 역할을 한 건 좋았지만 독자들에게 이해받지는 못했다. 근년에야 노벨 문학상을 받으면서 간신히 대중들에게 이름을 알린 V. S. 네이폴의『미겔 스트리트』나 도리스 레싱의『마사 퀘스트』같은 난해한 작품을 30년 전에 냈으니 결과가 어떻겠는가. 출판을 하면서 내가 얻

이데아 총서는 1980년대 문학·인문학 총서로 출간되어 한국에
포스트모더니즘 열풍을 일으켰다. 표지는 정병규의 작품으로 왼쪽은
세로쓰기 디자인, 오른쪽은 80년대 중반에 바뀐 가로쓰기 디자인이다.

은 교훈 중 하나는 남들보다 앞서가는 것은 좋지만 너무 앞서가도 곤란하다는 것이다. 반 발짝만 앞서는 게 가장 좋다. 그렇지만 마음대로 보폭을 조절하는 게 어디 쉬운 일이던가.

해외 문학 쪽에 비하면 인문학 쪽의 반응은 군불처럼 서서히 달아올랐지만 온기가 오래갔다. 당시 총서에 이름을 올린 『발터 벤야민의 문예 이론』, 김우창·유종호의 공동 번역으로 출간해 화제가 된 에리히 아우어바흐의 『미메시스』, 칼 포퍼의 『열린사회와 그 적들』은 아직도 매년 쇄를 거듭하는 불후의 고전으로 남았다.

때로 그 역할이 겹치기도 했지만, 대우 학술 총서와 다른 쪽에서 이데아 총서는 한국 인문학계에 커다란 영향을 미쳤다. 시대의 최첨단 사상을 우선해서 소개하다 보니 1990년대 이후 한국 지성계와 문화계를 휩쓴 '포스트모더니즘' 열풍을 예비한 것이다. 1980년대 내내 경직된 마르크스주의가 한국 지식인들의 도그마가 되곤 했을 때,

민음사는 계간《세계의 문학》을 통해 미셸 푸코, 장 프랑수아 리오타르, 장 보드리야르, 질 들뢰즈, 자크 라캉 등 서구와 일본에서 점차 지배권을 획득해 가고 있던 프랑스 현대 사상의 소개에 앞장섰다. 프랑스 68혁명의 산물인 이들의 사상은 세계를 어떤 틀에 맞추어 이해하려고 하는 근대의 구조주의 이론들과 달리, 세계에 대한 비판적 시각은 유지하면서도 좀 더 자유롭고 활달한 방식으로 접근함으로써 '미시 권력'이나 '욕망'이나 '이미지'와 같은 권력의 작동 기제를 새로운 차원에서 다루었다. 푸코의 『지식의 고고학』, 보드리야르의 『시뮬라시옹』, 들뢰즈의 『차이와 반복』, 데리다의 『그라마톨로지』, 리오타르의 『포스트모던의 조건』 등이 이데아 총서로 세상에 나와 지식인들 사이에서 꾸준히 읽혔다.

1989년 현실 사회주의가 붕괴하고 대중 소비 사회의 징후가 본격화되자 '포스트 사상' 열풍이 시작되었다. 정치가 아니라 문화가 모든 이의 관심사가 되었으며, 갑자기 푸코, 보드리야르, 들뢰즈 등의 사상이 마르크스주의를 대체했다. 1990년에 나온 김성곤 서울대 교수의 『포스트모던 시대의 작가들』은 그가 뉴욕에서 공부하고 온 미국 현대 문학을 소개한 책인데, 사회에서 개인으로 정치에서 문화로 넘어가는 시대적 분위기의 한 예감과도 같은 책이었다.

1995년 민음사 30주년 기념 서적으로《세계의 문학》편집 위원으로 있던 김성기 씨가 주도해서 출간한 『103인의 현대 사상』은 니체, 프로이트, 마르크스에서 시작한 20세기 사상을 총정리하면서 '포스트 사상'의 성과를 한눈에 볼 수 있는 기념비적인 서적으로 오래도록 스테디셀러로 남았다.

그러나 이데아 총서는 이미 말했듯이 문학, 인문학, 사회 과학, 자연 과학 등 모든 분야의 책을 망라하는 바람에 너무 뒤죽박죽이었다. 시대는 이미 세분화, 전문화의 길로 들어서고 있었고, 차제에 이를 정리할 필요가 있었다. 『103인의 현대 사상』 이후 민음사 편집진은 이데아 총서의 정신을 계승하면서 동시에 현대 사상의 최전선을 보여 줄 수 있는 새로운 인문학 시리즈를 기획했는데, 그것이 '현대 사상의 모험'이다. 이데아 총서에 들었던 인문 사상서들, 대우 학술 총서에 있던 명저들을 한데로 모으고 새로운 책을 꾸준히 더하면서 이 시리즈는 현재까지 이어지고 있다.

한편, 그 무렵에 기획되어 학계에 충격을 주었던 '일본의 현대 지성' 시리즈도 언급하지 않을 수 없다. 우리 세대와 달리 한글세대는 상대적으로 일본어에 능숙하지 않았기 때문에 한때 활발했던 한일 간의 문화적 교류, 특히 사상적 교류가 끊어져 있었다. 그러나 일본은 아시아권에서는 가장 첨단의 감각을 가진 것만은 틀림없어서 일본이 세계의 사상을 받아들여 어떻게 자신의 것으로 소화해 내고 있는지를 확인하는 것은 우리 지성계를 위해서 꼭 필요한 일이었다. 가라타니 고진의 『일본 근대 문학의 기원』이 그 시작이었다. 일본 사상계의 만만치 않은 저력을 확인해 준 이 책은 이후 국문학 연구자뿐만 아니라 문화 연구자들 사이에서 필독서로 자리 잡았다. 이 시리즈는 이후 『도주론』, 『근대 초극론』, 『공통 감각론』 등 1945년 이후 일본 학계의 정수들을 연이어 소개해 호평을 받았다.

'세계 문학 전집', 고전의 힘을 확인하다

세계 문학의 고전들을 제대로 만들어 한국에 소개하겠다는, 대학 시절부터 품어 왔던 오랜 꿈을 실현하려고 나선 것은 1993년경이었다.

주변에서 반대 의견이 많았다. 예전에 이미 정음사나 을유문화사 같은 출판사에서 다 해 버린 일인데, 이런 낡아 빠진 옛날 책들을 새삼스레 다시 펴낼 필요가 있겠느냐는 거였다. 게다가 '세계 문학 전집'이라는 말부터 진부할뿐더러 이미 실험이 끝난 기획이라고도 했다. 그러나 내 생각은 달랐다. 이미 문학적 가치에 대한 검증이 끝난 데다 수십 년 동안 사람들 머릿속에서 늘 읽고 싶은 충동을 불러일으키는 익숙한 텍스트이기 때문에 디자인을 새롭게 하고 제대로 번역하면 충분히 성공할 수 있을 거라고 확신했다. 다만 예전에 나온 한문투성이인 번역들로는 안 되고, 새로운 세대에게는 새로운 텍스트가 필요하다는 생각이었다.

이문열의 『삼국지』도 이미 복수의 번역본들이 나와 있었지만 새로운 문체로 달라진 세대를 향해 승부수를 띄워 성공한 경우였다. 나는 세계 문학 전집도 마찬가지라고 생각했다. 세계 문학 전집의 편집 위원으로 김우창, 유종호, 정명환, 안삼환 선생을 모셨다. 세계 문학 전집에 명기한 발간사에 우리의 뜻이 잘 함축돼 있다.

세대마다 역사를 새로 써야 한다는 말이 있다. 역사가 다름 아닌 현재와 과거와의 대화이기 때문에 모든 세대는 그 세대에 고유한 관심사를 매개로 과거와의 새로운 대화를 시도하여 새 역사를 써 내야 한다는 뜻이다. 역사는 새로 쓰기를 통해서 진정 당대의 역사로 정립된다. 이것은 문학사나 예술사의 경우에도 동일하다. 그러나 새로 작성할 것은 비단 역사만이 아니다. 번역 문학도 마찬가지다. 세대마다 문학의 고전은 새로 번역되어야 한다. '두시언해'는 조선조 번역 문학의 빛나는 성과이지만 우리에게는 우리 시대의 두시 번역이 필요하다. 엊그제의 괴테 번역이나 도스토예프스키 번역은

1998년 8월 오비디우스의 『변신 이야기』를 시작으로 세상에 나온 민음사 세계 문학 전집이 올해로 15년 만에 300권을 돌파하고, 총 1000만 부의 판매 기록을 세웠다. 세계 문학 전집 중 가장 많이 팔린 책은 『호밀밭의 파수꾼』으로 지금까지 총 40만 부가 판매되었다.

오늘의 감수성을 전율시키기도 감동시키지도 못한다. 오늘에는 오늘의 젊은 독자들에게 호소하는 오늘의 번역이 필요하다. 두시언해가 단순한 번역 문학이 아니고 당당한 우리의 문학 고전이듯이 우리말로 옮겨 놓은 모든 번역 문학은 사실상 우리 문학이다. 우리는 여기에 우리 문학을 자임하며 오늘의 독자들을 향하여 엄선하여 번역한 문학 고전을 선보인다. 어엿한 우리 문학으로 읽히리라 자부하면서 새로운 감동과 전율을 고대하는 젊은 독자들에게 떳떳이 이 책들을 추천한다.

편집 위원 김우창 · 유종호 · 정명환 · 안삼환

1995년 이영준 주간이 편집 위원들과 상의해서 틀을 만들어 저작권을 확보하고 번역자들과 계약을 맺어 나갔다. 오랫동안 팔릴 것이라는 확신이 있었기에 해외 저작권 계약은 필수였다. 처음에 편집 위원들이 목록을 만들어 준 것은 40권 정도였으나, 내부 편집자들의 건의를 받아들여 목록을 조금씩 확장해서 100여 권 정도를 한꺼번에 진행해 나갔다. 한 번에 많은 책을 계약하는 건 상당히 부담되었지만 확신을 가지고 두근거리는 마음으로 해 나가다 보니 매일이 즐거웠다. 편집부에서도 활력이 넘쳐 났다.

하지만 작업이 쉽지 않은 탓인지 오랜 번역 기간과 편집 기간을 거쳐 결국 세계 문학 전집의 첫 책은 3년이 지난 후인 1998년 8월에야 선보였다. 『변신 이야기』 등 1차분으로 10권을 펴내고 매년 차곡차곡 목록을 늘려 갔다. 초기에는 반응이 신통치 않았지만 목록이 쌓여서 100권쯤 되었을 무렵에는 독자들 호응이 꾸준히 이어지며 시리즈 전체가 스테디셀러로 자리 잡았다. 샐린저의 『호밀밭의 파수꾼』이나 제인 오스틴의 『오만과 편견』처럼 예기치 않게 베스트셀러 반열에 올라가는 경우도 생겨났다.

나는 평소에도 편집자들에게 적어도 10년 앞을 내다보고 기획을 하라고 말한다. 당장 팔리지 않아도 시간이 지날수록 독자들이 알아주고, 1년 판매량은 적을지 몰라도 3년, 10년 후에 판매량이 더욱 많아질 책을 기획해야 한다. 당장 매출에 도움이 되는 책도 당연히 필요하지만, 기본적으로는 멀리 보면서 유연하게 접근하는 게 좋다. 시리즈를 처음 낼 때 주변에서 '세계 문학 전집'이라는 명칭이 너무 낡은 이미지라는 반대 의견이 만만치 않았는데, 오히려 나는 반드시 그 이름을 쓰자고 강하게 요구했다. 신선한 맛을 주는 것도 좋지만 우선 독서 대중과 소통해야 한다는 게 내 생각이다. 소통이 전제되어야 새로운 디자인과 알찬 내용도 통하게 마련이다.

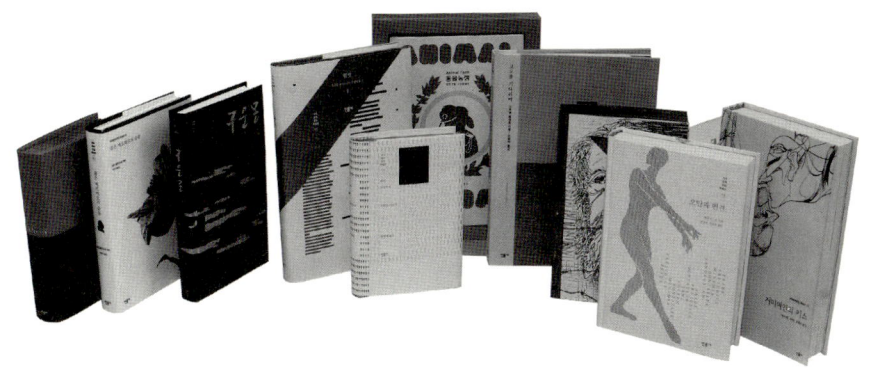

2009년 1월, 세계 문학 전집 200권 출간 기념으로 제작한 디자이너 특별판.
『데미안』(정병규), 『구운몽』(이상봉), 『고도를 기다리며』(안상수), 『햄릿』(슬기와 민) 등
독자들에게 가장 많은 사랑을 받은 10종을 뽑고 디자인 각 분야의 최고 디자이너에게
장정을 의뢰해, 책의 장정을 단순히 책 내용을 표현하는 도구가 아닌 그 자체로
하나의 예술로 다루고자 했다.

전집 디자인은 정병규, 박상순에 이어 디자인 팀을 이끌던 정보환이 했다. 나는 이 책을 누구나 들고 다니면서 언제든지 읽기 원했으므로 신국판 형태의 큰 책보다는 손안에 쏙 들어오는 느낌의 디자인이 되기를 바랐다. 편집자들과 디자이너들은 수많은 판형을 실험했고, 마침내 여성들 핸드백 안에도 들어갈 수 있는 현재의 날씬한 판형을 만들어 냈다. 제목이 적힌 책등은 처음에는 검정으로 통일되어 있었으나 너무 무거운 느낌이 든다는 지적을 받고, 중간에 디자인 팀 유연이와 상의해서 현대적 느낌이 나는 원색을 과감하게 이용하는 쪽으로 바꾸었다. 그 결과 지금은 거실에 나란히 여러 권 꽂아 두면 집 안이 환해진다는 이야기도 여러 번 들었다.

1998년 8월, 이윤기가 풀어 옮긴 오비디우스의 『변신 이야기』를 제1권으로 펴낸 이래 올해 드디어 세계 문학 전집은 15년 만에 300권을 돌파했다. 해마다 꾸준히 스무 권씩 펴내 온 셈인데, 이제는

독자들의 사랑을 받아 하루 판매량도 1000권이 넘어 간다. 책꽂이에 가지런히 놓인 책들을 보면 거대한 성채를 일으킨 듯해서 뿌듯한 느낌이다. 모두의 우려를 넘어 기적처럼 성공한 것이다.

한 가지 짚어 두고 넘어갈 것은, '세계 문학 전집'은 '전집'이라는 틀로 내는 '단행본의 집합'일 뿐이라는 점이다. 낱권으로는 팔지 않고 외판 조직을 동원해 세트로 한꺼번에 안기는 게 아니라 서점에서 한 권씩 취향에 따라 고를 수 있다. 나는 예전에 '세계 시인선'이나 '오늘의 시인 총서'를 시작할 때부터 책들이 흩어지지 않도록 총서 개념으로 묶되 모든 책은 서점에서 한 권씩 단행본으로 구입할 수 있도록 했다. 지금이야 단행본 문화가 당연하게 받아들여지지만, 민음사가 처음 책을 낼 때만 해도 일련의 시리즈를 기획해 책을 한꺼번에 묶어 파는 방식이 대부분이었다. '총서'와 '문고'는 근대 출판의 두 가지 기본 형식이다. 민음사는 이후 전집이나 총서라는 이름으로 우리가 내는 단행본을 구획해 범주화하는 작업을 지속적으로 해 왔다. 그러지 않으면 출판사의 정체성을 유지하기 힘들고 독자들 역시 원하는 책을 쉽게 찾기 어렵다. '전집'이라는 이름을 붙였지만, 나는 결코 내 출발점을 잊은 적이 없다.

단행본 세력, 출협에 입성하다

2005년은 상당히 의미 있는 해이다. 그해는 나 개인의 역사뿐 아니라 우리나라 출판계에도 중요한 분기가 되는 해였다. 1980년대를 이야기할 때, 이미 1986년 1월 동숭동 문예회관에서 열린 출판협회 총회를 언급한 적이 있다. 당시 문공부 장관은 물론 안기부와 치안 본부,

보안사까지 총출동해 그들이 밀었던 후보를 당선시키려 혈안이 됐던 그 선거에서 후배 출판인들이 등 떠밀어서 회장 후보로 나간 나는 그만 낙선하고 말았다. 신문과 방송을 모두 정권이 장악한 시기에 출판이 언론의 기능까지 떠맡아 목소리를 내던 때였다. 정권의 아픈 곳을 찌르고 사회의 어두운 곳을 폭로하는 단행본 책들이 연일 나와서 베스트셀러가 되던 때였다. 그런 상황에서 출협의 주도권을 단행본 세력이 가질까 봐 정권 차원에서 심각하게 대처했던 것이다. 출협 회장에 출마한 '괘씸죄'로 나는 후일 좌파 출판계의 수장이라는 혐의를 뒤집어쓰고 민음사의 존폐까지 위협받을 정도의 보복을 당했다.

그로부터 20여 년이 흐른 2005년 1월, 나는 후배 출판인들에 의해 출협 회장 후보로 다시 추대되었다. 1981년에 한만년 일조각 사장이 출협 회장에서 물러난 뒤로 그 자리를 '단행본 세력'이 되찾지 못했다. 1980년대 당시 우리에게 출판은 단순히 책을 만들어 파는 게 아니라 '출판 운동'이었다. 그만큼 출판인들의 의지도 강했고 사회적 영향력도 컸다. 시대정신을 담은 책보다는 환금성 높은 책을 주로 펴내던 이른바 '외판 세력'이 출협을 장악해 정권에 협조하고, 출협 회장 자리에서 물러난 후에는 주로 국회 의원이나 관직 한 자리를 얻어나가는 바람에 그 자리는 출판의 발전을 위해 봉사하는 자리가 아니라 출세와 명예욕의 실현을 위한 디딤돌로 변했다는 비판이 지속적으로 제기돼 왔다. 그 결과 출판의 중요성이나 상징성에 비해 위상은 턱없이 낮아졌고, 출판이 실제로 감당한 사회적 역할만큼도 인정받지 못하는 상태로 전락했다. 한만년 회장 때까지는 출판 정책 기안의 주체가 출협이었지만, 그 이후로는 심지어 문화부 관리들조차 내심 출협을 상대하지 않을 정도였다. 물론 출협이 출판계의 공식 창구로 기능한 것을 전혀 부인할 수는 없어도, 실제 대중에게 영향을 미치는 출판계의 힘이 어느 쪽에 있는지는 당국자들도 잘 알았다.

2005년 벽두의 출협 회장 선거는 여느 해와는 분위기가 달랐다. 2008년까지 잇따라 열릴 대규모 국제 출판 행사들을 앞두었기 때문이다. 세계 출판계의 시선이 한국으로 집중되는 중요한 행사들이었다. 당장 그해 가을에는 세계 최대의 도서 박람회인 독일 프랑크푸르트 도서전 주빈국 행사를 치러야 하는 데다, 2008년에는 4년마다 개최되는 국제출판협회 총회가 서울에서 열릴 예정이었다. 서울·파주·청주를 대상으로 유네스코 '책의 도시' 선정 작업도 진행 중이었다. 그런데 정부와 출판인 단체조차 세계 출판인 올림픽 격인 국제출판협회 총회의 중요성을 제대로 깨닫지 못하고 있었다. 이 총회는 드디어 한국 출판이 국제 무대에서 다른 나라들과 어깨를 나란히 하게 되었다는 것을 알려 주는 상징성이 있는 데다, 그동안 쌓였던 국내의 질 높은 책들을 전 세계 최정상급 출판인들에게 소개함으로써 우리 저자들을 세계 시장으로 데려갈 수 있는 천재일우의 기회였다. 어쩌면 프랑크푸르트 도서전 주빈국 선정보다 훨씬 중요한 행사인데도 정부 당국자들은 개최 사실조차 잘 모를 정도로 무관심했다.

그때의 출협 임원진으로는 이렇듯 중차대한 국제 행사를 제대로 치를 수 없으리라는 우려의 목소리가 출판계에서 높아졌다. 2005년 출협 회장 선거를 앞두고 급기야 '2005년 한국 출판인 선언'이라는 성명서가 발표됐다. 성명서에는 정진숙 을유문화사 회장을 비롯해 양철우, 안종만, 윤형두, 전병석, 이기웅, 김언호, 조근태, 윤석금, 조상호, 고세현, 이건복, 박은주, 강맑실 등 주요 출판사 대표 43인의 이름이 올랐다. 성명서는 "출판은 위대한 정신적 에너지"라는 문장으로 시작된다. 이어 21세기 지식 정보 사회에 국내 출판계가 얼마나 무기력하게 대응하고 있는지, 우리 출판계가 온당한 사회 문화적 구실을 하기 위해 어떻게 환골탈태해야 하는지 강도 높게 지적했다. 김경희 지식산업사 사장과 한철희 돌베개 대표가 인사동 한정식집 선천에서 긴급 기자 회견을 열었다. 김경희 사장은 이 자리에서 비장하게 한국 출판계의 당면 과제를 설명했다.

"짧게는 수년, 길게는 10여 년 동안 국내 출판계에는 불신의 골이 깊었습니다. 져야 할 짐은 많은데 출판계를 대표한다는 대한출판문화협회는 갈수록 힘이 빠지고 있습니다. 출판계의 통합과 새로운 리더십을 만들어 내기 위한 행동이 어느 때보다 필요합니다."

그는 왜 원로 중진 출판인들이 모여서 성명서까지 내게 되었는지 저간의 배경을 설명했다. 출협의 현 집행부로는 국제적으로 중요한 행사들을 제대로 치러 낼 수 없다는 출판계의 위기감을 드러내면서 중지를 모아 새 집행부를 구성해야 한다는 의견이 폭넓게 확산되고 있음을 밝혔다. 김 사장은 새로운 리더십의 창출을 위해 현 집행부의 용단을 촉구하고 출협의 새로운 탄생을 위한 비상대책회의 구성을 제안했다. 이는 성명서에 서명한 출판인들의 뜻이기도 했다.

대한출판문화협회는 1947년 설립되어 국내 출판계를 대표해 왔다. 그러나 출협만으로는 한국의 출판문화를 제대로 정립할 수 없다는 한계를 인식하고 단행본 출판사들이 따로 모여서 한국단행본출판협회를 꾸린 것은 1984년이었다. 이미 밝힌 대로 나는 초기에 회장도 맡았다. 하지만 단행본협회는 협의체 수준이었다. 그 한계를 절실히 느낀 김언호 사장을 비롯한 중진 그룹이, 1998년에 있었던 유통업체 줄도산 같은 출판 현안에 단행본 출판사들이 적극적으로 대응하지 못한다고 판단해 '한국출판인회의'를 별도로 설립했다. 단행본협회와는 달리 사무실도 마련하고 임원진도 제대로 구성해 출협 못지않은 조직으로 시작한 것이다. '출판의 꽃'인 단행본을 펴내는 출판사 대표 264명이 참여했고, 2007년 7월 21일 '사단법인 한국출판인회의'로 공식 출범했다.

단행본 출판사들이 이렇게 따로 조직을 꾸리고 출판 학교를 설립하는 등 활동을 벌이면서도 출협 회장 선거에 늘 적극적으로 참여한 것은 본격적으로 출판 정책을 입안해 문화부를 움직여야 한다는 절박감 때문이었다. 그만큼 당시 출협은 너무 약체였다. '2005년 한국 출판인 선언'에는 한국출판인회의 소속사가 많았지만, 거기에 가입하지 않은 출협 쪽 회원사들도 상당수 있었다. 출판인들의 명실상부한 대표 기구로 거듭나기를 바라는 회원들의 욕구가 어느 때보다 컸던 것이다.

1986년 출협 회장 후보로 나설 때에도 억지로 떠밀리다시피 나갔지만, 2005년 선거에서도 회장으로 나서 달라는 것을 나는 완강히 고사했다. 나이도 있고 간 경변 때문에 건강 상태도 좋지 않은 데다 무엇보다도 사람 앞에 나서는 걸 생래적으로 좋아하지 않는 성격 때문이었다. 김경희, 이기웅, 김언호 사장 등이 주축이 되어 출협 선거에 적극적으로 임했는데, 이들이 매일 찾아오다시피 하고 끈질기게 나를 못살게 구는 바람에 하릴없이 다시 출협 회장 후보로 나서야 했다. 그때는 단행본 세력이 모두 단결해서 선거에 임하고 있었는데, 사실 다른 마땅한 대타를 찾기도 쉽지 않은 형국이었다.

제45대 출협 회장 선거는 이정일 당시 출협 회장과 임홍조 영재교육 대표와 함께 3파전으로 시작됐다. 임홍조 후보는 44대 출협 선거에서도 이정일 회장에 맞서 만만찮은 득표력을 보여 준 바 있었다. 그가 선거 막판에 이정일 현 회장을 지지한다는 명분으로 후보 사퇴까지 했지만, 단행본 세력이 출협을 되찾는 '혁명'은 성공했다. 1981년 한만년 일조각 사장이 출협 회장에서 물러난 이래 24년 만이었다.

     2005년 2월 24일, 전체 536개 투표사 중 306표(57.1퍼센트)를 얻어 내가 임기 3년의 대한출판문화협회 회장으로 당선됐다. 이 선거를 위해 수요회 출신 멤버들은 물론 중진·소장 그룹 출판인들까지 모두 하나같이 자기 일로 알고 전력투구했다. 그들은 함께 출판 정책을 만들고 홍보물을 제작하고 사람을 모으는 일에 한마음으로 발 벗고 뛰었다. 왜곡되어 가는 출판 환경을 바로잡기 위해서는 대한민국 대표 출판 단체를 새롭게 바꿔야 한다는 의지가 그만큼 강력했다. 그들의 땀 없이는 이루어 낼 수 없는 승리였다. 바야흐로 한국 출판에 새로운 시대가 열린 것이다.

> 그의 당선은 수십 년 동안 출협을 좌우했던 학습지·참고서·전집류 출판인들을 대신해 인문·사회·교양 부문 단행본 출판인들이 지도부로 올라섰다는 점에서 출판계의 일대 사건으로 받아들여지고 있다. 또한 7개월 앞으로 다가온 프랑크푸르트 국제 도서전 주빈국 행사를 성공적으로 치러야 할 새 수장을 뽑았다는 점에서도 출판계 안팎의 큰 관심을 모으고 있다.
>
> 《한겨레신문》 2005. 3. 7.

와이드 인터뷰 「한겨레가 만난 사람」 도입부에 나의 당선이 지니는 의미에 대해 평가한 대목이다. 출협 회장에 당선되자 많은 매체의 인터뷰 요청이 밀려들었다. 새로운 국면을 맞게 된 한국 출판계에 대한 관심과 기대 때문이었을 것이다. 우리 출판의 사회적 위상을 제자리에 올려놓고 명예를 찾을 수 있는 기회가 왔다는 생각에 가슴이 설렜다. 한국에서 출판인을 인쇄업자처럼 인식해 온 사회적 관성이 있는 게 사실이다. 예전에는 출판을 한다고 하면 대부분 "거, 인쇄기는 몇 대나 가지고 있소?" 하는 식으로 묻곤 했다. 일일이 설명하기 귀찮아서 그때마다 허허 웃어 버리곤 했다. 출판업에 종사하는 이들에게 문화 일꾼의 위상을 찾아 줄 수 있는 절호의 기회가 주어진 것이다.

프랑크푸르트 도서전 한국 주빈국 행사

출협 회장을 맡고 나서 가장 시급히 해결해야 할 문제는 프랑크푸르트 도서전 한국 주빈국 행사를 치를 기금을 모으는 일이었다. 출협을 인수하고 보니 정부에서 지원한 예산은 이미 허튼 데에 다 써 버려서 거의 바닥나고 없는 상태였다. 행사를 어떻게 치러야 할지 막막했다. 이렇게까지 된 데는 사연이 있다.

앞에서도 밝혔지만, 2003년 11월 '2005년 프랑크푸르트 도서전 주빈국 조직 위원회' 위원장으로 나는 이강숙 예술종합학교 석좌교수를 강력하게 추천했다. 이 교수는 1980년대부터 나와 깊은 교류를 해 온 인물로, 한국예술종합학교를 만들어 잘 이끌어 온 그의 추진력과 훌륭한 품성을 충분히 신뢰하고 있었기 때문이다. 서울대 음대 교수를 거쳐 KBS 교향악단 총감독, 서울 올림픽 개·폐회식 상임 위원, 한국예술종합학교 총장 등을 거친 이력도 조직 위원장을 맡기에 손색이 없었다. 그 자신은 출판을 잘 모르니 나에게 그 자리를 맡으라고 손사래를 쳤지만, 그를 설득해 결국 승낙을 얻어 냈다. 그렇게 어렵게 결성된 조직위가 출범 9개월 만에 좌초 위기에 빠지고 말았다. 조직 위원장에 집행 위원장까지 겸하던 이강숙 총장이 사퇴 의사를 밝힌 뒤 잠적해 버린 것이다. 그는 당시 신문 인터뷰에서 이렇게 사퇴

2005년 프랑크푸르트 도서전이 열리기 전 국제출판협회 이사회에서 한국의 조직위원장으로서 주빈국 행사 준비 현황을 발표하고 있다. 이때까지만 해도 건강 상태가 심각한 줄을 모르고 여러 차례 한국과 독일을 오갔다.

이유를 밝혔다.

> 처음부터 몇 번이나 안 한다고 했어요. 당시 오지철 문화관광부 차관이 집으로 찾아오고 마지막에 이창동 장관까지 도와 달라고 해서……. 예종 교수 하다가 장관까지 된 분이잖아요, 차마 거절을 못 했지. 그리고 딱 와서 보니까 내 자리가 아니더라고. 그사이에 두 번이나 그만두겠다고 했는데 난리가 났지. 자꾸 이러는 것도 어린애 같아서 이번엔 아예 연락을 끊어 버렸어요. 그나마 지금 그만두는 게 나으니까.
>
> 《국민일보》 2004. 9. 23.

그이의 대외적 사퇴 명분이야 내 자리가 아니라는 것이었지만, 기실

이유는 따로 있었다. 주도적으로 일을 할 수 있는 여건이 아닌 데다 조직 위원장이 개입할 여지도 없이 온갖 일에 예산이 소진돼 버린 것이다. 유럽에 한국 문화를 상륙시키는 일을 조직위가 독단적으로 편협한 쪽으로 진행한다는 출판계의 비판이 쏟아졌다. 내가 출협 회장을 맡았을 때는 프랑크푸르트 도서전 주빈국 행사를 치를 경상비는 이미 바닥난 상태였다.

2개월 남짓 조직 위원장 자리가 공석으로 운영됐다. 그해 11월 10일에야 김우창 고려대 명예 교수가 서울 태평로 한국언론회관에서 열린 '2005 프랑크푸르트 도서전 위원 총회'에서 신임 조직 위원장으로 선출됐다. 민음사 초기부터 나와 함께 일해 온 김우창 교수는 합리적이고 차분한 석학이요, 선비 중의 선비였다. 그이조차 주먹구구로 예산을 써 버린 상황을 접하고 크게 화를 냈다.

어쨌든 이미 엎질러진 물이었다. 국제 행사를 망친다면 그건 한국 출판인의 자존심은 물론이고 나라 망신까지 초래할 끔찍한 일이었다. 우선 내가 먼저 1억 원을 기금으로 내놓고 출판인들을 설득해 갔다. 출협 회장에 당선되고 난 뒤, 그해 여름까지 돈을 만드는 일에 매달려야만 했다. 어렵게 30억 원을 조성했고, 그제야 도서전 준비는 급물살을 탔다.

나는 출협 회장을 맡은 직후부터 정부를 상대로 프랑크푸르트 도서전 주빈국 행사가 얼마나 중요한지 역설하곤 했다. 유럽에 한국 책 문화를 상륙시키는 첫 관문이자, 우리 문화의 잠재력을 알릴 절호의 기회라는 점을 강조했다. 그 결과 도서전 행사를 6개월 앞두고 2005년 4월 독일을 국빈 방문했던 노무현 대통령이 프랑크푸르트에 들러 도서전 관계자들을 일일이 접견했고, 개막식에는 이해찬 국무총리가 직접 참석하는 열의를 보였다. 독일 정부에서 우리에게 고맙다는 표현을 했을 정도로 주빈국 행사는 화려하면서 내실 있게 잘 치렀다. 우리 정부에서도 프랑크푸르트 도서전 주빈국 행사를 성공적으로 마무리한 것을 높이 평가해 나를 포함해 준비했던 이들에게 훈장까지 주었다.

죽음의 문턱을 돌아 나오다

그러나 나는 정작 그해 10월 19일부터 24일까지 독일 프랑크푸르트에서 열린 주빈국 행사에는 참석하지 못했다. 그 시간에 나는 비행기표 두 장을 놓고 생사의 기로에 서 있었다. 한 장은 물론 프랑크푸르트행이었고, 또 한 장은 중국 텐진행 표였다. 중국에서 이식할 간이 확보되면 텐진으로 가고, 그렇지 않으면 프랑크푸르트로 날아갈 참이었다.

나는 50대 초에 C형 간염에 걸린 사실을 알고, 이후 술과 담배를 끊었다. 술을 끊으니까 대인 관계도 소원해졌다. 속내를 명확히 이야기하지 않는 한국인의 특성상 술자리에서만 편안하게 서로 주고받을 수 있는 이야기가 있는 법인데 아쉬웠다. 이후 중요한 만남은 주로 사무실에서 대화를 나누거나 술자리가 아닌 필드에서 골프를 치면서 이루어진 편이다. 그렇게 조심스럽게 몸을 추슬러 왔지만 결국 내 간이 수명을 다하고 만 것이다. 정작 당시에는 나만 상태를 정확하게 몰랐다. 간은 '침묵의 장기'라고도 불리는데, 웬만큼 상태가 안 좋아도 본인이 자각 증상을 느끼지 못한다.

나는 계속 소화가 잘 안 되는 정도로만 받아들였는데 담당 의사였던 송인성 서울대 의대 교수는 내가 그 상태로는 얼마 살지 못한다고 진단을 내렸던 모양이다. 나중에 알았지만 아내나 가족들은 간암이 진행되고 있다는 사실을 알고 있었다. 아내는 그해 내내 마음고생을 많이 해 정작 내가 수술을 받으러 중국으로 떠날 때는 쓰러져 누워 버렸다.

하루는 필드에 있는데 송인성 교수에게서 전화가 왔다. 급히 병원으로 들어오라는 내용이었다. 송 교수는 나에게 중국에 가서 간이식 수술을 받으라고 권유했다. 국내에서는 간을 확보하기 쉽지 않을 뿐 아니라, 간이 확보돼도 환자의 나이나 상태를 고려해 순위를 매기기 때문에 내 차례까지 돌아오기는 어려울 것 같다는 충고였다. 어쨌든 나는 그제야 상태가 심각하다는 사실을 명확하게 깨달았다. 지금도 나는 송 교수를 고맙게 생각한다. 그는 당시 대통령 주치의이기도 했다. 출협 회장 출마를 권유받을 당시 건강이 썩 좋지 않다는 건 알았지만, 그 정도로 치명적일 줄은 몰랐다.

프랑크푸르트 도서전 개막을 코앞에 두고 중국에서 간이 확보됐다는 연락을 받았다. 결국 프랑크푸르트 도서전 개막식에는 당시 출협 부회장을 맡고 있던 김언호 한길사 사장이 회장 대행으로 참석하고, 나는 톈진행 비행기에 올랐다.

상희가 나를 데리고 병원이 있는 중국 톈진까지 갔다. 내 몸에 걸친 옷들을 모두 벗겨 벌거벗은 채로 수술실로 가는데 겁은 나지 않았다. 간을 떼어 내는 마당에 집도의가 칼질을 조금만 잘못해도 죽을 수 있는데 이상한 일이었다. 죽는다는 생각은 하지 않았다. 그냥 이대로 수술대에 올라가 다음 날 아침이면 끝나겠거니 생각했다. 그때 겁이 나서 떨었다면 죽었을지도 모른다. 하늘이 나를 출협 회장까지 시켜 놓고, 내가 앞으로 할 일이 막중한데 설마 데려가겠느냐 싶은 배짱도 있었다. 사람이 궁지에 몰리면 오히려 담대해질 수도 있는 법이다.

돌아보면 살면서 난관에 부딪칠 때마다 오히려 새로운 힘이 솟아났던 적이 많았다. 겁이 없는 건 아니다. 오히려 겁이 많은 편에 속할 것이다. 어쩌면 겁이 많을수록 임전 태세를 제대로 갖추는 법인지도 모르겠다.

수술은 무사히 끝났다. 회복실로 돌아와 창밖을 보니 톈진의 하늘이 뿌옜다. 늘 안개가 끼고 스모그가 자욱한 도시라고 했다. 빌딩들이 운무에 싸인 것처럼 보였다. 사흘이 지났을 무렵 무언가 잘못 돌아가는 분위기였다. 혈관 연결에 문제가 생긴 모양이었다. 중국에서는 이 분야 유일한 전문의가 베이징에 있다고 했다. 그에게 긴급히 연락해 도움을 요청했지만 그날따라 운무 때문에 고속도로가 막혀 제시간에 도착할 수 없다는 전갈만 들려왔다. 죽더라도 조국에 돌아가 죽고 싶었다. 죽음 그 자체보다도 타국의 병원에서 죽는 일이 더 걱정스러웠다. 물론 죽어서도 한국으로 돌아갈 수 있겠지만 남은 이들이 얼마나 번거롭겠는가. 중국을 떠날 때까지 그 걱정이 제일 컸던 것 같다.

톈진의 안개와 스모그만큼이나 한 치 앞을 내다볼 수 없는 먹먹하고 막막한 시간이 흘러갔다. 다행히 그날 저녁에 도착한 전문의가 상태를 살펴보더니 아무 문제가 없다고 진단했다. 이런저런 곡절 끝에 다행히 귀국해도 괜찮다는 결과가 나와 링거를 꽂은 상태로 한국행 비행기에 오를 수 있었다. 김포공항에서 곧바로 앰뷸런스에 실려 서울대 병원으로 직행했다. 수술하러 중국에 갈 때만 해도 잘 몰랐지만 우리 땅으로 돌아와 병원에 실려 가면서 비로소 죽음이 실감으로 다가왔다. 긴장이 풀리면서 통증이 몰려오는데, 차가 달리는 중에 링거 바늘이라도 빠지면 이대로 죽을 수도 있겠다 싶었다.

간 이식 수술을 받는다는 이야기는 가까운 사람 몇 명 외에는 심지어 회사 직원들과 출협 사람들에게도 알리지 않았다. 서울대 병원에 입원해 있는 동안에도 일절 면회객을 들이지 말라고 했다. 아무도 들어오지 못하게 입구에서 제지했는데도 막무가내로 병실로 쳐들어온 이가 있었다. 고은 시인이다. 그는 다짜고짜 병실까지 들어와 눈물을 흘렸다. 나도 울었다. 삶의 고갱이를 함께 지나온 화인(火印)이 두 사람 가슴에 깊이 남아 있다는 사실을 새삼스레 확인한 시간이었다. 1970년대 초반 이후 고은은 민음사 바깥에서 소명을 품고 험한 길을 걸어갔지만, 나나 고은이나 민음사 초창기에 서로 머리를 맞대고 살았던 시절은 추억 이상의 흔적으로 깊이 남아 있다. 고은 시인이 나에게 '혈육의 정'을 느낀다고 한 말이 시적 과장만은 아니었다. 고은 외에 면회가 허락되지 않을 때 기어이 병실까지 진입한 이는 이강숙 총장이었다.

수술 후 두 달쯤 지났을 무렵 송인성 교수에게 언제나 다시 필드에 설 수 있겠느냐고 물어보았다. 송 교수는 "간의 움직임이 활발하고 좋다." 하면서 "조금만 더 기다리면 얼마든지 나갈 수 있겠다."라고 대단히 긍정적 회신을 주었다. 수술이 성공적으로 마무리된 셈이다. 사람들이 나에게 수술 전과 후, 인생관이 어떻게 바뀌었느냐고 묻곤 한다. 특별히 달라진 건 없는 것 같다. 다만 직원들이나 주변 사람들이 평가하기를, 수술 후에 내가 좀 더 유연해진 것 같다고 한다.

사람들 대하는 태도는 유연해졌을지 모르나 삶에 임하는 자세는 더 적극적으로 변했을지도 모른다. 트위터를 배우기도 하고 인터넷 서점이나 포털 사이트에 들어가 수시로 책 판매 상황이나 인터넷 뉴스를 살피기도 한다. 아이폰이 유행하자 아이들이 말리는데도 홀로 사 들고 와서 이제는 모바일에 재미를 붙이는 중이다. 스케줄 관리도 수첩 대신에 아이폰의 스케줄 앱을 이용하고 있다. 이런 나를 보고 진취적으로 변했다고 긍정적인 평가를 하는 친구도 있는데,

좀 더 살자면 매사에 적극적인 관심을 가질 필요가 있겠다는 생각이 다. 이 나이에는 스스로 포기해 버리면 그대로 주저앉을 수밖에 없다. 70에 죽으나 90에 죽으나 죽을 때까지는 의식이 또렷해야겠다는 다짐을 한다.

국제출판협회 서울 총회

서울대 병원에 들어간 지 두 달 만에 퇴원하고, 이후에는 판교에 집을 마련해 자연 속에서 생활하며 몸을 추슬렀다. 김언호 부회장 대행 체제로 출협은 운영됐지만, 회장이 언제까지 자리를 비울 수는 없었다. 병실에 누워 있을 때 회장직에서 물러나라는 목소리도 있었지만 무시해 버렸다. 할 일이 많았다. 퇴원하자마자 주변의 만류를 뿌리치고 곧바로 일주일에 한 번은 출협에 나갔다.

출협 회장을 맡아 해냈던 가장 보람 있는 일 중 하나가 국제출판협회 총회를 알차게 준비한 것이었다. '출판인 올림픽'으로 불리는 총회를 준비하기 위해 '제28차 국제출판협회 서울 총회 조직 위원회' 를 2006년 6월 1일 발족하고, 내가 조직 위원장을 맡았다. 국제출판협회는 1896년 프랑스 파리에서 창설된 국제 비정부 단체로, 스위스 제네바에 사무국을 두고 있다. 한국은 1957년 아시아에서 첫 번째로 국제출판협회 회원으로 가입한 지 51년 만인 2008년 서울에서 총회를 개최하는 나라가 되었다.

제28차 국제출판협회 서울 총회는 세계 60개국 700여 명의 출판 관계자가 참가한 가운데 2008년 5월 12일부터 15일까지 서울 삼성동 코엑스에서 열렸다. 책을 통해 세계가 공존한다는 의미에서 '책의 길, 공존의 길'을 주제로 선택했다. 나흘간에 걸쳐 26개 섹션으로 나누어 특히 '인터넷 시대 종이 매체의 공존'에 초점을 맞추고 세미나를 진행했다. 출협 회장 재임 시절 가장 역점을 두었던 일 중 하나가 한국 출판의 국제적 위상을 끌어올리기 위해 국제출판협회 서울 총회와 서울 국제 도서전을 이름에 걸맞게 치르는 일이었다. 대내적으로 한국 출판의 탄탄한 내적 기반을 조성하기 위해 정부로부터 지원을 끌어내는 한편, 출판의 기본적인 토양인 독서 문화 활성화를 위해 사회 분위기를 조성하는 작업이었다.

그러나 임기 내내 심혈을 기울여 준비해 놓고 정작 총회 개최 3개월을 남긴 시점에서 회장 자리에서 물러나야 했다. 2008년 2월 출협 회장 선거에서 연임에 실패한 것이다. 서울 총회 행사장에서 만난 안나 마리아 카바녜야스 국제출판협회 회장이 내게 해 준 말이 위안이 됐다. 그녀는 "그동안 돌아다닌 총회 중에서 한국이 준비한 총회가 가장 화려하고 내용도 좋다"면서 "이 총회는 미스터 박의 콩그레스(Congress)."라고 엄지를 치켜세웠다. 1945년생인 그녀는 아르헨티나 부에노스아이레스에서 태어나 변호사로 일하다가, 서른세 살부터 출판사를 운영하기 시작해 7년간 아르헨티나 도서 협회장을 역임하고, 국제출판협회 부회장을 거쳐서 2005년부터 2년 임기의 회장직을 두 번이나 역임한 역량 있는 출판인이다. 그녀와는 2006년부터 서울 총회 준비를 위해 접촉해 왔는데, 그 과정에서 한국 출판인의 따뜻하고 열성적 태도에 좋은 인상을 받았다고 했다. 그해 말 나는 성공적인 국제출판협회 서울 총회에 기여했다는 공로로 한국출판문화상 특별상을 받았다.

박맹호 민음사 회장은 2005년 분신과도 같은 민음사 일을 일단 접

2006년 6월 1일 서울 사간동 출판문화회관에서 가진 '2008년 국제출판협회 서울 총회 조직 위원회' 현판식 장면.

고 제45대 대한출판협회 회장을 맡아 또 한 번의 새로운 출발을 했다. 지난 2월까지 (5월에) 서울에서 개최된 국제출판인총회(IPA) 조직 위원장으로 행사 준비를 총지휘했다. 민음사를 통해 한국 독자를 만난 오르한 파묵, 르 클레지오 등 세계 문호들이 초대 연설로 자리를 빛냈다. 출판 강국으로서 한국의 위상을 확인한 이 행사에 대해 'IPA 100년 사상 가장 성대한 행사였다'는 평가가 따랐다.

《한국일보》2008. 12. 26.

출협 회장 자리가 아쉬웠던 건 아니다. 대외적으로 나서기를 좋아하지 않는 내가 어쩌다가 출판인을 대표하는 자리에 끌려 나온 셈이었는데, 기왕 맡은 일이라면 출판 인생의 명예를 걸고 후배들을 위해 제대로 일을 해 보고 싶었다. 내가 출협 회장으로 지낸 3년은 내 후년

2008년 국제출판협회 서울 총회에서 만난 안나 마리아 카바네야스. 그녀는 아르헨티나 부에노스아이레스 출신으로 7년간 아르헨티나 도서 협회장을 역임하고 국제출판협회 부회장을 거쳐 회장직을 두 차례나 역임한 능력 있는 출판인이다.

인생 중 가장 활기찬 시기였다. 출협 임원진들은 일을 아주 짜임새 있게 잘하는 최상의 멤버였다. 국제 담당 업무를 총괄하던 김성구 샘터사 사장이나 국제적 인맥으로 많은 활약을 한 최태경 두산동아 대표, 대정부 창구 역할을 수행해 당시 이해찬 국무총리로부터 큰 규모의 출판 지원금을 끌어낸 한철희 돌베개 사장을 비롯해 최선호 세계사 사장, 홍보를 맡았던 정은숙 마음산책 사장, 김인호 바다출판사 사장 등이 그때 출협의 쟁쟁한 스태프들이었다. 이들은 내가 운만 떼어도 무슨 말인지 금방 이해하고 움직였다. 우리는 그 시절 아주 신명 나게 일했다. 우리가 하다 만 일들을 마무리하는 데에는 최소한 3년이 더 필요했지만 정작 더 하려고 하니 뜻대로 되지 않았다. 우리에게 시간이 더 주어졌다면 한국 출판이 조금은 달라졌을지도 모른다.

　　국제출판협회 총회와 비슷한 시기에 서울 국제 도서전이 열렸다. 이 도서전 역시 한국 출판의 국제적 위상을 높이기 위해 공들여 준비한 행사였다. 이때부터 서울 국제 도서전도 주빈국 제도를 도입했는데, 첫 번째 국가로 중국을 선정했다. 출판이 급성장하고 있는 중요한 나라인데도, 국제출판협회에서는 회원으로 받아들이지 않았다. 저작권이 존중받지 못하고 언론과 출판의 자유가 보장되지 않은 사회라는 이유 때문이었다. 나는 출협 회장 재임 시절에 중국을 국제 무대로 끌어내기 위해 무진장 노력했다. 국제출판협회에도 회원국으로 중국을 일단 받아들여 중국의 출판 환경이 바뀌도록 유도해야 한다고 설득했지만 결국 성사시키진 못했다.

그 대신 서울 국제 도서전을 계기로 중국의 출판인들을 대거 바깥세상으로 불러냈다. 2008년 5월 18일 폐막한 서울 국제 도서전에는 이중톈, 양훙잉 같은 중국의 베스트셀러 저자를 비롯해 양더앤 중국출판공작자협회 부회장 등 모두 500여 명에 이르는 중국 출판계 인사들이 대거 참석했다. 사회주의 관료 체제인 중국의 출판인들이 이처럼 대규모로 외국 도서전에 참석한 경우는 처음이었다.

노무현 대통령과 만나다

공교롭게도 노무현 정권과 나의 출협 회장 임기가 같이 끝났다. 대한출판문화협회 사상 이른바 '단행본 세력'이 회장직을 맡은 것을 두고 출판계의 '혁명'이라는 말도 나오는 정황이었으니 겉으로만 보면 노무현 정부의 탄생과 비슷했던 측면도 있는 셈이다. 사실 노무현 정부 탄생의 토대는 1980년대 출판 운동을 벌였던 이들이 만들었다고 생각한다. 당시 금요회를 중심으로 활발하게 책을 펴내고 생각을 모았던 출판인들 중 상당수가 노무현 정권의 산파 역할을 했다. 세계적으로도 출판 운동을 기반으로 정권이 탄생한 경우는 유례를 찾기 힘들 것이다. 그만큼 한국 현대사에서 출판이 차지했던 큰 비중을 방증하는 셈이다.

출협 회장에 당선된 지 한 달쯤 지난 시점인 2005년 3월, 출판계 인사들과 함께 청와대를 방문한 자리에서 노무현 대통령을 처음 만났다. 이 자리에서 프랑크푸르트 도서전 주빈국 준비 상황을 전하면서 출판계 현안에 대한 이야기를 나누었다. 4월 중순 노 대통령의 독일 방문을 앞두고 마련된 자리여서 우리는 대통령에게 프랑크푸르트 도서전 주빈국의 의미를 거듭 강조했다. 그 결과 도서전 역사상 처음으로 주빈국 대통령이 프랑크푸르트를 방문하는 결실을 이끌어 내기도 했다. 노무현 대통령은 여러 사람이 함께 만나는 이런 공적인 자리를 포함해 서너 차례 만났던 것 같다.

권양숙 여사에게 국제출판협회 서울 총회 명예 위원장을 맡아 달라고 요청한 적이 있다. 서울 총회가 노무현 대통령 임기가 끝난 바로 직후에 개최되는 행사여서 그랬으리라 짐작하지만 수락하지는 않았다. 노 대통령의 임기가 끝날 무렵 청와대 비서실에서 전화가 왔다. 대통령이 만나고 싶어 하는데 어디로 가면 좋겠느냐고 물었다. 사석에서 만나는 건 처음이었다. 애초에 우리 출판사 사무실이 어떠냐고 제안했지만 성사되지 않았다. 파주 출판 단지에서 만났는데, 권양숙 여사와 대통령의 형 노건평 씨까지 함께 나왔다.

가까이서 보아도 평소에 느꼈던 것처럼 소박하고 가식이 없는 사람이었다. 노무현 정부는 우리가 출협 차원에서 줄기차게 노력한 결과 역대 정권에서는 처음으로 출판계를 위해 도서 구입 자금을 연 16억 원이나 배정했고, 프랑크푸르트 도서전 현장에 직접 방문하기까지 했다. 사실 프랑크푸르트 도서전은 보기에 따라서 매년 되풀이 되는 연중 행사로 치부하면 그만일 수도 있는 이벤트였다. 나는 노무현 정부를 향해 유럽에 우리 문화가 공식으로 상륙하는 대단히 중요한 행사라고 누누이 강조했다. 너무 직설적으로 말을 하는 대통령을 보면서 위험하다고 생각한 건 다른 이들과 비슷했다. 하지만 다른 건 제쳐 놓더라도 그는 우리 문화를 위해서는 아주 괜찮은 인물이었다. 골프를 치고 있다가 《경향신문》 주필을 지낸 이광훈으로부터 노무현 대통령이 절명했다는 전화를 받고 머릿속이 감전된 듯한 충격을 받았다. 우리 역사에서 아깝게 사라진 인물이 많은데, 그이도 그중 하나였다.

'거실을 서재로'

출협 회장 재임 중 《조선일보》와 공동으로 펼친 '거실을 서재로' 캠페인도 독서 문화 운동의 성공적인 예로 기록할 만하다. 《조선일보》 쪽에서 먼저 아이디어를 내고 적극 협력을 요청해 왔다. 사실 신문사가 아이디어를 내고 캠페인의 수레바퀴는 돌릴 수 있어도 행사 내용상 주체는 출판인이 될 수밖에 없는 일이었다. 거실에서 텔레비전을 치우고 그 자리에 책장을 놓아 독서 문화를 진작시키자는 취지를 반대할 이는 없을 것이다. 하지만 구체적으로 어떻게 실행에 옮기느냐는 다른 문제였다.

　　캠페인이 성공하기 위해서는 두말할 것도 없이 자금이 필요했다. 나는 바로 그날부터 출판계 차원의 모금 운동에 돌입했다. 골프장으로 웅진의 윤석금 회장과 신문사 관계자를 동시에 초대해 라운딩을 한 후 저녁 식사 자리에서 윤 회장에게 협조를 부탁했다. 그는 흔쾌히 3억 원을 내놓았다. 정말 고마운 일이었다. 민음사와 내 개인 출연금을 합쳐 2억 원을 내놓았고, 교원에서도 2억 원을 냈다. 이런 식으로 모금이 진행돼 순조롭게 행사 전에 예산을 확보할 수 있었다.

    2007년 3월 5일부터 1년 동안 전개된 '거실을 서재로' 캠페인은 대성공이었다. 캠페인의 핵심은 텔레비전과 소파를 안방으로 옮기고 그 자리에 서가와 책상을 놓아 거실 분위기를 바꾸자는 것이었다. 거실을 서재로 바꾸고 싶다는 사연을 올리면 추첨이나 심사를 통해 매달 730명에게 선반 3개, 박스 6개로 구성된 보급형 서재와 10만 원 상당의 책을, 매달 10명에게 신청자의 거실에 맞는 맞춤형 서재와 50만 원 상당의 책을 보내 준다는 기사가 나가자 반응은 폭발적이었다. 하루 만에 5000명이 신청했고, 사흘 만에 1만 명을 넘어섰다.

> 항상 우리 아이와 가족을 위해 거실을 독서실로 꾸미는 것을 꿈꿔 왔습니다. 하지만 따라 주지 않는 남편 때문에 고민하다가 오늘 아침 기사를 보고 너무 반가워서 눈물이 날 정도였습니다. 여태껏 제가 남편에게 해 온 잔소리보다 이 캠페인이 더 큰 역할을 한 것입니다.
>
> 이경원 씨

캠페인 홈페이지에 올린 신청자들의 사연은 가족 문화의 단면을 생생하게 보여 주었다. 신청자들은 대부분 '거실을 서재로' 캠페인을 계기로 가족 간 대화를 되찾고 싶다는 희망을 나타냈다. 소파와 텔레비전으로 이뤄진 거실은 규격화돼 있고 몰개성적이다. 텔레비전이 내보내는 소비적 대중문화를 일방적으로 수용하는 장소가 될 수밖에 없다. 거실을 서재로 바꾸면 기적이 일어난다. 책을 읽을 때는 각자

다른 방향을 보고, 다른 생각을 하게 된다. 창의력이 저절로 생기고 다양성이 표출될 수밖에 없다.

문화 비평가 닐 포스트먼은 텔레비전이 우뇌 편향 인간을 양산한다고 경고했다. 텔레비전을 지나치게 많이 보면 언어 능력, 창의력, 상상력과 연관된 좌뇌 기능이 손상을 입는다는 것이다. 창의력을 기르는 데는 책을 읽는 것보다 확실한 게 없다. 카바네야스 국제출판협회 회장을 만났을 때 그녀는 "책은 진주조개와 같다."라고 말했다. 책 그 자체는 힘이 없지만 책에 담긴 내용과 생각에 힘이 있다는 것이다. 책은 물과 같다고도 했다. 물은 아무 힘이 없지만 단단한 바위도 뚫고 산을 옮길 수도 있다. 그동안 출협 차원에서도 독서 문화 진흥을 위해 여러 활동을 펼쳤지만 '거실을 서재로'처럼 폭발적인 반응을 끌어내지는 못했다. 이 운동은 더 나은 삶에 대한 욕구, 한 단계 업그레이드된 가족 문화를 창조하겠다는 열망을 잘 포착해 냈다. 매일 맞닥뜨리는 생활 공간인 거실에서 책을 만나게 한다는 발상이 창의적이었다.

서울대 민음 인문학 기금

요즈음 내 책상 위에는 '서울대 인문 강의' 시리즈 첫 세 권이 올려져 있다. 『청나라, 키메라의 제국』(구범진), 『제인 오스틴의 여성적 글쓰기』(조선정), 『카프카, 유대인, 몸』(최윤영)이 그것이다. 내가 서울대에 인문학 기금을 출연한 지 4년 만의 결실이다. 「간행사」에 이 책들이 갖는 의미가 집약적으로 표현되어 있다.

인문학의 위기를 걱정하고 그 미래를 고민하며 시대를 헤쳐 나갈 인문학의 지혜에 목말라 하는 사람들은 많아졌지만, 정작 '대중 인문학'이라고 부를 수 있는 저술들은 턱없이 부족하다. 서울대 인문 강의 총서는 창의적 학술성을 지닌 인문학적 지식이 가독성과 깊이를 겸비한 저술을 통해 학계 및 사회와 소통할 수 있는 계기를 만들고자 한다.

출협 회장을 그만두던 2008년 10월에 나는 서울대 인문대 동창회장으로 일하고 있었는데, 때마침 인문대 출신인 김영삼 전 대통령이 부친상을 당해 변창구 서울대 인문대 학장과 함께 차를 타고 마산을 다녀왔다. 그때 변 학장과 이런저런 이야기를 나누면서 보다 생산적으로 인문학을 위해 기여할 방법을 궁리하게 되었다. 단지 저술이나 연구 지원이 아니라 상아탑의 학자들과 대중이 서로 만날 수 있는 장을 열고 그것을 책으로 엮어 내고 싶다는 생각을 한 것이다. 그래서 내가 2억 원을 인문대에 기부하되, 그 돈으로 학자들이 대중을 상대로 서울대에서 무료 강연을 하고 그 결과물을 총서 형태로 책을 내자는 데 합의하고 서울대 발전 기금 약정식을 가졌다.

2010년부터 서울대에서 진행되는 인문 강좌는 대중들을 상대로 해서 주로 젊은 40대 교수들이 한 달에 한 번씩 동양과 서양, 고대와 현대, 문사철(文史哲)의 경계를 넘나들며 다양한 인문학 지식을 전달하고 있다. 2012년 9월 말까지 모두 20회의 강연을 진행했다. 매회 고등학생, 대학생뿐 아니라 직장인과 주부, 자영업자에 이르는 다양한 사람들이 300~400명 정도 참여하는 등 좋은 반응을 얻었다. 처음에는 16회 정도 진행하고 끝내려 했지만 이러한 열의에 힘입어 32회까지 늘리기로 했다. 인문학이 대중적으로 확산되는 분위기를 만드

21세기의 화두는 인문학이다. 민음사와 서울대 인문대는 이러한 현실에 발 맞춰 인문학에 대한 갈증을 해소하고 싶어 하는 대중을 위해 서울대 인문 강좌를 기획했다. 『청나라, 키메라의 제국』(구범진), 『제인 오스틴의 여성적 글쓰기』(조선정), 『카프카, 유대인, 몸』(최윤영)이 '서울대 인문 강의' 시리즈의 첫 세 권이다.

는 데 우리가 작은 불씨 정도의 역할은 하지 않았나 싶다.

사실 내가 처음으로 서울대에 인문학 진흥을 위한 장학 기금을 출연한 것은 권영민 교수가 인문대 학장으로 있던 2001년이었다. 그때 나는 우수한 저술을 발굴하고 박사 학위 연구자들을 격려하기 위해 3억 원을 출연했다. 권영민은 1980년대부터 민음사와 인연을 맺어 온 기예의 인문학자로, 국문학 연구와 문학 평론 양 분야에서 뚜렷한 성과를 낸 학자이다. 지금은 '인문학 열풍'도 있고 해서 다소 위기의식이 약해졌지만, 당시에는 모든 언론에서 '인문학의 위기'에 대해 크게 걱정하던 분위기였다. 나 또한 침통했다. 내가 배운 학문이 망한다는 것은 기초 학문이 무너지는 참담한 상황을 의미했다. 국가와 사회의 미래에도 결코 도움이 되지 못하는 사태였다.

인문학의 위기는 우리 사회의 위기일 수밖에 없다. 인문학을 경시하는 풍조는 훗날 어마어마한 대가를 치를 수밖에 없다. 경제 개발이 화두였던 1960년대 역시 인문학 사정이 어렵기는 마찬가지였지만 인문학 전공자들의 긍지와 자부심은 굳건했다. 인문학의 위상 자체가 흔들리는 현실이 너무 안타까웠다. 그래서 쌈짓돈을 내어 인문학을 공부하는 신진기예들에게 숨통을 틔워 주는 작은 보탬이 되기를 바라는 심정으로 기부했다. 서울대 인문대 측은 이를 바탕으로 '민음 인문학 기금'을 설립해 인문대 교수의 저술 및 연구비 지원을 도왔다. 인문학으로 이만큼 살아 온 만큼 이제는 그 덕을 인문학 발전에 돌려 기회가 닿는 대로 계속 힘을 보태고 싶다.

에필로그

책은 말이 없다. 책의 세계는 한없이 넓고 깊다. 읽는 이의 눈빛과 부딪쳐 소리 없이 화음을 낼 뿐이다. 책은 지은이보다도, 만든 이보다도, 읽는 이보다도 오래 남는다. 말 많은 사람들도 책 앞에서는 조용하다. 50년 가까운 세월 동안 민음사의 이름으로 세상에 나온 책은 5000종이 훨씬 넘는다. 자회사까지 합치면 매년 400종 가까이 책이 나오는데, 하루 한 권 넘게 새 책이 만들어지는 셈이다. 인터뷰할 때마다 오늘의 민음사가 가능했던 배경에 대한 질문을 자주 받았다. 그때마다 나는 '출판은 벽돌 쌓기'라는 답변을 주로 했다. 출판은 대박을 꿈꾸며 쉽게 뛰어들어 서둘러 승부를 볼 수 있는 분야가 아니라는 점을 강조하기 위해서였다.

독자들은 철저하게 이기적인 측면이 있다. 사람들은 1만 원짜리 설렁탕 한 그릇을 먹을 때는 그다지 많은 것을 따지지 않는다. 하지만 비슷한 가격의 책을 살 때에는 여간 까다롭지 않다. 책이 무슨 이득을 주고, 어떻게 감동을 줘서 내 정신의 성숙을 일으킬 것인지 일

일이 따져 보고서야 지갑을 연다. 책을 만들 때는 자기한테 도움이 되지 않으면 절대로 구매하려 들지 않는 합리적 독자를 늘 염두에 둬야 한다. 대충 만든 책으로는 결코 독자의 선택을 받을 수 없는 이유도 바로 여기에 있다.

자주 받는 질문 중에는 "어떤 책이 잘 팔리는 책이냐?"라는 것도 있다. 나는 그 답으로 '유도탄 궤도 진입론'을 거론하곤 했다. 유도탄은 수많은 부품을 제대로 조립해 정확한 프로그램에 따라 발사해야 궤도에 진입할 수 있다. 출판도 성공작이 나오려면 여러 요인이 동시에 충족돼야 한다. 책의 주제나 내용, 작가의 솜씨, 출판사의 역량, 사회 분위기, 독자 반응 등이 딱 맞아떨어져야 한다. 목표에 명중시키는 거뿜은 경험해 본 사람만이 알지만, 좋지 않은 결과가 나오더라도 또 다른 책으로 다음을 기약할 수 있으므로 섣불리 실망할 필요는 없다. 저자로 만난 숱한 사람들의 성장과 성숙을 지켜보는 것도 책을 만드는 보람이었다. 출판을 해 오면서 참으로 많은 생성과 소멸을 지켜보았다. 신인 작가가 대가가 되기도 하고, 조교로 만난 필자가 총장 자리에까지 오르는 모습도 보았다. 그들이 시인으로, 소설가로, 학자로 성장해 가는 모습을 지켜보는 건 대단히 큰 즐거움이었다.

돌이켜보면 출판은 늘 위기가 아닌 적이 없었다. 하지만 출판은 질적으로나 양적으로나 발전을 거듭해 왔다. 개별 출판사의 부침은 있을지라도 출판계 전체를 통틀어 보면 신간도, 매출도 갈수록 늘어났다. 나는 좋은 책을 내놓으면 반드시 팔린다는 믿음을 품고 지금까지 살아왔다. 언제나 좋은 책은 독자의 손에 들어가게 마련이다. 그들의 구미와 건강을 배려한 싱싱한 생선을 좌판에 내놓았느냐 하는 게 문제인 것이다.

오늘날 출판 위기론이 팽배해 있지만, 동료나 선후배 출판인들의 한없는 열정이야말로 위기를 넘어설 수 있는 가장 큰 잠재력이라고 본다. 세계 어느 나라와 견주어도 손색없는 국내 출판 인프라도 든든하다. '출판 천국'이라고 일컫는 일본과 겨루어도 그다지 뒤지지 않는 노하우도 이제는 축적돼 있다. 그러나 이런 외적 요인보다도 책 자체의 존재 의의가 출판의 존재를 허물 수 없는 가장 큰 이유이다. '완성된 인간'은 책 없이는 불가능하다. 출판 종사자들은 이러한 사명감을 갖고 꾸준히 책을 펴내서 독자들에게 접근해야 한다. 만날 하는 진부한 얘기 같지만, 이 점이야말로 변하지 않고, 앞으로도 쉽게 변하지 않을 사실이다.

가끔 길을 가다 수십 층짜리 빌딩을 올려다보면서 생각한다. 누군가는 돈을 벌어 저 빌딩을 올렸을 테지만 나는 평생 책을 쌓아 올린 셈이다. 어느 쪽이 더 보람찬 인생일까. 내 또래들은 국회 의원을 하든지, 법조계로 나가 판검사를 하든지, 아니면 대학 교수 쪽으로 빠지는 이들이 태반이었다. 그런 또래들과 비교하면서 아버지는 나에게 늘 철 좀 들라고 입버릇처럼 말씀하곤 했다. 문학을 한다느니, 책을 만든다느니 하면서 동분서주하는 아들이 아버지에게는 철부지로 보였던 것이다. 그러나 나는 새로운 걸 만들어 내는 데서 늘 즐거움을 얻곤 했다. 새로운 필자를 발굴하고 새로운 책을 만들어 내면서 이 사회의 지성과 문화를 선도하는 희열을 느꼈다. 지금 또래들은 대부분 현직에서 은퇴한 지 오래고 저세상으로 가 버린 이들도 많다.

출판을 해 오는 내내 긴장의 연속이었다. 정신을 바짝 차리고 깨어 있지 않으면 흐름을 선도할 수 없었다. 시간은 눈 깜빡할 사이에 화살처럼 달아난다. 그 호랑이 꼬리를 붙들고 함께 달려야 하는데, 그걸 놓치면 후회할 수밖에 없다. 민음사에 먼저 들어왔다가 다른 곳으로 가서 베스트셀러가 된 책들이 많다. 예전에는 아마 많은 소설들이 그런 과정을 거쳤을 것 같다. 그러나 지나가 버리면 그만이다. 게다가 나는 체념도 빠른 편이었다.

베스트셀러에 연연하기보다는 민음사의 사회적 책무와 명예를 지키려고 노력해 왔다. 화제가 될 만한 책들을 냉정하게 잘라 낸 적도 부지기수다. 잘 아는 이들을 통해 청탁이 들어오곤 했지만 대개는 들어주지 못했다. 내 또래의 책들을 많이 내지 못한 이유도 어쩔 수 없어서였다. 인정에 치우치면 제대로 출판을 할 수 없다. 나에게 섭섭함을 느낀 이들도 많았을 것이다. 미안하지만 할 수 없었다.

아내가 이즈음 나를 보면 영화 「대부」의 돈 콜레오네가 떠오른다고 농담처럼 말한 적이 있다. 전성기의 콜레오네가 아니라 노년에 허연 머리칼 날리며 어린 손자와 정원에서 노는 그 대부 말이다. 늙었다는 말은 맞되 출판에 대한 관심의 끈을 놓고 완전히 은퇴한 것은 아니라는 점에서 콜레오네와는 다르다. 나는 오늘도 새벽에 평생 해 왔던 것처럼 집으로 배달되는 일간지들을 정독하고 출판사에 나갈 시간을 기다린다. 민음사는 물론 한국 출판을 위해서도 해야 할 일이 있을 것 같다. 물론 구체적인 결정권은 모두 아이들과 직원들에게 넘겼다. 내가 괜히 간섭하면 젊은 감각을 훼손할 위험이 있다. 나는 주로 듣는 편이며 출판의 선배로서 큰 틀에 대해 조언을 할 뿐이다. 그래도 출근할 때는 여전히 마음이 설렌다.

신문 광고 시안에 대해서는 아직도 내가 직접 간섭하는 편이다. 신문에 책 광고가 그리 많지 않던 시절, 민음사 광고는 문화면 기사와 겨루는 수준이었다. 나는 적어도 그런 자부심을 가지고 광고를 만들었다. 내용도 그렇지만 광고 디자인을 중시했다. 한눈에 들어오고 정보를 일목요연하게 독자들이 파악할 수 있도록 신경을 썼다. 근년 들어 책 광고를 만드는 일이야말로 나에게 얼마나 큰 즐거움이었

1990년대 어느 날 강남출판문화센터 민음사 사무실에서.

는지 새삼스럽게 절감한다. 회사에서는 이제 신문을 통한 책 광고는 절정을 지났다면서 인터넷 등 새로운 매체를 통한 홍보 방법을 주장한다. 디지털 시대 스마트 기기의 확산으로 종이 매체들의 위기가 오면서 광고 효과도 점차 사그라지는 판국인 건 사실이다. 그러나 지나온 시절 내내 책 광고를 짜는 일은 출판사의 이름으로 세상과 대화를 나누는 즐거운 행위였다. 책 광고는 내 나름대로 다양한 아이디어를 동원해 열심히 개척해 온 분야이고 책을 만들 때 가장 신나는 일이기도 했다. 말년에 이르니 내가 노쇠해지는 것처럼 신문 책 광고도 힘을 잃어 가는 형국이다. 이제 애써 만들어도 써먹을 데가 줄어들었다. 오랜 세월 애착을 가졌던 일을 빼앗기는 것 같아 서글프다.

자서전을 쓰리라곤 생각지 못했다. 각계 명사들이 지나간 이야기를 털어놓는 지면에 참여해 달라고 각 신문사에서 문화부 담당

이 바뀔 때마다 청탁이 오곤 했지만 고사했다. 그저 책이나 만들면서 흘러온 인생, 책 이야기 말고는 그리 흥미로운 이야기가 있을 성싶지 않았다. 출판을 통해 인연을 맺은 많은 이들이 아직 살아 있어 함부로 이야기를 털어놓지 못하는 이유도 있었다. 게다가 나는 꼼꼼히 기록하는 스타일이 아니어서 많은 것들이 망각 속으로 흩어져 버렸다.

그런 내가 생각을 바꾼 것은 팔순을 계기로 꼭 자서전을 내야 한다고 아이들과 직원들이 강하게 제안하면서부터다. 내 뒤를 걸어오는 후배들에게 작은 도움이라도 될 수 있다면 부족하나마 기록을 남겨 두는 것도 의미가 있을 성싶었다. 민음사의 궤적이 한국 출판의 전부는 아니지만, 적어도 전체를 조망할 수 있는 역할은 충분히 해낼 수 있을 것으로 생각한다. 이 책에 담지 못한 이야기들도 많다. 묻어 둔 이야기는 거름이 되어 새로운 싹을 틔울 것이다. 민음사를 여기까지 이끌어 준 필자와 독자 여러분께, 그리고 오랫동안 함께 회사를 지켜 온 직원 여러분께 깊이 머리 숙인다.

호랑이 꼬리가 다시 저만치 달아났다.

부록

소설「자유 풍속」
연보

자유 풍속(自由風俗)

박맹호

"여러분……."

멀리서 확성기 소리가 아득히 들려왔다. 맥파로(麥波路) 씨는 귀를 기울여 본다. 그러나 이미 확성기 소리는 바람처럼 그의 귓전을 울리고 지나갔을 뿐 아무렇지도 않다. 그는 실망하고 말았다. 배가 몹시 고프다. 그는 곧 참아야 할 것을 깨닫는다.

뒤축이 다 해어진 투박한 군화를 신고 이마에는 먼지 먹은 머리카락이 함부로 휘날렸으나 맥파로 씨는 그래도 당당한 지남공화국(支南共和國)의 시민의 한 사람이었다. 헐간한 눈매와 그 밑으로 흐르고 있는 희끄무레한 액체가 괴죄죄하긴 했으나 그는 또 멋을 내기 위해서 전투모를 뒤로 삐뚜름하게 젖혀 쓰는 것도 잊지 않았다. 그것은 어느 돈 많은 나라의 병정이 쓰레기통에 버린 것을 남보다 먼저 차지한 재산의 일부인 것이다.

"여러분!"

또 들려왔다. 눈을 들어 보니 시장 쪽이다. 그는 걸음을 재촉해 본다. 그러나 좀처럼 다리가 말을 듣지 않았다.

"도대체 또 무슨 반가운 소식인가?"

그는 혼자 중얼거리면서 몹시 짜증이 났다. 그도 그럴 것이 맥파로 씨는 비록 배는 언제나 고프게 마련이지만 거리에 대한 관심은 좀처럼 포기할 수가 없었다. 아니 포기할 수 없는 것이 아니라 포기하고 방관할 수도 없는 것이었다.

입술이 자꾸 탄다. 이 밉살스럽게 무거운 군화를 팽개치고 싶다. 이제 귀에는 아무것도 들리지 않는데 거리의 공기를 보아서는 뒤숭숭한 기운이 어제와는 다르다.

"자유의 나라에 축복이 있군그래."

허름한 중늙은이 하나가 흰옷을 얌전히 입은 여인을 동반하고 맥파로 씨의 옆을 스쳐 갔다.

"무슨 축복인데요?"

여인은 자못 눈을 깜빡이며 소곤거렸다.

"자유가 완전히 해방될 것이래."

"응?"

"그래서 시민의 자유를 보장하거든."

"또 무슨 민주주의라는 이름의 전쟁 같은 것인가요?"

"아니, 그런 게 아니라 감옥이라는 중간 단계를 지나서 공동묘지로 결정적으로 비약한다는 거야."

"정말이요? 그렇게 되면 자유는 점점 더 완벽성을 띠게 되겠군요."

"그렇지! 여태까지는 법이라는 이십 세기 전반기적 잔재로 자유를 부당히 구속해 왔는데, 앞으로는 자유의 행사를 가장 효과적인 방법으로 수행하기 위해서 법으로부터 자유를 해방하고, 시대적 요청에 의해서 무장의 보호 밑에 융통성 있는 법으로 자유를 행사하거든."

"자유의 종착역이 정말 얼마 남지 않았군요."

여인은 사뭇 심각한 표정이다.

"이건 당의 비밀이야."

"누설을 하지 말라는 거군요."

"그렇지."

"뭘요, 시민들은 이미 기뻐서 벌벌 떨고 있는걸요."

"뭐?"

"시민들은 이미 유혈(流血)을 능히 음미할 수 있으리만큼 고도로 정신 상태가 진보되고 있거든요."

"그것이야 자유의 승리를 단적으로 상징하는 사상적 조류지!"

맥파로 씨는 무심히 귀에 들리는 대로 걸음을 옮겨 오다가 '사랑의 속삭임인지도 모른다.' 하고 무척 흥미를 느끼며 이것이라도 들어서 '그놈의 배고픔'을 잊어버리려 하다가 마침내 또 하나의 실망을 맛보았다. 도대체 한다는 소리가 맹랑한 소리만 하고 있는 것이 아닌가!

적어도 맥파로 씨가 상상하기에는 이 허름하고 이마에 주름살이 수없이 잡힌 영감과 흰옷을 맵시 있게 다스린 이 중년 부인은 박꽃같이 소박한 사랑이나 혹은 저물어 가는 인생의 쓸쓸한 황혼에 대하여 도란도란 의좋게 속삭이고 있는 것이 분명하다고 생각했는데, 자유니 해방이니 하고 어처구니없는 말들을 지껄이며 공연히 심각한 것이 아닌가!

"건방진 것들 같으니라고. 저희들 늙은 것이 무엇을 안다고

소설 / 자유 풍속 265

우쭐거리고 야단이야. 우리같이 새파란 젊은 놈들이 피둥피둥 놀아 가면서 할 일을······.”

맥파로 씨는 멀리 사라지는 이들 중년 남녀에게 경멸의 눈초리를 보내며 새삼스럽게 다리가 묵직하고 피로함을 느꼈다.

이미 태양은 서쪽 산마루에 걸렸는데 맥파로 씨의 어깨는 더욱 축 늘어져 갔다. 그는 봉창에 손을 넣어 본다. 무엇이 있을 턱이 없다. 배 속은 곤두박질이 일어난 모양이다. 눈엔 보이는 것도 없는데 발은 걸어가고 있다. 습관이었는지도 모른다. 그 빵 가게가 있는 골목이었다.

어느덧 그의 몸뚱이는 그 어두운 골목의 모퉁이에서 쇼윈도를 넘성거리고 있다. 주름살에 비해 머리카락이 훨씬 흰 부인이 '에프롱'을 걸친 채 눈살을 찌푸리고 있는 것이 보였다.

“저리 가라고요.”

뼈마디가 부딪치는 것 같은 북녘 사투리로 거침없이 호령하며 부인은 맥파로 씨를 쏘아보고 있는 것이다.

“자유를 사랑하시기에 매우 지치셨습니다. 머리가 반백(半百)을 헤게 되시니.”

장례식 의상 같은 검은 '원피쓰'가 비록 해어지긴 했으나 상냥스러운 조그만 '에프롱'으로 가리었으므로 이 부인은 그래도 자기보다는 유복한 것임에 틀림없는데도 맥파로 씨는 부인의 청춘(青春)을 조상(弔喪)하고 있었다.

“뭐요?”

눈이 휘둥그레진 부인은 어이없다는 듯이 맥파로 씨의 남루한 몸차림을 아래위로 훑어보며 핏대를 올렸다. 그러나 부인은 곧 맥이 풀리고 마는지 손수건으로 코를 풀었다. 부인은 언제나 맥파로 씨를 보기만 하면 그 흐리멍덩한 눈 속에 어두운 그림자가 넘쳐흐르는 것이었다.

그도 그럴 것이 부인의 남편 되는 사람은 북국(北國)의 '강제 노동 수용소'에 안내를 받아 간 이후 통 소식이 없는데, 듬성듬성 돋아난 털하며 허물어져 가는 콧등하며 걸걸한 목소리라든지 맥파로 씨는 부인의 남편과 비슷한 점이 많다고 언젠가 부인은 맥파로 씨의 손목까지 잡아 준 일도 있었다.

"빵 하나만 주십시오."

맥파로 씨는 짙은 어둠이 가득한 부인의 눈 속을 눈썹 하나 까딱하지 않고 바라보며 비굴한 웃음을 넘겨주었다. 그러나 부인은 넋 나간 사람처럼 꾀죄죄하고 뼈만 앙상하게 걸려 있는 이 사나이를 정신없이 응시하고 섰을 뿐이다.

"하나만 주십시오."

얼마 후 맥파로 씨가 거의 다 죽어 가는 목소리로 중얼거리고 있을 때 부인은 아무것도 하지 않고 뒤로 돌아섰다. 그리고 얼른 눈물을 훔치고 "두루룩!" 소리를 내며 쇼윈도를 열어젖혔다. 그리고 커다란 빵을 하나 닥치는 대로 집어 주면서 말했다.

"자, 어서 가 보시라요."

부인은 맥파로 씨의 손등을 어루만졌다. 맥파로 씨는 몸을 구부렸다. 그리고 '에프롱'이 팔랑거리는 부인의 치마폭을 느꼈을 뿐이지 결코 부인의 얼굴을 쳐다보지는 않았다.

우수수.

바람이 불어왔다. 낙엽이 꼬리를 치며 맥파로 씨의 수척한 어깨 위로 마구 흐트러졌다. 서글프기 짝이 없는 잃어버린 계절이었다. 맥파로 씨는 뒤를 돌아다보았다. 그 어두운 골목길이 사람들로 자꾸 메워져 갔다.

뚱뚱하고 어설픈 부인의 모습과 검은 '원피쓰'가 번갈아 가며 피어올랐다.

"고맙습니다."

맥파로 씨는 그제야 감사해야 할 것을 깨달았다. 그리고 눈물이 밴 콧잔등으로 무엇인가 씽하고 스쳐 가는 것을 느꼈다. 그 후 그는 거의 아무 생각도 없는 사람처럼 멍하니 걸음만 옮길 따름이었다. 하여튼 이와 같이 얼마를 걸었는지 맥파로 씨가 고개를 돌렸을 때는 그 빵집이 가물가물하게 보이는 곳까지 이르고 있었다. 맥파로 씨가 있는 곳은 전깃불이 휘황하게 켜진 이발소 앞이었다.

시끌덤벙하다. 그는 그 안을 살금살금 넘어다보았다.

"이놈, 이 고연 놈 같으니라고."

배가 만삭이 된 할아버지의 대머리에서는 김이 모락모락 이는데 할아버지의 콧수염은 몽땅 비누거품과 함께 밀려서 입술 위에 간드렁거리고 있었다.

"네, 잘못했습니다."

이마가 좁은 젊은 이발사 놈이 웃음을 참느라고 머리를 땅에 조아렸으나 볼이 불그스름한 이 신사 할아버지의 노기는 충천하고 있었다.

"네까짓 놈이 이발사냐, 응? 저것 좀 보라고, 저것 좀."

맥파로 씨는 조금 전과는 달리 방긋이 웃지 않을 수 없었다. 그는 빵집 마누라도 잊어버리고 점점 신이 났다. 젊은 이발사 놈은 줄곧 고개를 숙인 채 쳐들지 않았다. 맥파로 씨는 이 배가 불룩한 노신사 선생의 손가락이 가리키는 곳을 자세히 읽어 보았다. '이발사 준수 사항'이라 해 놓고 여러 가지가 적혀 있었다.

손을 더럽게 할 것. 물론 손톱도 깎지 말 것.
균이 배양될 수 있도록 소독을 하지 말 것.
이발사 입에서 불쾌한 냄새가 나도록 마스크를 쓰지 말 것.
등등…….

이렇게 읽어 나가다 맥파로 씨는 진실로 이 젊은 이발사 놈을 증오하지 않을 수 없는 점에 도달했다.

단, 자유민의 콧수염은 필히 콧수염 주인에게 양해를 얻은 후 전수(剪鬚)할 것.

조금 전 빵집에서 시큰시큰하던 콧잔등보다도 더 뭉클한 감격 같은 것이 그의 목덜미로 치받쳐 올랐다. 그는 곧 자유민으로서의 '인간의 존엄성'을 이렇게까지 속속들이 보장해 놓은 지남 공화국 정부의 성의 있는 정책에 대하여 심심한 사의를 표하지 않을 수 없었다.
"이놈, 너는 누굴 무시하느냐? 감히 어느 곳이라고 손을 대느냐 말이다, 응?"
배가 불룩한 이 노신사 선생은 이제 극히 점잖은 태도로 국가의 숭고한 이념을 강조하고, 그의 신성불가침의 영역에 외람히도 손을 댄 이발사를 준열히 꾸짖고 있었다. 맥파로 씨도 물론 이 노신사 선생의 엄숙한 모습에 뜨거운 경의를 표하는 데 인색하지 않았다. 그는 이 노신사가 깊은 밤중에(혹은 초저녁에) 그의 침실에서도 자기 부인에게 저렇게 위엄 있고 점잖을 것이라고 엉뚱한 생각을 하자 가일층 노신사 선생의 의젓한 콧수염이 깎인 것에 대하여 섭섭함과 분노가 치밀어 올라 간신히 참았다.

"망할 자식 같으니라고."

맥파로 씨는 눈물이 글썽이는 빵으로 비참한 창자의 부르짖음을 잊어버리자, 노신사에 대한 동정이 갑절이나 더 늘 수밖에 없었다. 그는 사람들이 옆에 모여 선 것도 모르고 침을 탁 뱉었다.

"인간의 존엄성을 쓰레기같이 아는 이 괘씸한 놈 같으니라고."

맥파로 씨의 이렇게 중얼거리는 목소리와 때를 같이하여 뱉어 버린 가래침은 다행히도 이발소 문을 나오고 있는 이 노신사의 반들반들 윤이 도는 검정 구두 앞으로 날아갔기에 망정이지, 조금만 더 힘 있게 뱉었더라면 그의 빛나는 구두코 위로 보기 좋게 떨어졌을 것이다.

"이 새끼가 눈이 멀었나."

배를 앞세우고 지팡이를 내디디던 노신사는 눈을 부라리며 맥파로 씨의 구부정한 체신을 훑어보았다. 그러자 금시에 맥파로 씨의 입이 헤 벌어졌다. 이런 훌륭한 신사 선생의 관심을 끌 수 있다니!

"황송스럽습니다."

그는 허리를 구십 도 이상 가능한 한 구부렸다.

"어허, 오늘은 왜 이리 재수가 없노."

맥파로 씨가 이와 같이 노신사의 탄식하는 소리를 귓가에 들으며 고개를 들었을 때 신사 선생께서는 저만치 점잖게 '빠쿠샤'처럼 어기적어기적 걸어가고 있었다.

"아, 저런 사람은 얼마나 나라를 사랑했기에 저리도 살이 쪘을까?"

그는 자기의 홀쭉한 배를 표준으로 노신사의 불룩한 배에 고이 간직하고 있을 '걸귀삼신'을 본 듯하여 또 한번 고개를 조아려 신사 선생에게 경의를 표했다. 맥파로 씨는 다시 눈을 돌려 어두운 골목의 빵 가게를 돌아다보았다. 여기서 듣기에는 매우 소란스럽다. 가끔 술 취한 사람들의 하품 나는 노랫소리가 들려오기도 하고 앙칼진 여인의 목소리도 났다. 파리가 윙윙 끓고 있는 그 어두운 골목 옆으로 흘러가고 있는 시궁창이 눈에 선하다. 빵집 마누라의 컴컴한 눈이 자꾸 짙어만 간다. 맥파로 씨는 또 걸음을 재촉했다. 그는 이제 노신사 선생의 의젓하고도 엄숙한 모습을 잊어버리고 그냥 걷기만 했다. 왜 걷고 있는지 그 자신도 모른다. 하기야 또 가만히 앉아만 있으면 무엇 하느냐 말이다. 발길 닿는 대로 걷고 있을 때 사람들이 웅얼웅얼 떠들고 있는 소리가 들려왔다. '자유의 광장' 가까이서 들려오는 소리였다. 그는 사람들이 모여 선 곳으로 고개를 기웃거렸다. 맥파로 씨는 점점 더 눈가죽이 팽팽해지는 것을 느꼈다.

미래를 위한 게시판

커다란 금자(金字)가 황홀하게 빛나고 있다. 귓결에 종소리처럼 무엇인가 은은히 울려오는 것 같기도 했다.

모든 권력은 별처럼 무수히 빛나는 교활의 지혜와 음모의 덕을 풍부히 소유한 국가 원수에 결정적으로 집중 완료하여야 한다. …… 그리고 우리 원수가 실시하는 민주 정치의 너그러운 방법을 그의 주름살 속에 고요히 잠자고 있는 거짓말과 독선과 …… 마침내는 폭력이 시민들을 '도탄이라는 행복'으로 이끈다. 그렇게 된다면 시민들은 그 관대와 우정 넘치는 정책에 감루하며 더 나아가 우리들의 운명을 위하여 위대한 원수의 건강과 두뇌의 정상적 발전을 도모하는 의미에서 충분한 영양과 휴식을 공급하고 그의 안락과 취미의 권태를 방지하기 위하여 수시로 그의 한가한 틈을 유쾌함과 고상함으로 변경 교대시키며…… 다시 말하자면 그의 인생의 목적을 위하여 시민들은 초로와 같이 목숨을 사양치 않는다. …… 그럼으로써 영원히 우매하고 무식할 시민들의 머리 위에 그를 죽을 때까지 군림시켜야 하고…… 그런데 늘 원수께서 마음 꺼리는 바 있는…… 실업자, 전쟁미망인, 병신 떼…… 선천적 가난뱅이, 농민, 매춘부 등…… 이런 것들은 운명의 소치로 말미암아 하느님이 임명한 자유인들로서, 지남공화국의 입장으로 볼 때 진실로 불가해한 쓰레기통의 인생들인 것이다. 이들은 우리 자유 사회에 있어서 극히 불필요한 것으로 가급적이면 그들은 스스로 자살 또는 자연사(즉 기아사) 불연이면 집단 학살에 의해서 명랑한 민주 경제의 절약을 위해서 자진 청소되기를 사랑의 이름으로 권고하는 바다.

　　　　　　　1966년 어느 날 상식 비대증(常識肥大症) 교수 기(記)

　맥파로 씨의 양 볼은 어느덧 축축이 젖고 있었다.
　'오, 민주주의 화려한 절정이여!'
　그는 뼛속까지 사무치는 감격으로 말미암아 으스스 떨려 오는 오한까지 느꼈다. 그의 눈에는 오색이 영롱한 무지개 같은 금관(金冠)과 위대한 수상과 미래의 묘지들이 구름처럼 몰려왔다. 그는 주위를 돌아다보았다. 여러 사람들이 야단스럽게 떠들고 있다.
　"참 기쁘기 한량없습니다."

"그렇지요. 고놈의 주름살 속에 번식하는 지혜란 파란 도깨비 불같은 빛을 발하거든요!"

"그야 닦이고 닦여서 세련될 대로 세련된 것이니까."

"하여튼 요즘 노인들이란 식욕이라든지 성욕이라든지 또는 시민에게 봉사하고자 하는 그 거룩한 마음씨들이 가관이란 말이야. 마치 저놈의 낙엽이 떨어지면서도 사르르 꼬리를 치며 최후의 유혹을 던지듯……. 안 그렇습니까?"

"좌우간 이 기아와 공포와 궁핍의 자유로운 환희 속에서 행복을 찾을 수 있다는 것은 그 교활한 늙은 배우들이 연극을 잘하기 때문입니다."

사람들은 제멋대로 자기들이 감격한 바를 중구난방으로 지껄이고 있었다.

"곰팡이가 득실거리는 대가리를 하고 푹푹 썩어 가는 냄새를 풍기면서 쓸데없이 자꾸 젊은이들은 학대하고……. 도대체 당신들은 정신이 있소 없소? 세상을 한번들 내다보란 말이오! 한 사람의 힘으로 뭣이 된단 말이오? 우수한 두뇌의 동원과 젊은이의 창조성이 얼마나 목마르게 기다려지는가. 철두철미하게 보장된 자유가. 아! 정말 답답한 일이오!"

거무튀튀한 청년 하나가 핏대를 올리며 되잖게 떠들고 있다. 그곳에 모였던 여러 사람은 거의 다 이 친구가 머리가 좀 돌았거나 역사극의 대사를 외우고 있는 중이라고 생각했다. 이것은 두말할 것도 없이 흘러가 버린 지난날의 녹슨 사고방식이라는 것을 시민들은 누구나 잘 인식하고 있는 터이다. 물론 맥파로 씨도 적의에 가득 찬 눈매로 이 젊은이를 쏘아보고 있었다.

"그 사람 자유의 철문으로 안내받아야겠군."

어느 사람인가 그 청년의 뒷전에서 슬며시 한마디 던져 놓고 사라져 버렸다.

맥파로 씨는 이때야말로 또 맹렬하게 배가 고프기 시작하는 것을 느꼈다.

그는 곧 이 질식할 듯한 사람들의 틈바구니에서 꽁무니를 뺐다. 어디 한 곳이라도 쉴 곳은 없는데 뿌연 바람은 사정없이 그의 몸뚱아리로 휘몰아 왔다.

살벌한 거리의 황혼과 까마귀 떼와 거적때기의 호의(好意)가 덤덤히 그의 머리 위로 스쳐 갔다. 그의 발길은 어느덧 저도 모르는 새 그 어두컴컴한 골목을 향해 부지런히 걷고 있었다. 그러나 벌써 빵집은 문을 닫고 아무것도 없었다. 그러나 '혹시' 또 모른다는 생각으로 불빛이 새는 구멍으로 빵 가게를 들여다보았다. 그러나 아무것도 보이지 않았다. 그는 허리를 폈다. 그리고 한동안 허기진 몸뚱아리를 가누느라고 애를 썼다.

"나 여기 있쇠다."

어디서 나타났는지 맥파로 씨의 어깨 위로 부인의 거친 손이 살포시 얹혔다. 밤에 보아도 머리는 나이보다 앞서고 있는 것이 역력하다. 그는 얼굴이 홍당무만치나 빨개졌다. 도둑질을 하다 들킨 것 같은 생각이 든 모양이다.

"왜 나와 있소? 문을 닫고서."

그러나 부인은 그냥 히죽이 웃을 따름이었다. 그때 한 무리의 이국 병졸들이 이 골목으로 들어섰다. 부인은 이들을 보자 맥파로 씨의 존재를 잊었는지 아무 말도 하지 않고 그들의 턱밑으로 분주히 걸어갔다. 그리고 쭈그러진 얼굴에 누런 말뚝 같은 이를 내보이며 눈을 끔뻑하고 애교를 떤답시고 웃고 있다. 맥파로 씨는 이

것을 보자 좀 당황했다.

"이 젊은 나그네들은 황혼의 아가씨들만이 '평화를 위한 전쟁의 우울'을 풀어 주는 유일한 항구(港口)라고들 하지요."

부인이 뒤를 돌아다보며 맥파로 씨에게 소곤거렸다. 그러면서 부인은 그들을 데리고 골목 안으로 들어갔다. 그는 오싹 스며드는 야기(夜氣)를 느꼈다. 부인의 긴 그림자가 병졸들의 얼굴에서 어른거린다. 맥파로 씨는 그냥 그곳에 서 있을 수도 없고 해서 그들의 뒤를 따랐다.

붉은빛 유리창과……
붉은 옷자락이 나부끼는 골목에!

맥파로 씨는 그가 어릴 적에 어느 식민지의 뒷골목에서 들은 듯한 유행가의 한 구절을 떠올렸다.

맥파로 씨는 부인과 병정들이 들어간 집의 추녀 밑으로 기어들며 창가에 귀를 기울여 본다. 방공호의 가족들이 흐트러진 화장품 위로 딸을 기다리고 있는 모습이 눈에 선하다. 멀리 '째스 뺀드'의 요란한 소리와 유쾌한 양공주들의 웃음소리가 고요한 밤공기를 타고 살벌하게 들려왔다. 그는 공연히 다리가 떨리는 것을 느꼈다. 그때 부인의 푸석푸석한 얼굴과 함께 '에프롱'의 팔랑거리는 소리가 그의 옆으로 다가왔다. 부인은 한결같이 누런 이를 내보이며 웃는 낯이다.

그는 고개를 떨궜다. 그러나 부인은 다정스럽게 그의 어깨너머로 바짝 걸어왔다.

"우리 영감이 있었더라면……."

부인은 맥파로 씨의 손을 펴서 꼬깃꼬깃 접은 지폐를 쥐어 주면서 그의 등가죽을 살며시 앞으로 밀었다.

소설 / 자유 풍속

"여기 있지 말고 멀찌감치 가셔요."

그때 그는 부인의 가슴을 느꼈다. 메마른 고목처럼 찌든 것이었다. 그는 부인의 노르께한 눈 속을 바라보며 슬슬 뒷걸음질을 쳤다. 얼마 안 있어 그가 이 골목의 모퉁이를 돌아섰을 때 부인은 이미 보이지 않았다.

밤은 자꾸 여물어 갔다. 눈발처럼 퍼붓는 어둠 속에 도깨비들의 철학은 한창 무르익는다. 칼날 위에 춤추는 광대가 되어 버린 것은 낡은 얘기가 아니다. 바로 그것이 자유라는 것이었다. 하루살이의 가쁜 숨 속에 그들은 배수진이 필요했다. 어쩔 수 없이 폭풍을 잉태한 지대(地帶)였다. 간판만 커 가는 도시들과 황폐화되어 가는 농촌들……. 그럴수록 시민들은 자유라는 몽둥이의 뜸질 속에 질식해야 했다.

'째스'의 깊은 밤은 푸른 빛깔과 더불어 한없이 출렁거린다. 그는 술 취한 사람처럼 무작정하고 거리를 헤매고 있다. 얼마나 오래되었는지 벌써 달이 졌다.

날이 새면서 그는 겨우 별빛이 감도는 쓰레기통의 그늘에 털퍼덕 주저앉았다. 손에 쥐어진 지폐를 그제야 펴 보았다. 꼬질꼬질 때가 묻은 것이었다. "빵 하나!" 맥파로 씨는 피식 웃었다. 전차 소리가 새벽 공기를 뚫고 가까이서 들려온다. 군용 트럭의 왕래가 잦아지기 시작하면서 거리는 점점 시끄러워져 갔다.

쫓기고 잡히고 마침내는 목덜미에 멍에를 인 채 끊임없는 공포의 도가니 속에서 허덕이는 것은, 자유의 깃발 밑에 굴러다니는 피에 맺힌 선물이다.

맥파로 씨는 그가 기대고 앉은 쓰레기통에 붙어 있는 '삐라'를 우두둑 뜯어냈다.

"희망에 꽉 차 있어 조국은."

그의 입술은 꿈틀거리고 있는 것이다. 그러면서 그는 또 일어서려 하였다. 그런데 핑그르르 전신주가 한 바퀴 돌았다.

빈혈증이 행동을 개시한 모양이다. 얼룽얼룽한 태양 속에 좀이 슨 '원피쓰'와 찌든 유방(乳房)과 피로한 머리칼이 흐트러져 있다.

그는 눈을 감았다. 핑핑 전신주들이 계속적으로 달려와서 그의 이마를 때리고 지나가는 것 같았다. 뱃가죽이 후둘후둘 떨리는 것 같다. 이와 같은 몇 순간이 지나간 뒤 그가 또다시 눈을 떴을 때 전신주는 제자리에 서서 넌지시 그를 굽어보고 있었다. 맥파로 씨는 몸을 일으켰다. 그러나 눈알은 허공에 걸렸다. 아무것도 눈에 보이는 것이 없었다. 먹어야 한다는 일념만이 그의 온 신경을 동원시키고 있었다.

"여보게, 법률상(法律相)이 잡혔다네."

"아니 법률로부터 자유를 해방시킨 사람이?"

"그러게 말이야. 사법부에 있는 사람들도 호랭이 날고기 먹는 줄 뻔히 알 텐데······."

"이제 수상의 최후의 만찬이 벌어질 모양이지."

"뭐?"

"두고 보면 알지!"

지금 맥파로 씨의 앞에서는 한 무리의 젊은이들이 함부로 무슨 소린지 시끄럽게 떠들고 있었지만 결코 맥파로 씨의 귀에는 이런 말들이 들릴 턱이 없었다. 그가 거의 기어가다시피 하여 겨우 그 우중충한 빵 배급소에 이르렀을 때에는 벌써 해가 한낮이나 기울고 있었다.

"여러분!"

이죽이죽 빵 조각을 씹고 있던 맥파로 씨는 뒤를 돌아다보았다. 어제 아침나절 듣던 듯한 목소리였다.

"의분에 떠는 여러분."

'마이크'는 몹시 흥분하고 있었다. 그러자 맥파로 씨의 썩은 붕어 눈깔 같은 눈도 차츰 생기를 띠기 시작했다. 그는 또다시 몇 조각의 밀가루 뭉치 때문에 거리의 표정에 관심을 보이기 시작한 것이었다.

"여러분, 의분에 떠는 여러분! 사법부는 우리들의 법률상을 부당히도 체포하였습니다. 이 민주주의의 완성기에 있어서 사법부의 이와 같은 도발적 행위는……."

맥파로 씨는 이제 마음의 한구석이 후련해지는 것 같은 것을 느꼈다. 어제 아침나절부터 거리에 어쩐지 찌뿌둥한 저기압이 감돌고 있는 이유가 무엇인가를 알 것 같기도 했다.

"우리 자유민의 분노는 마침내 폭발하였습니다. 지방으로부터 쇄도하여 오는 자유 애호 시민들은 위대한 수상의 관저에 이르러 통곡하고 있습니다. …… 자유를 사랑하는 시민 여러분! 우리들은 시민의 열화 같은 요청에 의해서 자유를 완성하고자 하였습니다. …… 그럼으로써 경애하는 수상의 민주적 권력은 시민들의 자유를 보다 더 신속히 보장하기 위하여 철저히 강화하여야 하겠습니다. 그렇기 때문에 우리들은 '자유'를 불필요하게 구속하는 법률을 완전하고도 철저하게 폐지하여 버리고 영특하신 수상의 자유재량에 우리의 조국을 마음 든든히 맡기고자 했습니다. 그러나 사랑하는 시민 여러분! 저 가증한 사법부의 골동품들은 우리의 벗 법률상을 부당히도 체포 구금하였습니다. …… 이와 같은 반동분자의 책동은 오히려 시민들의 노도 같은 분노에 직면하고 말았습니다. …… 모두 '자유의 광장'으로 집결합시다. 그리하여 우리들이 오매불망하던 자유의 완성을 위하여 또 위대한 수상의 권력 강화를 위하여 단결합시다!"

'마이크' 씨의 일장 연설은 마치 왕거미 똥구멍에서 실을 뽑아내듯이 술술 미끄러져 나왔다. 맥파로 씨 자신도 지금 자기가 마이크 씨의 말처럼 분노하고 있을 것이라고 생각했다.

"여러분!"

또 한 대의 지프차가 질주하여 왔다. 맥파로 씨는 다시 정신을 가다듬으면서 '마이크' 소리에 귀를 기울였다.

"오늘 오전 열한 시 자유의 광장에서 자유 완성을 위한 투쟁과 아울러 우리의 위대한 지도자이신 수상의 노고에 감사하는 행사를 전개코자 '자유민 대회'를 개최할 것입니다. 그러므로 여러분의 점심 식사는 다 같이 자유로운 가운데 충분한 식사를 한자리에서 나누고자 하오니 시민 여러분께서는 한 사람도 빠짐없이 참석하여 주시기 바랍니다."

이와 같은 말이 떨어지기가 무섭게 맥파로 씨는 거의 놀란 자라 새끼 모양으로 허둥대고 있었다.

"충분한 양의 점심을 먹어?"

맥파로 씨는 마치 열병 환자처럼 부르짖고 있는 것이었다.

"오!"

맥파로 씨의 흰죽만치나 멀건 눈알은 번들번들하게 빛났다. 그는 새삼스럽게 자신의 귀를 의심하고 있었다. 아마 그는 옛날을

소설 / 자유 풍속

추억하고 있는지도 모른다. 그는 1950년대의 끄무레한 하늘과 땅을 아득히 기억하고 있었다. 그는 미친 사람처럼 이 거리 저 거리를 헤매고 있었다.

"점심을 먹는다!"

시민들도 모두 열광하고 있는 것 같았다. 1959년도의 대입법부 분쇄 투쟁 때의 기름진 음식과 술을 상기하는 사람들도 있는 모양이다. 열한 시는 점점 가까워 갔다. 사람들은 꾸역꾸역 자유의 광장으로 밀려 갔다. 시간이 촉박하여짐에 따라 더욱 번잡하여지는 길을 정리하기에 교통병(交通兵)들은 눈코 뜰 새가 없었다. 맥파로 씨는 꼬르륵거리는 배를 움켜쥐고 인파를 따라서 자유의 광장으로 무거운 다리를 이끌고 갔다. 이 광장으로 가는 사람들 중에는 극도의 자유로 말미암아 황폐화되어 버린 농촌을 떠나온 자유민들이 상당히 많았다. 또 도시 소시민층의 남루한 무리들도 많았고 자유노동자들의 추레한 얼굴들도 있었고 특히 드문드문 눈에 띄는 것은 성장을 한 신사 숙녀 제씨와 학생들의 파리한 모습들이었다.

"자유의 완성을 위해서 이 신사들도 마침내 궐기했구나! 그들은 물론 점심 한 그릇 때문에 이 성스러운 모임에 그들의 고상한 자유정신을 괴롭히지는 않겠지! 그렇지만······."

맥파로 씨는 약간 마음이 쓰렸다.

"나도 이들과 같이 순수한 자유의 분노 때문에 이 자유의 물결을 타고 왔으면 얼마나 행복하였을 것인가!"

그러나 맥파로 씨의 무거운 마음은 곧 개고 말았다. 왜냐하면 이와 같이 마음이 고상한 신사 제씨와 어깨를 같이하여 한자리에 섞여 있다는 사실만으로도 그의 일생에 있어서 이만저만한 영광스러움이 아닐 수 없었다. 그러나 이 신사 제씨께서도 자기와 같이 뼈가 앙상하고 얼굴에 노란 꽃이 드문드문 핀 것을 보고 그는 약간 놀랐다.

"아, 얼마나 자유의 앞날을 근심하였기에 저리도 얼굴이 안됐을까?"

맥파로 씨는 충격받은 가슴을 어루만지며 이와 같이 중얼거렸다. 그리고 그들의 번듯하게 차린 옷과 외모를 보다가 "아!" 하고 소리를 지르며 또 한번 깊은 감동으로 말미암아 눈시울이 뜨거워졌다.

"단벌옷을 아끼던 1950년의 하루살이 같은 신사들보다는 얼마나 마음이 고상한가! 이 신사들은 비록 모든 것을 국가에 바쳤다 하더라도 가끔 이웃 나라의 높은 손님의 출입이 잦은 이 땅에서 민족적 긍지와 국가적 풍부를 나타내기 위해서 저렇게 그 불편한 옷으로 고통을 받으니……."

맥파로 씨는 배가 몹시 고팠지만 이들을 봄으로써 더욱 많은 고무를 받았다.

"자 그럼 여러분! 질서 있게 열을 세워서 대오(隊伍)를 편성합시다."

열한 시가 가까워 갈 무렵 키가 후리후리하고 미끈하게 생긴 사나이가 자유의 광장 사령대에 올라서더니 마이크를 부여잡고 군중에게 이렇게 외쳤다. 이때 이 미끈한 사내의 말이 끝나자 벌써부터 기다리고나 있었다는 듯이 푸른 복장을 한 청년들이 우르르 군중들 사이를 뚫고 들어왔다. 그리고 그들은 제각기 분담한 지역에서 시민들을 정렬시키고 인원을 파악했다. 이와 같이 얼마 동안인가 준비를 마치자 자유의 광장 동쪽 구석에서부터 우렁찬

'자유의 노래'가 울려 나오기 시작했다. 처음에 조용조용히 파동쳐 나가던 '자유의 노래'는 마침내 온 '자유의 광장'을 엄숙하게 진동시켰다. 그러자 이와 때를 같이하여 '자유기 게양대'에는 자유의 노래에 맞추어 하늘빛 바탕에 비둘기가 무장을 하고 있는 깃발이 바람에 나부끼며 팔랑팔랑 올라갔다.

"자유민 여러분!"

자유의 노래가 끝나자 위대한 지남공화국 수상이 수족같이 사랑하는 자유선전상이 그 비대한 체구를 유유히 이끌고 '자유민의 분노'를 대변하려고 사령대에 올라섰다.

"자유를 진실로 애호하시는 시민 여러분!"

그러나 이때 맥파로 씨는 위대한 수상보다는 조금 덜 위대한 이 자유선전상의 불룩한 배도 며칠 전 이발소 앞에서 만난 노신사 선생과 비슷한 것을 보고 깜짝 놀랐다.

"아, 선생님께서도…… 우리 자유민의 우매를 일깨우시기에 얼마나 바쁜 몸인데 그 분주한 중에서도 저렇게 무겁고도 거북한 '걸귀삼신'을 배 속에 넣고 다니니……. 아, 얼마나 고통스러우실까!"

맥파로 씨는 수상이나 지도자 선생들의 쉴 새 없이 바쁜 공통적인 사정을 새삼스럽게 느끼며 고개를 들지 못했다.

"아, 위대한 그대들이여."

맥파로 씨의 몸뚱아리는 어느덧 수상의 관저가 있는 동쪽으로 향하여 거의 코가 땅에 닿도록 정중히 허리를 굽히고 있었다. 그리고 사정없이 흘러내리는 감격의 눈물을 닦지도 않고 얼마나 울었는지 모른다. 하여튼 어찌나 오랫동안 울었는지 배 속은 더욱 허탈증이 나서 견딜 수가 없는데 이미 자유선전상의 '자유 완성을 위한 자유민의 분노'라는 제목의 연설은 다 끝난 모양이었다.

"자, 그럼 여러분! 우리는 자유 완성에의 돌격과 수상의 노고에 감사하는 의미에서 여기 술과 식사를 마음껏 베풀어 드리겠습니다."

처음 사령대에 올라섰던 미끈한 사내의 말이 끝나자 군중들은 우레 같은 박수를 보냈다.

"오, 술까지도!"

자유의 광장은 기쁨과 박수의 열광 속에 한참 소연했다. 앞에 서부터 차근차근 침착히 자리를 마련하는 푸른 복장의 청년들은 매우 기계적으로 신속하게 움직였다. 이와 같이 질서 정연하게 자리가 마련되자 식사가 먼저 나왔다.

맥파로 씨로 아무 데나 한 자리에 끼어 밥그릇을 하나 받아 들었다. 그리고 점잖게 그의 주위에 모여 앉은 신사 여러분을 바라보았다. 적어도 신사들과 식사를 한자리에서 할 때는 서로 인사라도 하고 비록 배는 대단히 고프지만 조용히 먹어야 하는 것이라고 생각했기 때문이다. 그러나 맥파로 씨는 이러한 견해를 곧 수정하지 않으면 안 될 것을 발견하고야 말았다. 그렇게 정중하게 차린 신사 여러분들이 밥사발을 붙들자마자 정신없이 옆으로 국물이 튀거나 말거나 후루룩거리며 국 넘어가는 소리가 요란한 것쯤 개의치 않고 분주한 것이었다.

"야, 예의도 이제 자유적으로 간소화된 모양이다!"

맥파로 씨는 그제야 깨달았다는 듯이 신사 숙녀 들의 얼굴에 노란 꽃이 드문드문 핀 것은 깜박 잊어버리고 새로 발달된 예의 도덕에 뒤떨어져서는 안 되겠다는 결심을 굳게 하고 정신없이 퍼먹었다. 이와 같이 모든 자유민들이 식사를 끝낼 무렵에는 계속해서 술통이 군중들 사이로 실려 나왔다. 그리고 푸른 복장의 청년들은 각기 술상을 하나씩 맡으며 이 자유를 사랑하는 시민들에게 열심히 축하의 말을 올리고 민주주의의 장애물은 마땅히 제거되어야 할 것이라고 역설하면서 친히 시민들에게 술을 권했다.

"자유는 참으로 위대한 것이야."

이때 맥파로 씨는 지나치게 감격하여 버린 탓으로 열을 올리며 술상을 힘껏 후려갈겼다. 그러나 다행히도 옆에 앉아 있는 신사 숙녀 들에게 술상은 엎어지지 않았으나 그들은 매우 불쾌한 기색으로 눈살을 찌푸렸다. 그리고 그 푸른 복장의 젊은이도 별놈 다 봤다는 듯이 잠깐 동안 맥파로 씨를 아래위로 훑어보더니 이내 빙긋 웃으며 말했다.

"옳은 말씀입니다."

젊은이는 또 한번 그에게 술잔을 권했다. 그러니 맥파로 씨는 더욱더 우쭐할 수밖에 없었다.

중천에 걸렸던 해도 어느덧 많이 기울었다. 자유의 광장은 기상이 높고 푸른 자유 애호자들의 술김으로 날카롭게 고조되었다. 술은 몇 순배가 돌았는지 모른다. 자유민들은 정말 위대한 수상의 높은 덕을 어떻게 찬송해야 할지 얼떨떨했다. 자유의 광장은 차츰차츰 분노의 함성이 도를 가해서 높아 갔다.

"우리들의 법률상을 석방하라!"

"시민들의 자유를 신속히 보장하라!"

"수상의 민주적 권력을 철저히 강화하라!"

자못 살기까지 등등했다. 이때를 기다렸다는 듯이 사령대의 '마이크'는 커다랗게 자유의 광장을 진동했다.

"자, 여러분! 피 끓는 자유애를 죽음으로 표시합시다! 우리들은 이십 세기 전반기의 유물인 사법부를 무자비하게 분쇄하여야 하겠습니다!"

이와 같은 '마이크'의 열기 띤 목소리가 떨어지기가 무섭게 사람들은 "와!" 하고 술상을 박차며 용감하게 일어섰다. 악마구리 떼처럼 떠들어 대는 소리가 자유의 광장을 진동했다. 그러나 이와 같이 물 끓듯이 덤벼드는 군중 가운데 오직 맥파로 씨만은 심각한 고민의 구렁텅이에 빠져 골치를 앓고 있었다.

"우리는 마땅히 배가 고파야 하는데 어찌 이렇게 배가 부르느냐 말이다!"

그는 아무리 생각해도 가슴이 답답했다. '양심의 가책'이 그의 목덜미를 무겁게 찍어 누르는 것 같았다. 조금 전 맥파로 씨가 밥상을 받을 때는 위라는 놈이 너무 발광을 했기 때문에 여기까지 생각이 미치지 못한 것은 참으로 유감스러운 일이 아닐 수 없다. 사실 지남공화국의 국시(國是)에 의하면 대부분의 시민들은 '되도록이면 굶어야 한다!'라는 것은 누구나 잘 알고 있는 터이지만, 맥파로 씨와 같은 사람에게 있어서는 더욱더 절실히 요청되는 국시였기 때문이다. 맥파로 씨의 가슴 위로 뼈근해 오는 사상에의 불충이 머리를 들고 일어서기 시작한 것도 이것 때문이다.

"그러나, 그러나 할 수 없지 않나?"

맥파로 씨는 머리를 쥐어뜯으며 몸부림을 쳤다.

"그러나, 오늘만은 아······."

그는 미칠 것 같았다.

"아니야, 반드시 그런 것만도 아니야. 오늘은 할 수 없었어!"

이와 같이 심각한 모순 속에 빠져서 허덕이고 있는 맥파로 씨의 머리에 번개처럼 스쳐 가는 것이 있었다.

"그놈의 반자유적인 사법부 때문에 우리는 죄를 범한 것이다!"

그는 겨우 후 하고 한숨을 내뿜었다. 그리고 그는 자기의 온갖 '지식'을 동원해서 이 모순 덩어리를 해명했다. 그가 해석한 바에 의하면 그것은 다음과 같다.

"풍부한 영양과 안락하고 유쾌한 휴식을 취하고 있어야 할 자유의 위대한 지도자들이 손수 우리에게 식사를 제공한 것은, 반자유분자들의 죄를 응징하기 위해서 지도자들이 우리들로 하여금 우리의 지도자들에게 '배부른 죄'를 범하지 않으면 아니 될 것을 생각게 하여, 그들 스스로가 이율배반의 심각한 모순 속에 빠진 것이다. 그들은 마땅히 지금쯤 어여쁜 아가씨와 같이 한가로이 교외로 드라이브를 하고 있어야 하며 시민들은 배를 움켜쥐고 앉아서 굶음으로써 자유를 사랑한다는 충성을 표시하여야 하지 않겠는가! 그렇다! 이것은 분명히 반자유적인 사법부가 분쇄되어 있지 않음으로 말미암은 낭비성을 띤 자유의 비극이다!"

이상과 같은 결론을 내리자 맥파로 씨의 이마에 솟아났던 시퍼런 힘줄이 더욱더 굵직하게 돋아났다.

"자, 가자!"

"골동품을 두드려 부숴라!"

자유민들의 분노는 마침내 충천하였다. 그러나 한편 구석에서는 그렇게 많지는 않으나마 술 취한 신사 제씨들이 꿀 먹은 벙어리처럼 코만 둘둘 불어 댔다.

"저런 등신 같은 놈들이 있나!"

맥파로 씨의 눈에서는 불이 뚝뚝 떨어졌다.

"고까짓 술에 떨어지기는……. 저런, 저런!"

그는 조금 전까지도 그들에게 보내던 존경과는 달리 화가 나서 치를 떨며 발을 굴렀다.

"죽여라!"

어느새 자유애에 불타는 자유민의 아우성은 자유의 광장을 멀찌감치 벗어나고 있었다.

"저런 바보 같은 자식들이!"

맥파로 씨는 발을 둥둥 구르며 분해하였으나 더 이상 그들만 바라보고 앉아 있다가는 미칠 것만 같아 쫓아가다시피 군중의 뒤를 따랐다. 그들은 이미 '자유의 문'을 지나서 시가의 중심지를 통과하고 있는 중이었다.

"반자유분자를 깨끗이 소탕하라!"

어느덧 그 굼벵이같이 꾸물거리는 신사 숙녀들이나 질펀하게 '자유의 광장'에 곯아떨어진 시민들은 그 거리에서 사라져 갔다.

"자유와 수상을 위해서 죽음으로써 충성을 바칠 '찬스'는 드디어 왔다!"

맥파로 씨의 마음은 바야흐로 은근한 기쁨으로 터질 것같이 변하고 있었다.

자유의 인파는 이제 시가의 중심 가도를 다 지나서 그가 가끔 가는 그 컴컴한 골목 앞까지 이르렀다. 그러나 맥파로 씨에게 그 시큼한 냄새가 나는 시궁창이나 골목의 빵 가게 같은 것이 보일 턱이 없었다. 그때,

"이리 나오시라요."

검은 '원피쓰'가 몹시 당황하고 있었다.

"글쎄, 이리 나오시라요."

맥파로 씨의 손을 딱하다는 듯이 잡아끄는 음성은 사뭇 가래

소설 / 자유 풍속

가 끓는 것처럼 애원에 가까웠다. 그러나 맥파로 씨의 몽롱한 망막에 그런 것이 비칠 여유는 조금도 없었다. 오직 자유의 영광스러운 완성만이 가슴에 뻐개질듯 넘치고 있을 뿐이었다.

"새로운 역사를 질투하는 놈이 누구냐!"

"죽여라!"

"이놈들 죽여라!"

술 냄새가 진동하는 행렬은 무질서하게 흐트러졌지만 계속적으로 일어나는 수상에의 경의를 표하지 않을 수 없었다.

"위대한 수상 만세!"

"자유의 태양이신 수상의 만수무강 만세!"

천지가 무너지는 것 같은 함성 속에 드디어 사법부는 완전히 군중에 의해서 포위되어 버리고 말았다. 그러나 사법부의 철문은 이미 굳게 닫혀 있었다.

"문을 열어라!"

자유민의 아우성은 광란의 바다와 같았다. 술 한 사발과 식사 한 끼가 이렇게 위대한 효과를 발휘하는 것은 1950년대에는 결코 없었던 1960년대의 획기적인 정치적 발전의 아름다운 풍경이었다.

이 무렵에 기마병들은 무장을 하고 벌써 군중들 사이를 뚫고 사법부의 문전에 이르렀다.

"여러분, 수상의 간곡하신 요청입니다. 해산하십시오!"

기마대장은 목이 터져라 소리 질렀다.

"이 자식아, 넌 누구냐? 거짓말을 말라! 문을 열어라."

자유민들의 목청은 갈수록 더 미친 듯이 날뛰었다. 이때 지남자유정부의 체신성에는 평화 지역의 여러 자유 애호 국가들로부터 열렬한 축하문이 계속 답지하고 있었다.

지남공화국이 자유와 민주주의 첨단을 급속히 달리고 있는 것을 우리 후진 국가들은 부러움과 교훈을 느끼며 열렬한 축복을 드리는 바입니다.

대개 그들은 이상과 같은 내용의 전문을 보내왔던 것이다. 그래서 이와 같은 축하문을 받아들이기에 얼마나 바빴던지 체신성에서는 도저히 답장을 바로바로 써 낼 수가 없어서 쩔쩔매고 비명을 올리며 이런 긴급한 사정을 수상에게 호소했다. 그러자 현명한 수상께서는 즉각적으로 세계 자유 애호 인민들에게 대략 다음과 같은 성명서를 발표했다.

나는 우리 공화국의 최고의 공복으로서 국내의 냉정한 정치 질서와 공정한 민주적 방식에 의해서 자유를 완성하려고 합니다. 그러나 우리 공화국의 주권자인 시민들의 반자유 세력에 대한 증오와 분노는 어떤 힘으로도 막을 수 없는 날카로운 절정에 도달하고 있습니다. 이때에 당하여 여러분의 열렬한 축복을 받으니 부끄러우면서도 명예스럽기 짝이 없습니다. …… 그러나 지금 우리의 사정은 참으로 눈코 뜰 새 없이 바빠서 여러분의 호의에 실례되지 않을까 저어하는 점이 많습니다. 참는 것은 덕이오니 조금만 더 우리 시민을 축복하고자 하는 고상하면서도 조급하신 여러분의 감정을 눌러 주십시오.

국내외의 충심으로부터의 축복에 견디기 어려워 지남공화국 수상이 이와 같은 '기쁜 비명'을 올리고 있을 때 사법부의 철문 앞

소설 / 자유 풍속

에는 술 취한 군중들이 비틀비틀 쓰러져 가고 있었다.

"비켜라, 이 개 같은 자식들아!"

자유민들은 그들의 앞에서 태산같이 버티고 있는 기마병들에게 맹렬하게 덤벼들었다. 해는 이미 서산에 붉은 낙조를 토하며 산을 넘어가고 있다.

"문을 열어라!"

자유민들의 아우성은 성난 범처럼 날뛰는데 이때 기마대의 한 귀퉁이에 균열이 생기기 시작했다. 그러나 그때 신속히 달려온 기마 증원 부대가 도착하였으므로 간신히 이 위기는 모면되었다.

"문을 부숴라!"

"법률상을 석방하라!"

그럴수록 노도처럼 들끓는 자유민들의 아우성은 갈수록 치열했다.

어둠은 점점 까맣게 짙어 갔다. 물론 맥파로 씨도 이들 군중들 틈에서 아직도 깨지 않은 술기운으로 찬바람을 몰아내며 이를 부드득부드득 갈기까지 했다.

"자유는 완성되어야 한다!"

"문을 열어라!"

자유민들의 천지를 진동하는 함성은 그들 주위를 요란스럽게 배회하는 말굽 소리조차도 압도했다.

"비키지 않으면 죽인다!"

물불 헤아리지 않고 달려드는 군중은 마침내 정문으로 쇄도했다. 누리는 이제 완전히 어둠에 싸였다. 지남공화국 수도의 한복판에 유유히 굽이치고 있을 자유강(自由江)의 물줄기가 뜨겁게 이 밤을 축복할 것이다. 이때 지남공화국 수도의 주변에 가장 우뚝하게 솟아 있는 산에서는 불이 번쩍했다. 그러자 그 불은 계속해서 산과 산봉우리를 연이어 달렸다. 참으로 순식간이었다. 봉화의 행렬은 마침내 지남공화국의 산맥을 대낮같이 밝히고 말 것이다.

"봉화가 올랐다!"

멀리서 누가 이렇게 소리치는 것이 들려왔으나 술 취한 자유민들의 귀에는 그따위 새소리가 들릴 턱이 없었다.

"문을 부숴라!"

군중들의 뒤에서는 돌이 빗발치듯 사법부 안으로 날아들었다. 군중들의 대오는 뿌연 먼지 속에 생지옥을 연출하고 있었다.

"자유를 완수해야 한다!"

"비켜라! 이놈들!"

그때 뒤에서 날아온 주먹만 한 돌덩이가 기마대장의 면상을 사정없이 부숴 버리고 말았다. 이쯤 되면 아무리 그가 뜨거운 자유애에 불타고 있다 해도 "폭도들은 고분고분 다뤄야 하네." 하고 검은 콧수염을 쓰다듬으며 빙그레 웃던 수상의 얼굴이라도 기억할 턱이 없다.

"와, 와!"

폭도들의 돌격은 최고조에 달했다.

"이놈들."

드디어 기마병들은 이 모진 폭풍우 속에 '명령'을 잊어버리고 말았다.

"해산하라!"

피가 펑펑 쏟아지는 기마대장의 이마에 머리카락이 함부로 난무했다. 말 머리를 흔들며 자유민 속으로 달려드는 기마병들은 동으로 서로 거리낌 없이 왕래했다.

"아이고."

"아이고머니."

하늘을 찌르는 비명이 말 울음소리와 더불어 가을의 밤하늘을 처참하게 흔들었다.

우르르.

그러나 말굽 아래 함부로 짓밟히는 군중들은 조금도 서슬을 굽히지 않고 한 무리의 자유민은 사법부의 철문을 산산이 파괴하고 말았다.

"와!"

아우성은 마치 방파제를 무너트린 노도처럼 사법부의 광장 안으로 쏟아져 들어갔다. 그리고 동시에 술 냄새도 사법부 안으로 밀려 들어갔다. 그러나 그때는 이미 사법부 안에 쥐새끼 한 마리도 바스락거리지 않고 을씨년스럽게 찬 기운만 싸늘하게 감돌고 있을 뿐이었다.

펑! 펑!

가솔린 통 터지는 소리가 연달아 났다.

"야, 불이 오른다."

꼬불꼬불 오르는 연기 속에 사법부는 보기 좋게 타들어 갔다.

"자유의 화근이 영원의 길을 떠나신다."

누군가 한 사람 꿈결처럼 중얼거리는 소리가 났다. 붉고, 푸르고, 붉고 푸르고! 급속도로 번져 가는 불길은 시커먼 마왕(魔王)의 험상궂은 얼굴이었다.

"이놈들아!"

기마대장의 버르르 떠는 목소리가 마상에서 비참하게 들려왔다. 책임 완수는 이제 불길과 함께 깨끗이 날아갔다.

기마병들의 분노는 이 순간 군중들보다도 더 치열했다.

탕! 탕!

연속적으로 일어난 총성은 마침내 한 자유노동자를 향해 미친 듯이 울렸다. 정신없이 여기저기 불을 붙이며 달려가는 맥파로 씨의 심장은 이 총소리와 함께 폭발하고 만 것이다.

"만세! 만세!"

자유민들의 힘없는 만세 소리가 맥파로 씨의 심장이 파열함과 때를 같이하여 들려오기 시작했을 때는 먼 산맥들을 춤추듯이 달리고 있던 봉화가 바로 지남공화국 수도의 중심에서 우렁찬 승리의 개가로 옮겨 갈 무렵이었다. 그때 자유민들은 활활 타오르는 사법부의 건물을 바라보고 기쁨에 젖어 가며 술이 깨었다.

"만세! 만세!"

기마병들은 이제 어디로 달아났는지 보이지 않고 멀리 울려오는 만세 소리만 맥파로 씨의 숨 가쁘게 할딱거리는 가슴 위로 밀려와서 귓밥을 물어뜯었다. 밤은 한껏 깊어 갔다.

"아이고머니!"

"물 좀 주시우, 물 좀."

길바닥에 즐비하게 나자빠진 용감한 자유민들의 신음 소리도 맥파로 씨의 귓결에 꿀벌의 노래처럼 흐느껴 왔다. 새벽이 가까이 다가왔는지도 모른다. 피는 더욱 붉게 사법부의 정원을 얼룩 지웠다. 깍 깍 깍 우짖는 까마귀 소리가 하천을 울리고 지나갔다. 그렇게 기세가 당당하던 술 취한 자유민들은 어느새 다 흩어져 버리고 진눈깨비와 같은 어둠만이 죽음과 함께 달려왔다.

메마른 갈빗대와…… 야윈 낯짝들과……

그것은 위대한 수상의 민주적 권력 강화와 시민의 자유를 신속히 보장하기 위해서 말굽에 아낌없이 짓밟히도록 마련되어 있는 '영광스러운 역사의 개척자들'인 것이다. 그들은 또 머지않아 차라리 우윳빛보다 맑은 구더기 떼들의 만찬에 초대받을 것이다.

우수수!

소리 없이 불어온 바람에 낙엽은 그들의 가슴 위로 고요히 내렸다.

"수상이여, 만수무강하소서."

맥파로 씨는 거의 숨을 거둘 무렵 뜨거운 눈물이 볼을 가르는 것을 느꼈다. 거룩한 수상의 은총이 뼛속에 사무친 것이었다. 하찮은 몸이나마 자유와 수상을 위하여 쓰러질 영광을 얻다니!

"오, 겨레의 등불이여!"

수상의 거룩한 모습이 삼삼히 피어올랐다. 풍부한 영양과 충분한 휴식이라는 무기한 연장된 중책을 어깨에 메고 굶는 자유를 더욱더 사랑하는 현명한 시민들을 너그러이 굽어살피는 성스러운 자태였다.

"오……."

맥파로 씨의 마지막 가래 끓는 소리가 났다. 헐어 빠진 검은 '원피쓰'와 찌든 유방과 '에프롱'의 팔랑거리는 소리가 스쳐 간 뒤였다. 멀리서는 여전히 양공주들의 깔깔거리는 웃음소리와 언제나 바쁜 군용 트럭과 '째스 뺀드' 소리가 요란하게 울리고 있었다.

1953년 2월 10일

연보

1933 12월 31일(음력 11월 15일, 일요일, 계유년 갑자월 신미일), 충청북도 보은군 보은면 장신리 비룡소에서 부친 박기종(朴起鐘)과 모친 이아지(李雅只)의 2남 5녀 중 장남으로 출생.

1940 비룡소에서 3킬로미터 정도 떨어진 삼산(三山)초등학교 입학.

1946 삼산초등학교 졸업.
청주사범학교(현 청주교육대학) 입학. 태어나서 처음으로 비룡소를 떠나 청주시 문화동 이모 집에서 통학.

1948 서울 경복중학교로 전학. 용산구 원효로 집에서 통학.『삼국지』와『수호지』를 비롯해 많은 동서양 서적을 탐독함.

1950 6·25 전쟁 발발 사흘 후인 28일 새벽 한강 철교가 폭파되자 동생 상호 손을 쥐고 단둘이서 피난길에 오름.

1951 8월 31일, 청주고등학교 5학년 편입. 문예반으로 활동.

1952 4월 1일, 서울대학교 문리과대학 문학부 불어불문학과 입학.

1953 6월 15일,「사랑손님과 어머니」의 작가 주요섭 선생이《대학신문》문예 공모 선후 소감에서 "낙선시키기에는 아까운 작품"으로「희생」(문리대 박맹호)을 거론.
《현대공론》창간 기념 문예 공모에 박성흠이란 필명으로 응모한 단편「해바라기의 습성」당선. 후일 시인이자 언론인으로 활약한 김형덕(김후란) 씨가 이때 가작으로 입선.

1955 《한국일보》 신춘문예에 단편 소설 「자유 풍속」 응모. 자유당 정부를 신랄하게 풍자한 내용이 문제가 돼 탈락. 심사를 맡았던 문학 평론가 백철은 1955년 1월 1일자 《한국일보》 신춘문예 선후 소감에 "박맹호의 「자유 풍속」은 지금까지 우리 문단에서 그 예가 없는 장관을 창조한 작품으로, 나는 이 응모작을 일석(一席)으로 하고 오상원의 「유예(猶豫)」를 이석(二席)으로 정했는데 결국 (중략) 「유예」가 입선되었다."라고 기록.

5월, 「자유 풍속」의 신춘문예 탈락을 애석해한 한운사 《한국일보》 문화부장의 청탁으로 《한국일보》 일요판에 소설 「오월의 아버지」 상·하 게재.

1956 서울대 문리대 문학회에서 간행한 《문학》 창간호에 《한국일보》 신춘문예 응모 작품 「자유 풍속」 수록. 이 작품이 대학가와 문단에 회자되면서 소설 주인공 '맥파로'가 별명으로 불리기도 함.

1957 9월 30일, 서울대 불문과 졸업. 뒤늦은 졸업 후에도 문인들이 많이 모이는 명동의 '엠프레스'라는 클래식 음악다방을 드나들며 문학 청년 시절을 이어 감.

1960 5월, 보은군 민주당 후보로 국회 의원 선거에 출마한 부친의 선거 운동 참모로 활동.

7월, 부친 박기종 제5대 국회 의원 당선.

1961 5·16 쿠데타로 국회가 해산되면서 부친이 오랜 열망 끝에 이룬 국회 의원직을 한 해도 못 채우고 물러남. 이후에도 부친의 도전은 1973년 9대 국회의원 선거 때까지 계속 이어졌지만 육영수 여사의 오빠인 육인수 씨에게 밀려 좌절.

1962 1월 20일, 충북 음성에서 약국을 운영하던 위은숙(1935년생, 서울대 약학과 졸업)과 결혼.(1961년 10월 9일 한글날 약혼)

10월 18일, 장녀 상희 출생.

1964 7월 17일, 장남 근섭 출생.

1966 5월 19일, 민음사 창립. 광화문《동아일보》뒤편에서 처남(위상준)이 운영하는 전화상 '전일사'를 사무실로 활용. 편집과 교열은 출판사 등록 주소인 노량진 집에서 주로 이루어짐.

6월 10일, 민음사 첫 책으로 신구문화사 주간이던 신동문 씨가 '동방구(東方龜)'라는 필명으로 일본어판을 번역한 『요가』를 펴냄. 1만 5000권이 팔려 나가면서 베스트셀러 기록.

신동문의 소개로 제주에서 올라온 고은 시인을 처음 만나 '혈연 같은 우정'을 이어 옴.

청진동 옥탑방으로 사무실 이전.

1967 하반기, 청진동 세진 빌딩 4층으로 사무실 이전

1972 9월 18일, 차남 상준 출생.

1973 12월, 이백과 두보의 작품을 실은 『당시선』(고은 역주), 폴 발레리의 『해변의 묘지』(김현 역주), 라이너 마리아 릴케의 『검은 고양이』(김주연 역주), 로버트 프로스트의 『불과 얼음』(정현종 역주) 등 '세계 시인선' 4권 첫 출간. 이후 '세계 시인선'은 해외 유명 시인의 작품을 원문과 함께 실으면서 정확한 번역을 시도, 시를 공부하는 문학도들의 교과서로 각광.

1974 9월, 김수영 『거대한 뿌리』, 김춘수 『처용』, 정현종 『고통의 축제』, 이성부 『우리들의 양식』, 강은교 『풀잎』 등 '오늘의 시인 총서' 1차분 5권 출간. 이후 지속적으로 출간된 이 시리즈는 시를 대중화시키는 데 큰 기여를 했다는 평가를 받음.

1975 상반기, 종로구 관철동 사옥 장원 빌딩으로 이사, '관철동 시대' 시작.

1976 편집 위원으로 김우창, 유종호 교수를 영입해 계간《세계의 문학》 창간호(가을호) 발간. 제1회 '오늘의 작가상' 공지.

1977 제1회 오늘의 작가상 수상작으로 한수산「부초」선정, 단행본 발간.
'이데아 총서' 발간 시작. 문학은 물론 문예 이론 사상서들까지 폭넓게 포괄해 1990년대 중반까지 꾸준히 이어짐.『발터 벤야민의 문예 이론』이나 김우창, 유종호 공동 번역으로 출간해 화제가 된 에리히 아우어바흐의『미메시스』, 칼 포퍼의『열린사회와 그 적들』등이 이 총서의 이름으로 발간됨.

1978 제2회 오늘의 작가상 수상작 박영한의『머나먼 쏭바 강』선정.

1979 제3회 오늘의 작가상 수상작 이문열의『사람의 아들』선정.

1980 2월, 33대 대한출판문화협회 부회장 선임.
5월, 출협 회원 20여 명과 스톡홀름에서 열린 국제출판협회 총회 참석을 계기로 유럽과 미국을 40여 일간 여행. 스톡홀름에서 '광주 항쟁' 인지.

1981 장녀 상희의 서울대 합격 자축 자리에 출판사 대표 8명 초청, 이 자리에서 중견 출판인들의 모임 '수요회' 결성.
'김수영 문학상' 제정. 제1회 수상 작품으로 정희성의『저문 강에 삽을 씻고』선정. 이후 이성복의『뒹구는 돌은 언제 잠 깨는가』(2회), 황지우의『새들도 세상을 뜨는구나』(3회), 김광규의『아니다 그렇지 않다』(4회), 최승호의『고슴도치 마을』(5회), 김용택의『맑은 날』(6회), 장정일의『햄버거에 대한 명상』(7회) 등으로 이어져 현재에 이르고 있음.

1982 3월 15일, 국무총리 표창.(출판공로)

1983 10월 24일, 이문열『평역 삼국지』《경향신문》에 연재 시작.

11월, 김방한의 『한국어의 계통』을 첫 책으로 펴내면서 '대우 학술총서' 시리즈 발간 시작. 이후 1999년까지 16년 동안 424권 간행.

1984 2월, 한국출판협동조합 이사.

수요회에서 발행하는 계간지 《오늘의 책》 봄호 한길사에서 창간호로 발간 시작, 1986년 겨울호까지 이어짐.

1985 5월 17일, 수요회 주도로 출판인 17인 선언 「출판문화의 발전을 위한 우리의 견해」 발표.

7월, 서점 공간 확대 운동 중 대전 지역 서적상 40여 명과 마찰.

10월 19일, 대통령 표창.(출판공로)

한국단행본출판협회 2대 회장으로 추대.

1986 1월 27일, 동숭동 문예회관 대극장에서 열린 대한출판문화협회 회장 선거에 후배 출판인들의 강권으로 출마. 당시 문공부 장관을 비롯해 안기부 보안사 치안본부까지 출동해 단행본 세력의 출협 임원 진출을 강력히 방해.

3월, 『숲속의 방』(강석경)을 제10회 오늘의 작가상 수상작으로 선정하고 단행본 출간.

4월 11일, 이기웅, 정인철 사장 등과 45일간 파리, 스페인, 이탈리아, 그리스 등지로 유럽 여행을 떠남. 예술에 대한 문화적 충격을 강렬하게 받음.

1987 중국 정부의 초청으로 처음으로 사회주의권 방문.

1988 3월, 한국출판금고 이사 선임.

이문열 『평역 삼국지』 전 10권 완간.

서울 올림픽이 끝난 직후 옛 소련과 동구권 여행.

밀란 쿤데라 소설 『참을 수 없는 존재의 가벼움』을 《세계의 문학》 가을호에 전재, 연말에 단행본으로 출간.

1989 6월, 서울 지방 국세청이 민음사 특별 세무 사찰을 시작해 한 달 만에 추징세액 1억 원 통보. 좌파 출판인들과 합세해 출협 접수를 기도했다는 혐의로 진행한 치밀한 계획이었다고 당시 청와대 인사 증언.

10월, 서울 지방 국세청 국정 감사장에서 민주당 김덕룡 의원이 "정부와 불편한 관계를 유지해 왔던 출판사에 대한 문공부의 출판 탄압에 국세청이 앞장선 것 아니냐."라고 질타.

1990 1월 31일, 모친 이아지 별세. 향년 84세.
강남구 신사동 출판문화센터 입주, '신사동 시대' 개막.
하일지 『경마장 가는 길』 출간, 문단에 뜨거운 논쟁거리로 부각.
10월 20일, 대한민국 문화예술상.(문화부문)

1991 3월 18일, 부친 박기종 별세. 향년 80세.
1987년 입사한 이영준을 민음사 주간으로 발탁.

1994 아동·청소년 도서 전문 출판 '비룡소' 설립.

1995 화관문화훈장 수훈.

1996 대중과 호흡할 수 있는 쉽고 재미있는 출판을 목표로 '황금가지' 설립.
장녀 상희, 일본에서 돌아와 비룡소 경영 시작.

1997 과학이 교양이 되는 시대를 대비해 '사이언스북스' 설립.

1998 8월, '세계 문학 전집' 1권 이윤기의 그리스 로마 신화 『변신 이야기』 출간. 세계 문학 전집은 1993년 기획, 1995년부터 저작권 구입과 번역자 계약을 시작함.
황금가지에서 이영도의 한국형 본격 판타지 소설 『드래곤 라자』 발간.

2001 서울대에 민음 인문학 기금 3억 원 기부.

2002   자랑스러운 서울대인 상, 간행물윤리상 대상, 서울시 문화상 출판 부문.

2003   인촌상 수상.(언론출판 부문)

2005   1월, 민음 출판 그룹 회장 취임. 장남인 박근섭 황금가지 대표이사가 민음사 대표이사(발행인) 겸직. 출협 회장 선거 앞두고 주요 단행본 출판사 대표 43인 명의로 '2005년 한국 출판인 선언' 발표.
2월 24일, 제45대 대한출판문화협회 임원 선거에서 임기 3년의 회장으로 당선. 1981년 한만년 일조각 사장이 출협 회장에서 물러난 이래 24년 만에 처음으로 이른바 단행본 세력이 출협 주도권 확보. 프랑크푸르트 도서전 한국 주빈국 행사 준비 박차. 바닥난 예산 확보 위해 모금 활동 전개.
10월, 중국 톈진에서 간 이식 수술을 받으며 죽음의 문턱을 돌아 나옴. 수술을 받고 서울대 병원으로 이송되었다가 2개월 후 퇴원, 판교로 이사해 정양하며 출협 오감.

2006   3월 9일, '2005 프랑크푸르트 도서전 주빈국 행사'를 치러 낸 공로로 보관문화훈장.
6월 1일, '제28차 국제출판협회 서울 총회 조직 위원회' 발족, 조직 위원장 취임.
6월 27일, 민음사 대표이사 편집인으로 장은수 임명.

2007   3월 5일부터 1년 동안《조선일보》와 함께 대한출판문화협회에서 '거실을 서재로' 캠페인 전개.

2008   2월, 45대 대한출판문화협회 회장 임기 만료.
5월 12일, 출협 회장 재임 기간에 심혈을 기울여 준비했던 IPA 서울 총회 개막. 세계 60개국 700여 명의 출판 관계자가 참가한 가운데 5월 15일까지 서울 삼성동 코엑스에서 열림.

10월, 서울대 인문학 강좌를 위해 2억 원 기부.
2010 6월, 민음사 총괄 사장으로 박상준 임명.
6월, 자회사 민음인·황금가지 발행인으로 김세희 임명.
2012 9월, 『청나라, 키메라의 제국』(구범진), 『제인 오스틴의 여성적 글쓰기』(조선정), 『카프카, 유대인, 몸』(최윤영) 등 '서울대 인문 강의' 시리즈 1차분 3권 첫 출간, 서울대 인문학 기금 출연 결실을 맺기 시작.

찾아보기

ㄱ

강만길 151
강맑실 232
강상희 190
강석경 106, 176, 180, 181, 182, 299
강우현 207, 208
강은교 86, 87, 297
강인숙 44
강정 132
강희주 111
고미석 208
고세현 232
고은 10, 46, 62, 66, 67, 68, 69, 70, 71, 75, 79, 81, 82, 83, 89, 91, 92, 93, 94, 95, 98, 242, 297
고종석 157
곽광수 85
구범진 251, 253, 302
권기호 221
권선희 215
권양숙 248
권영민 253
권영빈 107, 109, 144
권영자 62
권지예 190
길희성 155
김경희(연세대 교수) 207

김경희 131, 133, 135, 138, 139, 233, 234
김광규 93, 106, 174, 298
김광균 99, 100
김광섭 50
김내성 20
김덕룡 143, 300
김덕주 25, 30, 31
김동규 30, 31
김동리 68, 71
김방한 155, 159, 299
김병익 68, 76, 77, 78, 125, 131, 138, 168
김붕구 84
김사엽 155
김석환 31
김성곤 211, 224
김성구 245
김성기 204, 224
김성재 138
김세희 218, 302
김소희 210
김수명 173, 174
김수영 14, 86, 87, 89, 172, 173, 174, 175, 176, 297
김승균 131
김승옥 77, 107, 108, 109, 120, 121
김언호 131, 133, 134, 135, 138, 139,

303

　　　　　170, 232, 233, 234, 240, 243
김연수　132
김영삼　252
김영승　176
김영종　131
김영태　93, 197
김용옥　177, 179
김용준　155
김용택　174, 298
김용항　131
김우중　154
김우창　91, 95, 96, 99, 105, 173, 174,
　　　　　177, 222, 223, 226, 227, 238,
　　　　　298
김원우　193
김윤수　131, 138
김윤식　76, 197
김은하　210
김인호　246
김제완　219
김종수　131
김종찬　131
김주연　68, 76, 77, 83, 84, 297
김준혁　225
김지하　142
김진홍　131, 135, 138
김철호　190
김춘수　86, 87, 297
김치수　68, 76, 77, 91
김탁환　217
김학주　155

김학준　142, 143
김현　68, 75, 76, 77, 78, 79, 83, 84,
　　　　　85, 86, 89, 90, 155, 174, 297
김형덕(김후란)　33, 295
김화영　85, 207
김훈　125, 126, 190

ㄴ

나병식　131, 134
남유선　210, 211
남재희　25, 30, 31, 41, 45, 46, 93, 123
남진우　132, 177
노건평　248
노무현　238, 247, 248, 249
노의성　221
노재봉　155
노정우　59
노태우　142

ㄷ

당연증　221

ㅁ

미하이 호팔　157

ㅂ

박경리 100
박경희 212
박광용 212
박구용 152
박근섭 62, 146, 205, 209, 212, 213, 215, 217, 218, 297, 301
박기봉 135, 138
박기종 8, 10, 13, 295, 296, 300
박래부 125, 126
박상륭 79
박상순 204, 229
박상준 146, 166, 221, 297, 302
박상호 12, 23, 295
박상희 62, 130, 161, 209, 210, 212, 240, 297, 298, 300
박성래 212
박성룡 48, 79
박성흠 33, 42, 295
박성희 145, 146
박숙희 131
박영권 8
박영한 103, 104, 105, 298
박완서 98, 99, 206
박윤배 131
박은주 232
박이문 168
박재삼 47, 48, 89
박종만 131, 135, 138
박종화 183

박찬 192
박태순 81
박태원 21
박혜정 181
백낙청 99, 174
백원담 131
백철 39, 40, 41, 59, 296
변창구 252
변형윤 151
복거일 194

ㅅ

서애경 210
서영옥 210
서영채 190
서원기 131
서정주 84, 98, 206
서제숙 135, 138
서진근 164
성석제 193
성완경 151
소병훈 131
송기원 110
송동준 189
송원영 33
송인성 239, 240, 242
송재영 45
송정하 210
송지영 94

송찬호 177
슬기와 민 229
신경림 98
신동문 47, 59, 60, 61, 62, 67, 69, 70, 297
신동욱 32
신동흔 190
신일철 155

ㅇ

안나 마리아 카바네야스 244, 246, 251
안삼환 226, 227
안상수 229
안수길 101
안종만 232
양철우 232
양헌석 171
엄혜숙 210
염무웅 77
오상원 40, 296
오지철 237
우찬제 196, 204
원윤수 35, 46
원춘희 30, 31
위상욱 52
위상준 297
위은숙 51, 53, 296
유연이 229
유인선 155

유재식 35, 45, 46
유종호 91, 95, 96, 99, 105, 108, 174, 176, 223, 226, 227, 298
유주현 61, 62
유치환 44
윤내현 155
윤석금 232, 249
윤정국 185
윤형두 138, 232
이가림 79
이갑섭 138
이갑수 204, 220
이강민 33
이강숙 51, 197, 198, 199, 200, 236, 242
이건복 131, 232
이광호 204
이광훈 92, 249
이기웅 131, 135, 138, 164, 166, 168, 170, 232, 234, 299
이남호 176, 179, 204
이동숙 178
이만교 106
이문구 71, 131
이문열 17, 105, 106, 183, 184, 185, 186, 187, 192, 226, 298, 299
이문재 177
이상봉 229
이성복 174, 176, 298
이성부 86, 87, 297
이수성 94

이수정 199
이시영 110, 142
이아지 13, 295, 300
이어령 32, 33, 40, 41, 43, 44, 94, 125, 180
이영도 213, 214, 300
이영준 193, 194, 195, 196, 203, 204, 205, 227, 300
이용희 154, 155, 158
이우석 131, 149
이우희 131
이원홍 140
이윤기 229, 300
이익환 155
이인숙 94
이인직 76
이재철 114, 131, 138
이정일 234
이제하 79, 80, 81, 112
이종호 217
이중한 108, 171
이지연 215
이진희 132
이창동 237
이청준 17, 79
이충미 221
이해찬 238, 246
이혜경 106
이호웅 131
이호철 47
이휘영 42

임승남 131
임영숙 125
임인규 58
임창순 10
임혜경 196
임홍조 234

ㅈ

장덕순 59
장은수 204, 205, 215, 301
장정일 174, 176, 298
장회익 155
전병석 138, 232
전상운 221
전영태 196
정경석 84
정구호 183, 184
정규웅 78, 79, 84, 125, 126
정대용 212
정명환 226, 227
정미경 106
정병규 105, 110, 111, 112, 113, 114, 116, 117, 118, 119, 158, 185, 191, 229
정보환 229
정비석 183
정은숙 246
정인영 49
정인철 164, 170, 207, 299

정재규 112
정중헌 211
정진국 168
정진숙 132, 138, 139, 232
정채봉 207
정한숙 40
정해렴 133
정해왕 210
정현종 79, 83, 86, 98, 193, 207, 297
정홍수 190
정흥채 63
조근태 131, 232
조봉암 46, 143
조상호 232
조선작 120, 122
조선정 251, 253, 302
조성기 106, 179
조세형 120, 122, 123, 124, 125
조세희 182
조연현 68
조해일 78, 79
주요섭 33, 295

ㅊ

차미례 125, 126
최남선 76
최동식 131
최민   89, 168
최민화 131

최선호 246
최승호 84, 106, 171, 174, 193, 204, 206, 298
최영해 21
최영희 131, 140
최옥자 134
최원식 151
최윤영 251, 253, 302
최인호 82, 120, 125
최인훈 81, 98, 99, 101, 103
최재천 219, 220, 221
최정희 39
최준영 215
최창조 7, 155, 160, 161
최창학 98
최태경 246
최현배 21

ㅎ

하동훈 62
하일지 193, 194, 195, 196, 300
하재은 198
한기   196
한만년 135, 138, 139, 164, 231, 234, 301
한수산 100, 101, 102, 103, 113, 298
한완상 51
한운사 40, 41, 296
한철수 35

한철희 233, 246
한형구 178
함영회 131
허연 132
홍명희 21
홍승수 221
황동규 84, 89, 174
황병하 215
황석영 98, 101, 102
황정규 155
황지우 93, 174, 176, 193, 298
황현숙 221

박 맹 호 朴孟浩

1933년 충청북도 보은에서 출생. 경복중학교, 청주고등학교를 거쳐 1957년 서울대학교 문리과대학 불어불문학과를 졸업했다. 1966년 민음사를 설립하고 '세계 시인선', '오늘의 시인 총서', '이데아 총서', '현대 사상의 모험', '대우 학술 총서', '세계 문학 전집' 등 일련의 시리즈를 비롯해 약 5000여 종의 단행본을 펴냈다. 1976년 계간 《세계의 문학》을 창간했으며, '오늘의 작가상', '김수영 문학상' 등을 제정했다. 제45대 대한출판문화협회 회장을 역임했으며, 대한민국 문화예술상, 서울시 문화상, 인촌상, 자랑스러운 서울대인 상, 국무총리 표창, 화관문화훈장, 보관문화훈장 등을 받았다.

박맹호 자서전 책

1판 1쇄 펴냄 2012년 12월 7일
1판 2쇄 펴냄 2012년 12월 27일

지은이 박맹호
발행인 박근섭·박상준
편집인 장은수
펴낸곳 (주)민음사

출판등록 1966. 5. 19. 제16-490호
주소 (135-887) 서울시 강남구 신사동 506번지
강남출판문화센터 5층
대표전화 515-2000 | 팩시밀리 515-2007
홈페이지 www.minumsa.com

ⓒ 박맹호, 2012. Printed in Seoul, Korea
ISBN 978-89-374-8630-2 03900